BIBLIOTHÈQUE MORALE

DE

LA JEUNESSE

PUBLIÉE

AVEC APPROBATION.

LE GRAND CONDÉ.

LA
MAISON DE CONDÉ

PAR GUIBOUT
PROFESSEUR D'HISTOIRE AU LYCÉE DE CARCASSONNE

ROUEN

MÉGARD ET Cie, IMPRIM.-LIBRAIRES

1856

Propriété des Éditeurs.

APPROBATION.

—

Les Ouvrages composant la **Bibliothèque morale de la Jeunesse** ont été revus et approuvés par un Comité d'Ecclésiastiques nommé par Monseigneur l'Archevêque de Rouen.

—

L'ouvrage ayant pour titre : **La Maison de Condé**, a été lu et admis.

Le Président du Comité,

Picard
Archip. de la Métrop.

AVIS DES ÉDITEURS.

Les Éditeurs de la **Bibliothèque morale de la Jeunesse** ont pris tout à fait au sérieux le titre qu'ils ont choisi pour le donner à cette collection de bons livres. Ils regardent comme une obligation rigoureuse de ne rien négliger pour le justifier dans toute sa signification et toute son étendue.

Aucun livre ne sortira de leurs presses, pour entrer dans cette collection, qu'il n'ait été au préalable lu et examiné attentivement, non-seulement par les Éditeurs, mais encore par les personnes les plus compétentes et les plus éclairées. Pour cet examen, ils auront recours particulièrement à des Ecclésiastiques. C'est à eux, avant tout, qu'est confié le salut de l'Enfance, et, plus que qui que ce soit, ils sont capables de découvrir ce qui, le moins du monde, pourrait offrir quelque danger dans les publications destinées spécialement à la Jeunesse chrétienne.

Aussi tous les ouvrages composant la **Bibliothèque morale de la Jeunesse** sont-ils revus et approuvés par un Comité d'Ecclésiastiques nommé à cet effet par Monseigneur l'Archevêque de Rouen. C'est assez dire que les écoles et les familles chrétiennes trouveront dans notre collection toutes les garanties désirables, et que nous ferons tout pour justifier et accroître la confiance dont elle est déjà l'objet.

INTRODUCTION.

La maison de Condé, qui date du xvie siècle, ne s'est éteinte qu'en 1830, et, outre deux femmes illustres, Mme de Longueville et la duchesse du Maine, elle ne nous présente pas moins de neuf princes, trop éclipsés par la gloire du grand Condé. Tous, en effet, ont pris part aux plus grandes affaires de leur temps, tous ont joué un grand rôle dans la paix ou dans la guerre, et leur biographie est d'autant plus intéressante qu'elle se mêle à l'histoire générale. Il semble qu'une même âme noble et généreuse les anime tous, et cette histoire collective prend ainsi cette unité dramatique qui nous fait suivre avec tant d'intérêt les biographies de Plutarque. Nous aussi pouvons tirer de notre histoire certains grands personnages qui, se détachant de la mêlée des événements, parlent davantage à l'imagination, posent devant nous comme en pied et gagnent à cet isolement de nous apparaître dans toute leur grandeur. Et, en effet, ce n'est pas le désert que nous faisons autour d'eux, nous les isolons moins encore que nous ne les replaçons au milieu des faits contemporains et dans leur vrai jour. Or, à choisir une famille, il n'en était guère qui ait traversé de si grands événements et qui offrît par elle-même plus d'intérêt que cette illustre maison de Condé, dont le premier prince est mort d'une façon si dramatique, assassiné sur un champ de bataille, qui a eu à son milieu le grand Condé, et qui s'est éteinte enfin tout près de nous, avec deux princes morts tous deux d'une mort non moins tragique que le premier de leur race, Louis de Bourbon, prince de Condé.

LA MAISON DE CONDÉ.

CHAPITRE I.

Louis Ier de Bourbon (1530-1569).

Rivalité de la Maison de Guise et de la Maison de Condé. — Henri II et François II.

Louis Ier de Bourbon, prince de Condé, était né à Vendôme (1530), de Charles de Bourbon, duc de Vendôme. Lorsqu'il vint à la cour de Henri II, le moment semblait peu favorable à l'avénement d'une grande famille; car les Guises disposaient de tous les emplois et de toutes les faveurs. Cependant il montra déjà la fierté de son caractère et ne voulut rien devoir à leur protection ; aussi n'obtint-il d'abord qu'une place de simple gentilhomme de la chambre avec 1,200 livres d'appointements. Heureusement pour lui, le connétable de Montmorency, qui redoutait l'influence des Guises et voulait se faire un appui contre eux, lui fit épouser sa petite-nièce Éléonore de Roye. Son courage devait faire le reste. Bientôt, en effet, jaloux de ne rien devoir qu'à lui-même, il s'attacha à mériter la faveur royale par d'importants services et se rendit en Piémont, où il fit ses premières armes comme volontaire sous le maréchal de Brissac. Là, si on put lui reprocher quelque chose, ce fut son impatience de se signaler et de bâtir sa renommée sur de grands exploits. Il portait en lui tout l'avenir de sa race, et il semblait le comprendre. Enfermé dans Metz, qu'assiégeait Charles-Quint (1552), il se trouva mêlé dans les rangs des soldats partout où il y avait du danger, et partout il fit son devoir. Il demanda alors le gouvernement de la Picardie ; mais on le lui refusa. La maison des Guises semblait devoir arrêter à jamais celle des Condés. On eût dit qu'il n'y avait pas place à la fois pour toutes deux, tant elles avaient l'une et l'autre le désir de s'étendre et de grandir.

Ainsi on voit deux arbres puissants se disputer le sol où s'enfoncent leurs racines, jusqu'à ce que l'un des deux l'emporte enfin, et, plus solidement affermi que l'autre, élève son tronc vigoureux et étende tour à tour ses vastes rameaux.

Malheureusement cette rivalité allait se produire dans les guerres civiles, et le sol devait être inondé de sang !

Henri II venait de mourir (1559), et l'influence des Guises

s'accroissait encore de tout l'ascendant de leur nièce Marie Stuart sur le nouveau roi François II, son époux (1559-1560). Aussi, Louis de Bourbon est-il éloigné sous le prétexte d'une ambassade en Flandre, et en même temps, pour qu'il ne se puisse pas méprendre sur cet exil, on lui refuse les sommes nécessaires pour la représentation. Dès lors il ne peut plus contenir sa haine contre les Guises, et, dans une première assemblée de seigneurs mécontents, il propose de prendre les armes pour les chasser du royaume. Cet avis est rejeté ; mais ce qu'il n'avait pu obtenir des seigneurs, il allait voir les réformés le lui demander à lui-même et l'engager dans leur parti en l'entraînant aussi dans leur foi. Ainsi, cette maison de Condé qui devait un jour être l'appui et l'ornement du trône allait commencer par l'ébranler, et l'aïeul de celui dont Bossuet louera la mort chrétienne se faisait huguenot.

Alors, en effet, se préparait la conjuration d'Amboise. Le capitaine la Renaudie vint trouver Condé en Picardie, et se rendit de là à Paris pour y faire avancer les affaires. Il était convenu qu'un certain nombre de huguenots se rendraient à Blois, où était la cour, pour demander la liberté religieuse ; que la Renaudie, à la tête de 500 gentilshommes bien armés et de 1,000 soldats, suivrait pour faire le coup et enlever le pouvoir aux Guises ; mais l'indiscrétion d'un avocat, des Avenelles, fit tout manquer ; soit peur, soit cupidité, soit peut-être même scrupule de conscience, il avait révélé ce qu'il savait au secrétaire du duc de Guise. Celui-ci emmena alors le roi de Blois, ville ouverte et sans défense, au fort château d'Amboise, et, dans l'espoir de désarmer la masse du parti protestant, tout en écrasant les conspirateurs, il fit suspendre par un édit toutes les poursuites pour cause de religion et manda Condé lui-même pour le service du roi.

Cependant les conjurés tombaient dans le piége; on les amenait par troupes, liés à la queue des chevaux. Plusieurs furent pendus sur-le-champ, sans forme de procès, aux créneaux du château. La Renaudie rencontre dans les bois de Château-Renault le sieur de Pardaillan, son parent, qui tenait le parti des Guises, et qui battait le pays avec des cavaliers de la maison du roi. Les deux cousins s'attaquent furieusement. Pardaillan lâche sur la Renaudie une *pistolade* qui fit long feu. La Renaudie lui passe son épée à travers le corps, et tombe mort presque aussitôt, atteint d'une arquebusade tirée par un valet de son ennemi. Son corps fut rapporté à Amboise et attaché à une potence, sur le pont de la Loire, avec un écriteau contenant ces mots : « La Renaudie, chef des rebelles. »

Le rôle des soldats était fini; celui des bourreaux commençait. Dans les premiers jours du tumulte d'Amboise, le jeune roi, s'il faut en croire les écrivains protestants, demandait souvent en pleurant ce qu'il avait fait à son peuple pour lui en vouloir ainsi, et disait vouloir entendre leurs plaintes et raisons; il disait aussi à ceux de Guise : « Je ne sais ce que c'est, mais j'entends qu'on n'en veut qu'à vous; je souhaiterais que, pour un temps, vous fussiez hors d'ici, afin que l'on vît si c'est à vous ou à moi qu'on en veut. » Mais eux rejetaient cela entièrement, disant que lui ni ses frères ne vivraient une heure après leur *partement* et que la maison de Bourbon ne songeait qu'à exterminer la maison royale.

Et de fait, ils le persuadèrent si bien, qu'il nomma le duc François de Guise son lieutenant général avec des pouvoirs illimités. Cependant la Loire était couverte de cadavres attachés six, huit, dix, quinze, à de longues perches. Les rues d'Amboise, tapissées de corps morts, ruisselaient de sang humain; on ne fit que décapiter, pendre et noyer pendant tout un mois; « ce qui était étrange à voir, disent les contemporains, et qui jamais ne fut usité en aucune forme de gouvernement, on les menait au supplice sans leur prononcer en public aucune sentence, ni déclarer la cause de leur mort ni nommer leurs noms. Ceux de Guise réservaient les principaux après le dîner, pour donner quelque passe-temps aux dames, et eux et elles étaient arrangés aux fenêtres du château, comme s'il eût été question de voir jouer quelque momerie, et, qui pis est, le roi et ses jeunes frères comparaissaient à ces spectacles, comme si l'on eût voulu les acharner, et leur étaient les patients montrés par le duc de Guise avec des signes d'un homme grandement réjoui; et lorsqu'ils mouraient plus constamment, il disait : — Voyez, sire, ces effrontés et enragés ! Voyez que la crainte de la mort ne peut abattre leur orgueil et félonie. Que feraient-ils donc, s'ils vous tenaient ? »

Les Châtillons souffraient cruellement de voir martyriser tant de braves gens sans pouvoir leur porter secours ; la position du prince de Condé était plus douloureuse encore. Lui, « le capitaine muet », accouru à la cour afin de prendre le commandement des rebelles au moment du tumulte, il n'était arrivé que pour assister au massacre de ses amis et de ses soldats. Il fut mis aux arrêts dans son appartement, et le roi lui dit en face que, par les informations prises, il était accusé d'être chef de la conjuration. Mais il savait qu'aucune preuve écrite ne confirmait les aveux arrachés par la torture à quelques prisonniers; il paya d'audace, et pria le roi d'assembler les princes, les chevaliers de l'ordre, les membres du conseil privé et les ambassadeurs étrangers qui se trouvaient à Amboise. La compagnie étant réunie en la salle du roi, il déclara que, sauf la révérence du roi, de ses frères et des deux reines, « ceux qui avaient rapporté au roi qu'il était chef et conducteur de certains séditieux qu'on disait avoir conspiré contre sa personne et son État avaient faussement et malheureusement menti, et que, quittant à cet égard sa dignité de prince du sang, il leur voulait faire confesser à la pointe de l'épée que c'étaient poltrons et canailles, cherchant eux-mêmes la subversion de l'État et de la couronne, de laquelle il devait procurer l'entretènement à meilleur titre que ses accusateurs. » Il termina en sommant les assistants, « s'il y en avait aucun qui eût fait ce rapport ou le voulût maintenir, » de le déclarer sur l'heure.

Le duc de Guise prit aussitôt la parole, non pour relever le gant, mais pour offrir au prince de lui servir de second, si quelqu'un acceptait son défi. Les Guises avaient été pris au dépourvu par la provocation de Condé, et le prince, après sa superbe harangue, quitta la cour sans obstacle; puis, faisant un détour pour éviter les embûches qu'on eût pu lui tendre sur la route, il alla rejoindre en Béarn son frère, le roi de Navarre. Là, secondé par sa belle-sœur, la courageuse Jeanne d'Albret, il secouait sa torpeur, l'engageait malgré lui dans ces menées et se posait comme le chef de tous les mécontents, qui étaient alors nombreux ; car les huguenots criaient hautement vengeance contre les massacreurs d'Amboise.

A cette époque se rapporte cette scène racontée par d'Aubigné lui-même dans ses *Mémoires* : « En l'âge de huit ans et demi, mon père m'amena à Paris, et, en passant par Amboise, un jour de foire, il vit sur des poteaux les têtes de ses compagnons de la conjuration d'Amboise qui étaient encore reconnaissables ; ce dont il fut tellement ému, qu'il s'écria au milieu de 7 à 800 personnes qui étaient là : « Les bourreaux ! ils « ont décapité la France ! » Il me mit la main sur la tête en disant : « Mon enfant, il ne faut point épargner ta tête après « la mienne pour venger ces chefs pleins d'honneur dont tu « viens de voir les têtes ; si tu t'y épargnes, tu auras ma « malédiction. »

Les Guises, de leur côté, songeaient à convoquer les états ; car ils pensaient pouvoir y rallier la majorité de la nation, qui était catholique, et s'en servir comme d'une massue pour écraser leurs ennemis. Ils se repentaient, d'ailleurs, d'avoir laissé échapper Condé après la conjuration d'Amboise et avaient projeté de mieux user cette fois de l'occasion. Cependant ils se ravisèrent, à ce qu'il paraît, et, craignant que les Bourbons, réunis aux Montmorencys et aux Châtillons, ne fussent trop puissants contre eux, ils effrayèrent le roi de Navarre et le détournèrent de venir par de faux avis que lui transmirent des serviteurs infidèles, si bien que lui et son frère demeurèrent en Guyenne.

Mais de là, Condé entretenait des correspondances avec le connétable de Montmorency, et son agent la Sague, arrêté et mis à la torture, livra le secret de dépêches écrites avec une encre sympathique. Alors François II écrivit au roi de Navarre d'amener son frère à la cour, afin qu'il se justifiât des pratiques qu'on lui imputait contre la sûreté de l'État. Antoine répondit en rétorquant les imputations dirigées contre son frère et en déclarant que si ses calomniateurs se voulaient rendre parties et non juges, il mènerait Condé à la cour en si petite compagnie, qu'on reconnaîtrait son innocence et ses bonnes intentions. Les Guises jugèrent que les menaces seraient un mauvais moyen d'attirer leurs victimes dans le piége, et ils dépêchèrent le cardinal Charles de Bourbon, homme faible et crédule, vers ses deux frères, pour leur promettre, de la part du roi, sûreté entière, paisible audience et libre retour. La perplexité des princes était extrême. Refuser de paraître à Orléans, c'était reculer devant ces états généraux qu'ils avaient appelés avec tant d'instance; y aller peu accompagnés, c'était se jeter pieds et poings liés entre les mains de l'ennemi; y marcher en armes avec des forces suffisantes pour se défendre, c'était donner le signal de la guerre générale. Condé eût sans doute adopté ce dernier parti; mais Antoine reculait incessamment devant la nécessité d'agir.

Cependant ils partirent de Nérac avec une faible escorte, et se dirigèrent vers le Nord sans avoir encore de résolution bien arrêtée. Tous les avis qu'ils recevaient en route s'accordaient à les détourner du voyage d'Orléans. Ils ne suivirent point ces conseils et poursuivirent leur route. A Limoges, où ils firent quelque séjour, 7 à 800 gentilshommes, bien armés et bien équipés, leur offrirent 10,000 combattants, au nom des réformés du Midi, s'ils voulaient entreprendre d'enlever la personne du roi aux Lorrains. L'offre dut tenter Condé, mais il hésitait à engager la France dans cette immense guerre civile dont l'approche glaçait d'effroi tous les hommes affectionnés à leur pays.

Ils arrivèrent le 31 octobre à Orléans. Le roi les reçut très-froidement, la reine-mère Catherine de Médicis paraissait fort émue et avait des larmes aux yeux; larmes de crocodile, dit un contemporain. Les Guises, qui tenaient à ne point figurer ostensiblement dans ce qui allait se passer, se retirèrent. François II déclara au prince de Condé qu'il l'avait mandé pour savoir la vérité de sa bouche touchant les entreprises qu'on lui imputait contre l'état du royaume; le prince répliqua par de virulentes accusations contre les Guises. Le roi avait sa leçon faite, il le fit arrêter et enfermer dans une maison voisine qu'on avait fortifiée d'une tour et garnie de canons. La princesse de Condé vint se jeter à ses pieds, il la repoussa durement. « Votre mari, s'écria-t-il, a voulu m'ôter la couronne et la vie, je ne puis moins faire que de m'en venger. »

Les Guises, voulant, de leur côté, constater l'hérésie du

prisonnier, lui dépêchèrent un « prêtre avec tous ses ornements, qui lui fit entendre avoir exprès commandement du roi de lui dire la messe en sa chambre ; mais le chapelain fut renvoyé fort rudement par le prince, avec charge de dire aussi qu'il n'était venu vers Sa Majesté pour aucunement communiquer aux impiétés de l'antechrist romain, mais pour rendre raison des fausses accusations qu'on lui avait imputées. »

Un gentilhomme, aposté apparemment « pour tâter son courage », lui étant venu demander s'il n'y aurait pas moyen de l'accorder avec ses cousins de Guise, il répondit qu'il ne connaissait d'autre voie d'accord avec eux que de vider leur querelle à la pointe de la lance. Il reçut les juges commissaires du haut de sa qualité de prince du sang, et leur déclara qu'il n'avait « autres juges que le roi, accompagné de ses princes, séant en la cour du parlement de Paris, les chambres assemblées. »

Malgré cela, il fut débouté de son appel par le roi, séant en son conseil privé, qui lui enjoignit de répondre par-devant les commissaires, à peine d'être réputé convaincu de lèse-majesté.

Quant à son frère Antoine, on n'avait pu trouver aucun motif de le mettre en accusation, mais on avait résolu de recourir à l'assassinat. Le roi devait l'appeler dans sa chambre, lui chercher « quelque querelle d'Allemand », et, sur la première réplique un peu vive, tirer la dague contre lui, en criant à l'aide. A ce signal, des hommes apostés se jetteraient sur le roi de Navarre et le massacreraient sur la place. Averti par

Catherine de Médicis, celui-ci s'apprêta à vendre chèrement sa vie : « Si je meurs, dit-il à un de ses gentilshommes, portez ma chemise toute sanglante à ma femme et à mon fils, et dites à ma femme de l'envoyer aux princes étrangers et chrétiens pour venger ma mort, puisque mon fils n'est encore en âge. » Puis il entra résolûment chez le roi. Mais lorsque François II se vit face à face avec l'homme qu'il devait livrer aux couteaux des sicaires, le cœur lui faillit, et il n'osa pas donner le signal.

Cependant le jour où tomberait la tête de Condé était déjà fixé ; c'était le 10 décembre, le jour même de l'ouverture des états. Mais sur ces entrefaites, François II mourut. Le dimanche au soir il était tombé en pâmoison pendant les vêpres ; revenu à lui, il se plaignit de douleurs dans l'oreille gauche, où il avait un abcès invétéré, et fut pris de la fièvre. Une dizaine de jours se passèrent sans symptômes très-inquiétants, et les Guises, espérant que cette indisposition n'aurait pas de suites, pressaient d'autant plus le procès. Mais le mal faisait d'effrayants progrès, et l'illustre Ambroise Paré avait déclaré qu'il n'y avait plus d'espoir. L'abcès creva dans l'intérieur de l'oreille, l'écoulement retomba dans la gorge et la gangrène se déclara.

Dès que le roi eut expiré, on annonça au prince de Condé qu'il était libre ; mais il refusa de recevoir la vie comme une grâce et de sortir de prison sans savoir qui était sa partie, et par l'ordonnance de qui il avait été constitué prisonnier. Chacun alors rejetant tout sur le pauvre roi défunt, il consentit enfin à se retirer dans les domaines que son frère possédait en Picardie jusqu'à ce que le nouveau gouvernement eût pris une décision relativement à son procès.

Pendant ce temps, Charles IX montait sur le trône (1560-1574), et comme il était mineur, la régence était donnée à sa mère Catherine de Médicis avec Antoine de Bourbon comme lieutenant général. Mais, d'un autre côté, le connétable de Montmorency se rapprocha des Guises; le jour de Pâques, il scella son pacte avec François de Guise en communiant avec lui à Fontainebleau; puis le maréchal de Saint-André, l'ancien favori de Henri II, fut admis en tiers dans cette alliance que leurs adversaires appelèrent le triumvirat. Comme l'ancien triumvirat romain, les nouveaux triumvirs projetèrent de sceller leur alliance par d'immenses proscriptions, et Condé était plus que jamais en danger. Catherine de Médicis, en ce moment même, n'était pas parvenue à ménager une réconciliation plâtrée entre lui et François de Guise. Celui-ci, en présence du conseil, affirma n'avoir été ni l'auteur ni l'instigateur de la prison du prince. Condé répliqua qu'il tenait pour méchant et malheureux celui ou ceux qui en avaient été cause. « Je le crois ainsi, reprit Guise; cela ne me touche en rien. » Et ils s'embrassèrent. Quelque temps après, Antoine de Bourbon abandonnait lui-même le parti protestant.

Le colloque de Poissy s'était ouvert, et on espérait un rapprochement entre les catholiques et les protestants (1561). Le chancelier l'Hôpital, vrai chrétien dans ces temps de violence, l'avait ouvert par ces graves paroles : « Nous avons fait comme les mauvais capitaines qui vont assaillir le fort de leurs ennemis avec toutes leurs forces, laissant dépourvus et désarmés leurs logis ; il nous faut maintenant les assaillir avec les armes de la charité, avec prières, persuasions, paroles de Dieu qui sont propres à tels combats. » Puis il ajoutait : « Otons ces mots diaboliques, noms de partis et de séditions, luthériens, huguenots, papistes ; ne changeons pas le nom de chrétiens. » La conférence commença bien, mais finit mal ; on ne put s'entendre.

Le massacre de Vassy (1562) acheva de tout brouiller. Les Guises s'étaient retirés en Lorraine ; mais rappelés contre l'Hôpital par le maréchal de Saint-André et par le roi de Navarre lui-même, ils revinrent. Le 1er mars 1562, le duc de Guise passait par Vassy en Champagne. C'était un dimanche ; il s'y arrêta pour entendre la messe. Les chants de 6 à 700 protestants réunis dans une grange voisine arrivèrent jusqu'à lui. Quelques-uns de ses gens voulurent faire cesser ce qu'ils appelaient une injure et une bravade contre leur duc, et, sur le refus des protestants, mirent l'épée à la main. Ceux-ci se défendirent à coups de pierres. Le duc accourut alors. Peut-être, comme il le prétendit depuis, avait-il l'intention de mettre fin au désordre ; mais comme il pénétrait dans la grange, il reçut plusieurs coups de pierres, et un officier de sa compagnie d'ordonnance fut blessé à ses côtés. Rien ne put arrêter alors la rage de ses gens. Ils firent main basse sur tout ce qu'ils purent atteindre, sans distinction d'âge ni de sexe. Plus de 200 personnes furent blessées, et plus de 60 tuées ou étouffées dans cet effroyable tumulte. Le ministre blessé fut envoyé en prison.

Ce fut le signal de la première guerre de religion (1562-1563). D'un côté étaient les triumvirs, et, parmi eux, Antoine de Bourbon ; de l'autre, Condé, qui, délivré enfin de son procès, n'échappait à ce danger que pour se trouver engagé dans toutes les chances de la guerre. Il était, il est vrai, appuyé alors par Catherine de Médicis, qui se mettait toujours du côté le plus faible, mais il ne put pas néanmoins disputer la capitale aux catholiques. La cour dut se transporter de Fontainebleau à Melun, puis le lendemain à Vincennes, et le petit roi, étourdi et effrayé de ce brusque départ, pleurait comme si on l'eût mené en prison. Il était, lui et sa mère, au pouvoir des catholiques.

Condé avait pour allié Coligny ; et bien que leur caractère ne s'accordât guère, Condé étant, dit un contemporain, brillant et aimable, Coligny, au contraire, grave, taciturne, sévère jusqu'à la dureté, ils célébrèrent la Cène à Meaux le jour de Pâques. De là, ils revinrent dans l'intention de s'emparer de Paris ; mais apprenant que leurs ennemis les avaient devancés, ils durent changer de plan de campagne et prirent la route d'Orléans, la seule ville qui pût en quelque sorte tenir tête à Paris par sa position centrale. En y arrivant, ils trouvèrent la ville au pouvoir de leurs coreligionnaires, et toutes les rues retentissant du chant des psaumes. Le lendemain, Condé lança un manifeste dans lequel il exposait les griefs qui le contraignaient à s'armer pour remettre en liberté le roi et sa mère.

Ce manifeste et ses lettres furent comme une traînée de poudre embrasant cent mines à la fois. Au Nord, dans le Midi, partout la guerre éclata. Les protestants tuaient comme les catholiques, mais de plus dévastaient les églises et brisaient les statues. A Orléans, Condé et Coligny, apprenant que leurs gens dévastaient l'église de Sainte-Croix, y courent et font des efforts inutiles pour les arrêter. Condé saisit alors une arquebuse et couche en joue un homme qui brisait une statue. « Monsieur, lui crie cet homme, ayez patience que j'abatte cette idole, vous me tuerez après. » La statue de Jeanne d'Arc est elle-même renversée du haut du pont d'Orléans, et renversée par des mains françaises !

Deux chefs de parti se signalèrent entre tous par leurs cruautés : le catholique Blaise de Montluc, le *boucher royaliste*, dans le Languedoc et la Guyenne ; le protestant des Adrets, dans la Provence et le Dauphiné. Le premier était toujours accompagné de deux bourreaux, qu'il appelait ses laquais, et il faillit un jour étrangler de ses propres mains un ministre protestant qui était venu pour négocier avec lui. « Il ne fit point le doux, dit-il lui-même, mais, contre son naturel, usa non-seulement de rigueur, mais de cruauté. » Un jour, il en mit sur la roue 30 ou 40 ; dans une autre ville il en fit pendre 70 aux piliers de la halle, « ce qui donna une grande peur dans le pays, un pendu étonnant plus que cent tués. » Et dans cette pensée il multipliait les pendaisons. « On pouvait connaître par où j'avais passé; car par les arbres, sur les chemins, on trouvait les enseignes. » Ces cruautés l'avaient rendu maître de la Guyenne, dont il tenait, disait-il, avec la Garonne et la Dordogne, les deux mamelles.

Le baron des Adrets avait dû une réputation pareille à des actes semblables. Après la prise de Montbrison, il fit couper la tête à la moitié des défenseurs de la place, et força les autres à se précipiter du haut d'une tour sur les pointes des piques de ses soldats. Comme l'un d'eux hésitait et recevait de lui des reproches : « Je vous le donne en cent, Monseigneur, » répliqua-t-il; ce qui du moins lui valut sa grâce, l'esprit français réservant ses droits jusque dans ces horreurs !

Au Nord, où se trouvaient les chefs, on combattit avec plus d'ensemble, et le destin de la guerre s'y décida. A la tête de l'armée catholique, qui avait rejoint Antoine de Bourbon, le duc de Guise se dirigea sur Rouen. Cette ville, dominée par des hauteurs, n'était pas tenable; elle résista pourtant. Antoine de Bourbon y reçut une blessure dont il mourut; mais au bout de quelques jours la place fut emportée et mise à sac. Puis après le pillage vinrent les exécutions juridiques, et la guerre prit ce caractère de cruauté qu'ont toutes les guerres civiles.

Cependant Condé, avec 7,000 hommes de renfort qu'il venait de recevoir de l'Allemagne, tenta de réparer cette perte et vint attaquer les faubourgs de Paris. Repoussé par les Espagnols alliés des catholiques, il se replia sur le Havre, y recueillit les Anglais pour revenir en plus grande force, mais fut arrêté au retour par le duc de Guise près de Dreux. Quinze à seize mille hommes s'y trouvèrent en présence de chaque côté. Condé, dans une première charge, où il blessa et fit prisonnier le connétable de Montmorency, enfonça le centre des catholiques; mais les Suisses rétablirent le combat, et le duc de Guise acheva la victoire par un mouvement de flanc; le prince de Condé fut pris.

Par une singularité qui ne s'était probablement jamais rencontrée, les deux généraux en chef étaient prisonniers de part et d'autre. Le connétable fut envoyé sous escorte à Orléans, où il eut pour hôtesse sa petite-nièce, la princesse de Condé. Les protestants craignaient d'abord que le prince n'obtînt pas un si bon traitement; ils tremblèrent pour ses jours, en le sachant au pouvoir d'un ennemi mortel qui avait failli naguère l'envoyer à l'échafaud; mais ils apprirent bientôt avec joie que le duc de Guise avait usé envers l'illustre vaincu de toute gracieuseté, et lui avait même offert son lit, le soir de la bataille. La plupart des historiens assurent que ces deux capitaux adversaires, l'un triomphant et l'autre captif, prirent leur repos ensemble, dans le même lit, comme s'ils eussent été les meilleurs amis du monde.

Cependant François de Guise triomphait, et la reine-mère effrayée parla de négocier et fit rendre un décret d'amnistie pour tous ceux qui poseraient les armes. Mais il n'entendait pas qu'on relevât ceux qu'il avait abattus, il poussa vivement sa victoire et vint assiéger Orléans, afin de couper les communications entre les protestants du Nord et du Midi.

« Le terrier étant pris où les renards se retirent, disait-il, nous les courrons à force par toute la France. » La ville n'eût pas résisté longtemps sans un événement imprévu. François de Guise avait déjà été sur le point d'être assassiné à Rouen. Montaigne dit tenir de la bouche d'Amyot que, durant ce siége, Guise fut averti par la reine-mère d'une entreprise qu'un gentilhomme tramait contre sa vie. Le lendemain, le duc, en se promenant sur la montagne Sainte-Catherine, aperçut ce gentilhomme et le fit appeler. L'autre perdit la tête, confessa tout et demanda grâce en disant qu'il n'avait point été poussé par une haine particulière, mais par l'intérêt du parti réformé, et qu'on lui avait persuadé que ce serait une exécution pleine de piété d'extirper en quelque manière que ce fût un si puissant ennemi de la religion. « Je vous veux montrer, répliqua le prince, combien la religion que je tiens est plus douce que celle dont vous faites profession. La vôtre vous a conseillé de me tuer sans m'ouïr, n'ayant reçu de moi aucune offense, et la mienne me commande que je vous pardonne, tout convaincu que vous êtes de m'avoir voulu tuer sans raison. » Et il le laissa partir sain et sauf.

Cependant, un jeune gentilhomme de l'Angoumois, Poltrot de Méré, parent de la Renaudie, qui avait été employé comme espion par les généraux français dans la dernière guerre contre l'Espagne, et qui s'était mis au service de Soubise, commandant protestant de Lyon, ne cessait de se vanter que le *tyran* ne mourrait que de sa main. C'était une tête ardente et assez malsaine, et il ne paraît pas qu'on ait prêté d'abord grande attention à ses propos. Vers la fin de janvier il se rendit au camp des catholiques, à Messas, près de Beaugency, et se fit présenter au duc de Guise comme un homme qui abandonnait le parti des rebelles. Un certain nombre de protestants avaient déjà délaissé de la sorte et même combattu leurs coreligionnaires; il fut accueilli sans défiance. Le 18 février, tandis qu'on préparait l'assaut des îles de la Loire, il se mit en prières, suppliant Dieu de changer son vouloir si ce qu'il voulait faire lui était désagréable, ou sinon, de lui donner force et constance. Vers le coucher du soleil, comme le duc retournait des avant-postes au château de Corney, où il logeait, accompagné seulement de deux gentilshommes, il le suivit, lâcha sur lui, à six ou sept pas, un pistolet chargé de trois balles; puis, piquant des deux, il s'enfuit à toute bride à travers les bois voisins.

Le duc avait reçu toute la charge dans l'aisselle; il tomba sur le cou de son cheval; aux cris de ses deux compagnons on accourut, on l'emporta au château de Corney. Sa blessure suspendit tout, et, durant six jours, sa vie ou sa mort fut l'unique pensée de la cour et de l'armée. Les secours de la médecine et de la chirurgie furent impuissants, il refusa pourtant de recourir à l'assistance des prétendues sciences occultes et de laisser charmer sa plaie par des enchantements défendus de Dieu, et expira le mercredi des Cendres au milieu de sa famille et de ses soldats.

L'assassin, « troublé par la grandeur du fait qu'il venait de commettre, » avait erré toute une nuit parmi les bois de la Sologne, puis s'était retrouvé le matin presque à son point de départ; son cheval était harassé; il se cacha dans une ferme isolée et y fut arrêté le lendemain. On le mena devant la reine, accourue au camp, et il fut interrogé en présence du conseil privé. Enfin, envoyé à Paris, il fut tenaillé avec des tenailles ardentes, et écartelé, après avoir varié dans ses derniers interrogatoires, au point d'ôter toute valeur à ses allégations.

Cependant Catherine, qui restait maîtresse du gouvernement, voulait maintenant sincèrement la paix, car elle voyait la guerre civile ébranler le respect dû à l'autorité royale. « Quel roi! disaient, au rapport de Montluc, les gentilshommes huguenots, quand on leur parlait de Charles IX. Nous sommes les rois. Celui que vous dites est un petit royot... Nous lui donnerons des verges, et lui baillerons un métier pour lui faire apprendre à gagner sa vie comme les autres. » Et les paysans, à leur tour, refusaient les anciens droits aux gentilshommes. « Qu'on nous montre dans la Bible, disaient-ils, si nous devons payer ou non. Si nos prédécesseurs ont été sots et bêtes, nous n'en voulons point être. »

Catherine, pour arrêter cette agitation, offrit la paix à Condé, et lui insinua que, faisant la paix sans trop s'opiniâtrer sur les conditions, il serait élevé au degré du feu roi de Navarre, son frère, et ferait dès lors tout ce qu'il voudrait pour ceux de la religion. La paix fut, en effet, signée à Amboise en retour d'un édit qui autorisait le culte des protestants dans les maisons des nobles, dans l'étendue des domaines des seigneurs justiciers, et dans une ville par baillage. Puis, pour montrer leur bonne union, catholiques et protestants firent en commun une expédition contre le Havre, que les Anglais voulaient garder, et la ville, bien attaquée et mal défendue, ouvrit ses portes au bout de quelques jours. Condé avait pris grande part à ce succès, et son courage et sa gaîté n'avaient cessé d'animer les soldats.

Mais cet accord ne fut que de peu de durée. Ni catholiques ni protestants n'étaient au fond satisfaits. Coligny reprochait à Condé d'avoir plus ruiné d'églises par un trait de plume que toutes les forces ennemies n'en eussent pu abattre en dix ans. D'un autre côté, la reine-mère elle-même, contente de voir les Guises abaissés, trouvait déjà les Bourbons trop puissants, sa politique étant d'affaiblir les deux partis pour régner à leur place, au risque de prolonger la guerre civile.

Pour imposer silence à Condé, qui lui rappelait incessamment ses promesses touchant la lieutenance générale du royaume, elle fit proclamer la majorité du roi. Charles IX venait d'entrer dans sa quatorzième année. On lui fit tenir un lit de justice au parlement de Rouen, où il prononça d'une voix enfantine un petit discours où on lui faisait dire qu'ayant atteint l'âge de la majorité, il ne voulait plus endurer qu'on lui désobéît, et que tous ceux qui contreviendraient dorénavant à l'édit de paix seraient châtiés comme rebelles. Puis la reine-mère, se levant et s'agenouillant, dit qu'elle remettait avec joie à son fils majeur l'administration du royaume. Le roi l'embrassa et lui dit qu'elle gouvernerait plus que jamais.

Elle le fit ensuite voyager à travers les provinces du Midi, et le voyage se termina à Bayonne par une conférence avec le duc d'Albe, le plus terrible instrument des volontés du roi d'Espagne Philippe II, le plus grand ennemi de la réforme. Celui-ci insista vivement sur la destruction des chefs. « Mieux vaut, disait-il, une tête de saumon que dix mille têtes de grenouilles. » On rapporte que ce propos fut entendu par le petit prince de Béarn, Henri de Bourbon, enfant de douze ans, que Catherine aimait à garder auprès d'elle et qui l'amusait par sa gentillesse, ses saillies spirituelles et sa brusquerie montagnarde. Il en instruisit sa mère, Jeanne d'Albret, et les chefs protestants en firent leur profit.

Ainsi la guerre était imminente. L'Hôpital seul essaya de s'interposer encore une fois. Il avait pris pour devise ces beaux vers d'Horace, qui convenaient si bien à sa grande âme et aux malheurs de son temps :

> Si fractus illabatur orbis,
> Impavidum ferient ruinæ.

(Que le monde brisé s'écroule, mon âme n'en tremblera pas.)

En 1566, il jeta encore comme une dernière protestation sa belle ordonnance de Moulins pour la réformation générale de la justice. Ses efforts furent perdus pour ses contemporains, mais les siècles suivants du moins en profitèrent. Quelques-unes des règles de droit posées par lui subsistent encore. Tôt ou tard les nobles esprits trouvent leur récompense. Ils l'ont reçue d'abord de leur conscience, ils la reçoivent ensuite de la postérité. C'est un des plus imposants spectacles de l'histoire que de voir ce noble vieillard travailler ainsi au profit d'un lointain avenir pour se consoler de son impuissance contre les misères du présent. Il n'avait plus ses illusions de 1560, il luttait sans aide et sans espoir. « Quand cette neige sera fondue, disait-il tristement en passant la main sur sa barbe blanche, quand cette neige sera fondue, il ne restera plus que de la boue. »

Et en effet, Charles IX et sa mère se montraient de moins en moins disposés à exécuter la paix d'Amboise. Coligny se plaignant de l'inégalité avec laquelle on traitait les catholiques et les réformés : « Vous ne demandiez d'abord qu'un peu d'indulgence, reprit le roi ; aujourd'hui vous voulez être nos égaux, demain vous voudrez être nos maîtres et nous chasser du royaume. » S'il faut en croire un historien du temps, le roi, en rentrant dans la chambre de sa mère, se serait écrié qu'il était de l'avis du duc d'Albe et que de pareilles têtes étaient trop hautes dans un État.

Le duc Henri d'Anjou, frère de Charles IX, plus tard Henri III, enfant de quinze ou seize ans, dont Catherine exaltait l'ambition précoce pour s'en faire un instrument, eut aussi, sur ces entrefaites, une scène violente avec le prince de Condé à propos de l'épée de connétable que le vieux Montmorency eût souhaité transmettre à son fils aîné, et que Condé disputait à celui-ci. Catherine, qui ne voulait satisfaire ni l'un ni l'autre, engagea le vieillard à garder son titre et fit promettre par Charles IX au duc d'Anjou la lieutenance générale du royaume, qui emportait le commandement suprême des forces militaires.

Aussi les protestants menacés recommencèrent-ils leurs assemblées, et, pour prévenir leurs ennemis, ils formèrent une nouvelle conspiration d'Amboise. La cour était à Monceaux en Brie. Le 27 septembre 1567, un corps de 500 gentilshommes apparut à cinq lieues de là. Catherine n'eut que le temps de se réfugier à Meaux, d'où la cour gagna Paris sous la protection de l'infanterie suisse. Charles IX y arriva vers la nuit tombante, « grandement harassé de la faim et de la longue traite. » Il frémissait de colère en pensant que ses sujets l'avaient forcé de fuir devant eux, et ne pardonna jamais cet outrage aux réformés.

Le coup était manqué, c'était maintenant la guerre. Condé osa bloquer Paris. Les habitants forcèrent le vieux Montmorency à sortir pour le repousser; furieux de voir saccager leurs terres et leurs maisons de campagne, ils disaient, dans leur langage pittoresque, que c'était grande honte de laisser une mouche assiéger un éléphant. Le connétable, grand rabroueur de personnes, dit un historien du temps, n'ayant à la bouche que les mots d'ânes et de vieux sots, vaillant couvert de sept blessures, mais au demeurant fort mauvais général, fit mal ses dispositions et fut tué. L'escadron qu'il commandait avait été enfoncé par Condé; le vieux guerrier, environné, blessé, sommé de se rendre, ne répondait qu'à grands coups d'épée; serré de près par l'Écossais Robert Stuart, il lui brisa deux ou trois dents d'un revers du pommeau de son épée. Stuart ou quelque autre (on ne le sut jamais avec certitude) lui lâcha au même instant un coup de pistolet dans les reins, et il tomba mortellement blessé. C'était le dernier des quatre grands chefs catholiques qui avaient donné le signal de la guerre civile en 1562; la guerre civile les avait dévorés tous les quatre.

Catherine de Médicis s'applaudissait de cette journée comme d'une victoire. « J'ai deux grandes obligations au ciel, dit-elle : l'une, que le connétable ait vengé le roi de ses ennemis; l'autre, que les ennemis du roi l'aient vengé du connétable. » Le maréchal de Vieilleville voyait plus juste quand il disait au roi : « Votre Majesté n'a point gagné la bataille, encore moins le prince de Condé, mais le roi d'Espagne; car il est mort de part et d'autre assez de vaillants capitaines et de braves soldats français pour conquester la Flandre et tous les Pays-Bas. »

Condé reçut quelque temps après 9,000 lansquenets ou reîtres allemands. Dès le premier jour, ces étrangers réclamèrent leur solde. Toute l'armée huguenote, chefs et soldats, se cotisa pour la fournir. On se dirigea alors sur Chartres, afin d'intercepter les arrivages de la Beauce à Paris. La reine-mère, qui n'avait point voulu, par jalousie de pouvoir, donner de successeur au connétable, n'avait point d'hommes de guerre à opposer aux réformés. L'Hôpital reprit l'avantage et parla de paix ; on la fit à Longjumeau (1568), à condition que les protestants restitueraient les places qu'ils occupaient, mais que l'édit d'Amboise serait rétabli sans restriction.

C'était, comme on le dit de la suivante, une paix boiteuse et mal assise. Catherine ne l'avait signée que pour faire une autre guerre. Comment aurait-on alors posé les armes en France ? Déjà dans la Champagne une sainte ligue se signait. Catherine elle-même voulait aussi finir cette guerre, qui toujours renaissait par quelque coup à l'italienne.

L'Hôpital n'était pas l'homme qu'il fallait pour cette politique, il fut disgracié. La dernière chance de servir sa malheureuse patrie lui était enlevée ; il se retira dans sa maison de Vignay, près d'Étampes, où le roi lui fit bientôt après redemander les sceaux. Jour funeste pour la France ! C'était l'étendard national qui tombait devant les bannières sanglantes des factions. Il ne devait plus être relevé que par Henri IV.

On se proposait d'enlever le même jour Condé et Coligny en Bourgogne, et la veuve d'Antoine de Bourbon, Jeanne d'Albret, en Béarn. Ils échappèrent tous trois. Condé et Coligny, après une course de cent lieues, arrivèrent à la Rochelle, qui, dans la dernière guerre, avait pris parti pour eux, et où Jeanne d'Albret vint les rejoindre avec son fils Henri de Béarn. Les protestants se sentaient partout sous le couteau ; ils entendaient leurs ennemis dire hautement que, dès que la moisson et les vendanges seraient achevées, on ferait main basse sur les huguenots, et que si le roi le voulait empêcher, on l'enfermerait dans un couvent et on en mettrait un autre à sa place, c'est-à-dire apparemment le duc d'Anjou.

Ce n'était pas sans danger que Condé et Coligny avaient atteint la Rochelle, leur escorte n'étant que de cent cinquante chevaux de combat. A cette nouvelle, les chefs des corps de troupes qui venaient d'arriver en Bourgogne se mirent en mouvement. Les fugitifs avaient de l'avance, ils firent une trentaine de lieues et atteignirent la Loire ; mais la plupart des passages étaient gardés. On indiqua à Condé un gué près de Sancerre, ville huguenote ; il passa des premiers, tenant son plus jeune fils entre ses bras ; les autres suivirent en chantant le psaume : « Au sortir d'Israël d'Égypte. » Quelques heures après, ceux qui les poursuivaient parurent à l'autre bord de la Loire ; mais la rivière grossit durant la nuit, et le lendemain matin elle avait cessé d'être guéable.

Catherine, à son tour, avait manqué son coup ; mais elle se croyait prête pour une troisième guerre (1568-1570). Elle la déclara en lançant un édit qui défendait, sous peine de mort, l'exercice de la religion prétendue réformée et ordonnait aux ministres protestants de sortir du royaume sous quinze jours.

Pour soutenir de pareils édits, il eût fallu de grandes forces, la cour n'avait qu'une armée de 18,000 fantassins et de 4,000 chevaux. Elle fut placée sous le commandement du jeune duc d'Anjou, que Catherine voulait mettre en avant, afin de l'opposer à son frère Charles IX. Tavannes et Biron devaient le diriger.

La guerre se fit de part et d'autre avec une fureur impitoyable. Pour la seconde fois les huguenots furent prêts avant des adversaires qui avaient compté les surprendre et qui disposaient de toutes les ressources régulières de l'État. Cette faction de soldats se leva comme un seul homme avec un immense cri de fureur et de désespoir. Crussol d'Acier, un des premiers capitaines qui eussent tiré l'épée pour la réforme, s'était fait peindre sur sa cornette verte sous la figure d'Hercule exterminant une hydre dont les têtes étaient coiffées de capuchons, de mitres et de chapeaux rouges. On a même prétendu qu'un des chefs protestants, Briquemaut, portait un collier d'oreilles de prêtres.

Le duc d'Anjou s'étant avancé contre Loudun, occupé par un corps de réserve aux ordres de d'Acier, Condé et Coligny revinrent secourir Loudun. On se trouva de nouveau face à face durant quatre ou cinq jours; mais la gelée était si âpre, si véhémente, que les deux armées, engourdies par le froid, n'eurent pas le courage d'en venir aux mains; le verglas faisait rompre bras et jambes aux soldats qui tentaient d'aller à l'escarmouche. Les généraux se décidèrent à mettre leurs troupes en quartiers d'hiver, les catholiques en Touraine, les réformés en Poitou ; mais cette résolution avait déjà trop tardé ; les troupes avaient tant souffert, qu'il mourut dans l'une et l'autre armée 7 à 8,000 hommes des suites de cette rude campagne.

Au printemps suivant, le maréchal de Tavannes voulut isoler dans le Midi l'armée protestante des secours allemands qu'on attendait du Nord, et la battre avant leur arrivée. Après quelques marches et contremarches, il se porta au midi de la Charente ; tous les ports, toutes les places de cette rivière étaient au pouvoir des huguenots ; enfin, on se rencontra près de Jarnac (1569). Condé, à la nouvelle de l'attaque, accourut avec trois cents chevaux ; blessé au bras la veille, il reçut encore, au moment de charger, un coup de pied de cheval qui lui cassa la jambe ; il se lança néanmoins sur l'ennemi en criant aux siens : « Noblesse française ! voici le moment tant désiré ! Souvenez-vous en quel état Louis de Bourbon entre au combat pour Christ et sa patrie. » Et il se précipita sur les catholiques à la tête de trois cents chevaux. Cette charge impétueuse renversa d'abord tout ce qu'elle rencontra ; mais sa petite troupe fut bientôt engloutie dans les masses de la gendarmerie et des reîtres, et il tomba engagé sous son cheval expirant.

Alors autour de lui se livra un combat vraiment homérique. Cette poignée d'hommes d'élite fit des prodiges de valeur et de désespoir ; on remarqua surtout un vieillard nommé Lavergne, qui combattait entouré de vingt-cinq fils, petits-fils et neveux ; le chef de famille mourut avec quinze des siens, tous en un monceau, presque tous les autres furent pris. Les deux tiers de l'escadron de Condé restèrent tués ou blessés sur la place. Le prince, incapable de se relever, demeura enfin aux mains des ennemis et donna son gantelet à un gentilhomme catholique appelé d'Argence; mais à peine d'Argence avait-il reçu la foi du prince, que le Gascon Montesquiou, capitaine des gardes suisses du duc d'Anjou, reconnut Condé, accourut et lui tira par derrière un coup de pistolet dans la tête. Condé tomba raide mort.

Coligny et d'Andelot, qui soutenaient le combat sur un autre point, informés de sa mort et ne pouvant plus résister à l'effort des assaillants, se retirèrent au galop vers Saint-Jean-d'Angely, tandis que la cavalerie catholique poursuivait les débris de l'avant-garde huguenote le long de la Charente.

Le duc d'Anjou fit porter à Jarnac le corps de Condé sur une ânesse, par manière de dérision, et il se disposait, d'après le conseil du moine Claude de Saintes, à faire ériger une chapelle au lieu où le prince avait péri, si son ancien gouverneur Carnavalet ne l'en eût détourné, de peur qu'il ne parût par là s'avouer hautement l'instigateur de l'assassinat. Les restes de Condé furent donc rendus, par l'entremise du duc de Longueville, son beau-frère, au prince Henri de Navarre, qui les fit ensevelir à Vendôme.

C'était une grande perte que celle de ce prince énergique et brave, depuis neuf ans la tête et le bras du parti; mais il laissait des vengeurs et un fils, Henri 1er de Bourbon, né en 1552.

ARRESTATION DU PRINCE DE CONDÉ ET D'ANTOINE DE BOURBON.

CHAPITRE II.

Henri Ier de Bourbon (1552-1588).

Son Rôle dans les Guerres de Religion. — Charles IX.

Henri Ier de Bourbon se rendit bientôt à l'armée protestante commandée par Coligny.

En effet, les protestants consternés avaient parlé d'abord d'abandonner la campagne et de s'enfermer dans la Rochelle ; mais une femme les releva. Jeanne d'Albret, « qui n'avait d'une femme que le sexe, » accourut à l'armée avec son fils

Henri de Navarre et son neveu Henri de Condé ; elle harangua la gendarmerie réunie à Tonnay-Charente, mêlant d'une belle grâce, dit d'Aubigné, les pleurs et les soupirs avec les résolutions. « Mes amis, dit-elle, voilà deux nouveaux chefs que Dieu vous donne et deux orphelins que je vous confie. » Henri de Navarre, plus tard Henri IV, enfant remuant et réfléchi tout à la fois, qui devenait peu à peu un jeune homme plein d'énergie et d'intelligence, prêta d'une voix ferme et animée le serment de ne jamais abandonner la cause. Les soldats répétèrent ce serment avec enthousiasme et le proclamèrent leur chef. Le commandement effectif fut concentré tout entier entre les mains de Coligny, qui se mit en mesure de disputer pied à pied aux catholiques le résultat de leur victoire, pendant que la reine de Navarre aliénait ses terres, engageait ses joyaux, donnant à tous l'exemple de préférer la liberté de conscience aux richesses, aux grandeurs, à la vie même.

Coligny avait beaucoup des qualités nécessaires à un chef de parti dans une telle guerre. Protestant convaincu et austère, il était aimé, respecté des ministres comme des soldats ; ce n'était peut-être pas un très-grand général ni un politique bien profond, mais il ne se laissait jamais abattre, ce qui est une grande force ; il voyait juste, ce qui en est une autre ; il savait faire ressource de tout ; et s'il n'y avait pas à espérer avec lui de décisive victoire, il n'y avait pas non plus à craindre d'irrémédiable défaite. Il fut encore vaincu à Moncontour ; mais il n'en traversa pas moins tout le Midi dans toute sa longueur, refaisant au fur et à mesure son armée, et il apparut tout à coup en Bourgogne à la tête de toute la noblesse protestante du Dauphiné et de la Provence ; et une armée catholique ayant voulu l'arrêter à Arnay-le-Duc, il la battit et arriva sur le Loing, à peu de distance de Paris.

Catherine de Médicis signa alors la paix de Saint-Germain à des conditions très-favorables pour les protestants : le libre exercice du culte dans deux villes par province et dans toutes celles où il était établi ; l'admission des calvinistes à tous les emplois, et quatre villes de sûreté : la Rochelle, Montauban, Cognac, la Charité, où les réformés pourraient tenir garnison. Le roi déclarait la reine de Navarre, les princes de Navarre et de Condé et tous ceux qui les avaient suivis et secourus, ses bons et loyaux sujets.

Ces deux jeunes princes, l'amiral et les principaux chefs, après avoir reconduit jusqu'à la frontière ce qui restait des auxiliaires allemands, traversèrent rapidement le royaume et allèrent rejoindre Jeanne d'Albret à la Rochelle. Ils y restèrent réunis, afin d'attendre plus sûrement l'exécution et l'avancement de la paix. Bien des voix autour d'eux la nommaient déjà la paix boiteuse et mal assise, par allusion aux deux négociateurs qu'avait employés la cour : l'un des deux, Biron, était boiteux ; l'autre, Henri de Mesmes, portait le titre de seigneur de Malassise.

Catherine avait ses projets. La guerre ouverte l'avait débarrassée du prince de Condé ; maintenant il restait à perdre Coligny et ses plus redoutables auxiliaires et à enlever à la réforme les deux jeunes Bourbons, qui en étaient pour ainsi dire les étendards. Elle rentra dans les voies souterraines de la trahison ; mais elle creusa cette fois bien plus profondément la mine, et se résigna à un détour immense pour surprendre sûrement les adversaires que jusqu'ici elle avait toujours trouvés sur leurs gardes. Le mariage du jeune prince de Béarn avec Marguerite pouvait cimenter à jamais la paix, elle le mit en avant. La reine de Navarre se décida à venir à Paris, puis l'amiral, et après le chef, nombre de gentilshommes huguenots, qui accoururent pour avoir leur part des fêtes et des bonnes grâces du roi. Lorsque l'amiral avait voulu embrasser les genoux du roi, Charles IX l'avait relevé et lui avait serré la main en l'appelant son père. « Nous vous tenons maintenant, lui dit-il en riant, vous ne nous échapperez plus. » Ce langage équivoque étonna et inquiéta un moment Coligny ; mais les actions du roi donnèrent à ses paroles l'interprétation la plus favorable. Charles IX témoigna un vif intérêt pour tout ce qui regardait l'amiral. « Monsieur l'amiral, dit Brantôme, estoit pauvre, d'autant qu'il avoit eu toujours plus de souci de la vertu que des biens. Il lui fit un présent de 100,000 livres, et comme cadeau de noces et comme dédommagement du sac de Châtillon-sur-Loing, pillé pendant la guerre. Au bout de peu de jours, les courtisans, toujours si prompts à reconnaître d'où souffle le vent de la faveur, ne s'adressoient plus à d'autre intermédiaire qu'à l'amiral. »

Quant à la reine de Navarre, Charles IX l'avait aussi accueillie avec tendresse, bien qu'elle fût venue sans son fils; il l'appela sa grand'tante, son tout, sa mieux aimée; mais on prétend que le soir il demanda en riant à la reine-mère s'il n'avait pas bien joué son personnage. « Laissez-moi faire, aurait-il ajouté, je vous les amènerai tous au filet. ».

On ne comprend pas aisément comment un tel propos, tenu, sans doute, en tête à tête par le fils à la mère, a pu parvenir jusqu'aux écrivains qui nous l'ont rapporté. Ce qui est plus certain, ce sont les ennuis et les tracasseries par lesquels Catherine fit expier à la reine de Navarre les caresses de Charles IX. Catherine s'efforçait, par des subtilités, des faux-fuyant, des surprises de toute espèce, d'imposer à Jeanne les conditions qui convenaient à ses vues, et la faisait pour ainsi dire mourir à coups d'épingle. La violente Jeanne était obligée d'exercer sur elle-même la contrainte la plus douloureuse pour ne pas éclater à chaque instant et tout rompre. « Je suis en mal d'enfant, écrivait-elle à son fils. Vous pouvez dire que ma patience passe celle de Griselidis. Je n'ai nulle liberté de parler au roi ni à Madame (Marguerite), mais seulement à la reine-mère, qui me traite à la fourche. » Les mœurs de la cour lui inspiraient tant d'effroi, qu'elle ne voulait y faire venir son fils qu'à la dernière extrémité et pour faire l'office qui ne se fait point par procureur.

Le 9 juin elle mourait presque subitement, et on crut à un empoisonnement, qui n'a pas été prouvé. On prétendit qu'un parfumeur italien de la reine-mère, nommé René, lui avait vendu des gants et d'autres objets imprégnés d'un venin subtil.

Cependant Coligny se décida à s'établir à Paris pour le mariage du roi de Navarre; il était retourné à Châtillon voir sa femme, qui était enceinte. Quand il monta à cheval pour se rendre à Paris, une pauvre paysanne de ses sujettes vint se jeter à ses pieds en pleurant : « Ah! Monsieur, ah! notre bon maître, lui cria-t-elle, je ne vous verrai jamais, si vous allez une fois à Paris; vous y mourrez, vous et tous ceux qui iront avec vous. »

« J'aisme mieux estre traisné mort par les rues de Paris, avait-il dit récemment, que de rentrer dans la guerre civile. »

Dans les premiers jours d'août, le roi de Navarre et le prince de Condé firent aussi leur entrée à Paris à la tête de 800 gentilshommes. Ainsi que l'amiral, ils avaient repoussé avis, menaces et prédictions.

Enfin, le 18 août, le roi de Navarre et la princesse Marguerite furent mariés par le cardinal de Bourbon, oncle de l'époux, sur un échafaud élevé devant le grand portail de Notre-Dame. L'épousée, accompagnée du roi, de la reine-mère et de tous les princes et seigneurs catholiques, alla ensuite ouïr la messe dans le chœur; le marié, pendant ce temps, se retira dans la cour de l'évêché, et les huguenots se promenèrent dans le cloître et dans la nef.

Des fêtes suivirent. Dans les joûtes et les mascarades figurèrent pêle-mêle, déguisés tantôt en dieux marins, tantôt en chevaliers errants, le roi et ses deux frères, le roi de Navarre, le prince de Condé, le duc de Guise et tous les jeunes sei-

gneurs des deux religions. Les vieux huguenots voyaient ce
« meslange et ces folastreries » avec une répugnance et une
défiance insurmontables. On avait présenté, dans un des divertissements, le paradis et l'enfer; trois chevaliers errants, qui
étaient le roi et ses deux frères, défendaient l'entrée du paradis contre les autres chevaliers et les repoussaient vers l'enfer où ils étaient entraînés par les diables. On ne manqua pas
d'allégoriser sur ces jeux au moins étranges et de dire que le
roi avait chassé les huguenots dans l'enfer. Des rumeurs sinistres s'élevaient de moment en moment parmi les bruits de
fête, « comme avant quelque tempeste, la mer s'agite d'ellemesme; aussi y avoit-il déjà quelque horreur en l'esprit d'aucuns, du mal advenu tost après. »

Catherine, en effet, avait résolu de faire assassiner Coligny par
les Guises. Les huguenots vengeraient leur chef sur ceux-ci,
puis les troupes royales surviendraient pour tomber sur les uns
et sur les autres comme violateurs de la paix publique.

Le 22 août au matin, comme l'amiral revenait du Louvre
à pied, marchant lentement et lisant une requête, un coup
d'arquebuse partit de derrière le rideau d'une fenêtre, lui emporta l'index de la main droite et lui logea une balle dans le
bras gauche. Il montra, de sa main mutilée, l'endroit d'où était
parti le coup, pria les capitaines Piles et Moneins d'aller dire
au roi ce qui lui était advenu, puis il regagna son hôtel, soutenu par quelques gentilshommes, tandis que le reste de sa
suite enfonçait la porte de la maison où s'était embusqué l'assassin. On trouva l'arquebuse fumante encore, mais non l'ar-

quebusier. Maurevert, « le tueur du roi », s'était élancé sur un cheval qu'on lui tenait tout prêt, et avait fui par une porte de derrière. Il sortit de Paris par la porte Saint-Antoine; deux gentilshommes protestants avaient retrouvé sa trace et le poursuivirent durant plusieurs lieues, mais sans pouvoir l'atteindre.

Les envoyés de Coligny trouvèrent le roi jouant à la paume avec le duc de Guise et Teligny, le gendre de l'amiral. Aux premiers mots, Charles brisa sa raquette contre terre en s'écriant : « N'aurais-je donc jamais de repos! » Et, avec un visage triste et abattu, il se retira dans sa chambre.

Cependant le fameux Ambroise Paré, premier chirurgien du roi, avait extrait la balle logée dans le bras gauche et coupé l'index fracassé par l'autre balle. L'amiral consolait ses amis, qui pleuraient à chaudes larmes de le voir ainsi découper, s'estimant bien heureux, disait-il, d'avoir été ainsi blessé pour le nom de Dieu. et joignait ses prières à celles de ses ministres.

Le roi, après avoir dîné à la hâte, vint le voir et l'accabla de témoignages d'affection. « Mon père, lui dit-il, à vous la douleur de la blessure, mais à moi l'injure et l'outrage. » Il ne cessait de donner aux réformés de nouvelles marques d'intérêt, invitait le roi de Navarre et le prince de Condé à faire coucher leurs amis au Louvre.

Cependant quelques jours après on délibérait sur leur mort. La dignité royale dont était revêtu le fils de Jeanne d'Albret, son titre tout récent de beau-frère du roi, sa facilité de caractère, qui donnait l'espoir de le réduire aux volontés de la cour sans beaucoup de résistance, firent promptement repousser à son égard l'idée d'un attentat, qui eût été trop exécrable aux yeux de l'Europe entière; mais la vie de Condé fut plus vivement débattue, et le duc de Nevers, dont ce jeune prince venait d'épouser la belle-sœur, eut grand'peine à obtenir grâce pour lui en se rendant garant de ses actions.

Enfin il fut convenu que la cloche de Saint-Germain-l'Auxerrois donnerait le signal, à trois heures, dans la nuit du 24 août, fête de saint Barthélemy. On n'attendit pas jusque-là. A deux heures, un immense tumulte de hurlements, de cloches et d'arquebusades, annonça que les matines de Paris étaient commencées.

L'amiral, éveillé aux premières rumeurs, avait cru que c'était une émeute suscitée par les Guises, et qui s'apaiserait à l'aspect des gardes du roi postés devant sa porte; mais lorsqu'il eut entendu le bruit des soldats se ruant en foule dans sa maison, qu'on leur avait ouverte sans défiance, lorsque retentirent les coups de feu tirés par les arquebusiers sur les Suisses envoyés par le roi de Navarre, il reconnut enfin l'affreuse vérité; il se leva et commanda au ministre Merlin de faire une dernière prière. En ce moment, un de ses serviteurs entra dans sa chambre. « Qu'y a-t-il? demanda l'amiral. — Monseigneur, c'est Dieu qui nous appelle! — Il y a longtemps que je me suis disposé à mourir. Vous autres, sauvez-vous, s'il est possible. » Ses gens lui obéirent, excepté un seul, qui ne voulut point l'abandonner; les autres essayèrent de s'enfuir par les toits; mais la plupart furent atteints et massacrés dans les maisons voisines. Pendant ce temps, un Allemand, Besme, se précipitait dans sa chambre. « N'es-tu pas l'amiral ? cria-t-il. — C'est moi, répondit Coligny d'un visage paisible et assuré ; jeune homme, tu devrais avoir égard à ma vieillesse et à mon infirmité; toutefois fais ce que tu voudras; aussi bien ne feras-tu guère ma vie plus briefve. »

Besme lui plongea son épée dans la poitrine, puis rechargea sur la tête. Tous les autres s'élancèrent à la fois sur le vieillard, qui tomba percé de mille coups. « Besme, s'écria le duc de Guise, qui était resté dans la cour, as-tu achevé ? — C'est fait, dit-il. — Jette-le donc par la fenêtre, que nous le voyons de nos yeux... » Ils jetèrent le cadavre sur le pavé, le duc de Guise essuya la face sanglante du vieux guerrier pour le mieux reconnaître, et lui lança un coup de pied au visage. Et ils volèrent à de nouveaux meurtres. « Saignez, saignez, répétait Tavannes; la saignée est aussi bonne en ce mois d'août comme en mai. »

Le massacre eut un caractère plus hideux encore dans l'intérieur du Louvre. Le seigneur d'O, maître de camp du régiment des gardes, fit appeler à tour de rôle les serviteurs du roi de Navarre et du prince de Condé, et les gentilshommes que le roi lui-même avait invités à coucher dans les appartements de ces deux princes. A mesure qu'ils descendaient dans la cour, on leur ôtait leurs épées, et on les livrait aux Suisses qui les attendaient sous le vestibule. Ils furent mis en pièces sous les yeux du roi, dont ils réclamaient la foi à grands cris. Là moururent Pardaillan et ce brave Clermont de Piles qui avait enlevé naguère aux catholiques le fruit de la victoire de Moncontour par sa belle défense de Saint-Jean-d'Angely. Le vieux Biron, gouverneur du petit marquis de Conti, frère du prince de Condé, fut égorgé entre les bras de son élève, qui implorait vainement les bourreaux. Quelques gentilshommes rentrèrent en fuyant dans le Louvre, on les tua jusque dans les appartements des princesses.

Le roi de Navarre, le prince de Condé, tandis qu'on immolait leurs amis, leurs gardes, leurs domestiques, avaient été mandés par le roi. Charles leur déclara brutalement que tout ce qu'ils voyaient était fait par son ordre. « J'ai fait tuer l'amiral et les autres hérétiques pour mettre fin aux troubles qui bouleversaient mon royaume depuis mon enfance. Vous-mêmes avez mérité un pareil traitement; toutefois, en considération de votre âge et de votre naissance, je veux bien oublier le passé, pourvu que vous reveniez au giron de l'Église romaine; je ne veux plus qu'une religion dans mon royaume. » Henri de Navarre, frappé de stupeur, rappela humblement au roi ses promesses et le pria de ne pas forcer sa conscience. Condé montra beaucoup plus de fermeté; il répondit qu'il ne pouvait croire que le roi manquât à des serments sacrés; que, pour lui, il demeurerait ferme en la vraie religion, quand il devrait y laisser la vie. Le roi, furieux, le menaça de lui faire trancher la tête, s'il ne se ravisait sous trois jours. Le matin, s'il en faut croire l'Étoile, lui-même avait, d'une des fenêtres du Louvre, « giboyé aux passants, » tirant avec une longue arquebuse sur les protestants qui fuyaient par le faubourg Saint-

Germain, et ne voulut sauver aucun huguenot, sinon maître Ambroise Paré, son premier chirurgien, et sa nourrice.

Mais dans la journée, quand il eut vu la Seine charrier tant de cadavres, la fièvre de sang tomba; il eut horreur de ce qui s'était fait, et il écrivit dans les provinces pour arrêter la contagion de l'exemple, rejetant tout sur une querelle qui aurait éclaté entre les Guises et les Chatillons. Mais la reine-mère le ranima. Une aubépine qu'on trouva le lendemain fleurie parut un miracle, et la foule recommença à tuer. On tuait non-seulement les huguenots, mais les créanciers, un rival, un ennemi.

On envoya aux gouverneurs de province de nouveaux ordres qui étendirent le massacre à beaucoup de villes. Quelques-uns refusèrent d'obéir. D'Orthès, gouverneur de Bayonne, répondit : « Je n'ai trouvé dans la garnison que de bons citoyens et de braves soldats, et pas un bourreau. C'est pourquoi eux et moi supplions très-humblement Vostre Majesté vouloir employer en choses possibles, quelque hasardeuses qu'elles soient, nos bras et nos vies, comme estant, autant qu'elles dureront, vostres. » Le bourreau de Troyes refusa d'aider à la tuerie, disant « qu'il n'estoit de son office d'exécuter aucun sans qu'il y eust sentence de condamnation. » Celui de Lyon fit même réponse.

Mais, d'un autre côté, l'effroi de périls toujours renaissants, la conviction de la ruine « de la cause » entraînèrent les abjurations par milliers, non-seulement dans les contrées qui avaient été le théâtre des massacres, mais dans plusieurs des provinces qui en avaient été préservées par les gouverneurs ou par les autorités municipales. L'exemple des Bourbons devait avoir une grande influence : ils avaient persisté, durant quelques semaines, dans des refus qui exaspéraient Charles IX. Un jour, s'il en faut croire la reine Marguerite, Catherine lui proposa de faire casser son mariage avec le roi de Navarre. Un autre jour, Charles se fit apporter ses armes pour aller en personne, à la tête de ses gardes, mettre à mort le prince de Condé. La jeune reine Élisabeth d'Autriche se jeta aux genoux de son époux et le désarma par ses prières. Charles fit venir Condé, et lui proposa de trois choses l'une : messe, mort ou Bastille. Condé refusa la première, et laissa le choix des deux autres à la disposition du roi. Cette fermeté finit cependant par fléchir, et il céda presque en même temps que le roi de Navarre. Celui-ci fit moins de résistance. On espérait et on croyait à la cour qu'il tiendrait moins de sa mère que de son père, le faible roi Antoine. Enfin, les deux princes convertis assistèrent, le 29 septembre, à la solennité annuelle de l'ordre de Saint-Michel, et, le 3 octobre, ils écrivirent au pape pour le prier de les recevoir au giron de l'Église. Grégoire XIII s'empressa de leur répondre par les lettres les plus affectueuses, et de réparer, par sa ratification, les irrégularités du mariage du roi de Navarre.

Mais en Béarn les huguenots refusèrent d'obéir à un édit extorqué, disaient-ils, à leur seigneur captif, et par lequel le roi de Navarre avait ordonné le rétablissement du culte catholique dans ses États, prohibé le culte réformé, enjoint l'expulsion des ministres et la restitution des biens de l'Église.

Enfin, une quatrième guerre recommença à la Rochelle. On dépêcha aux Rochelois envoyé sur envoyé, on leur fit offrir pour eux seuls l'exercice du culte réformé; on leur fit écrire par le roi de Navarre, mais rien ne put les décider. La Noue, le Bayard des huguenots, s'y défendit héroïquement. Le duc d'Anjou n'avait plus pour guide Tavannes, qui se mourait en Bourgogne, et l'on vit ce que valait, livré à lui-même, le vainqueur de Jarnac et de Moncontour. Il s'occupa de choisir le logis le plus commode, bien plus que le meilleur point d'attaque; il s'établit, et la noblesse à son exemple, à une lieue de la tranchée. Bientôt le psaume LXVIII : « Que Dieu se montre seulement, » retentit comme un chant de victoire, du haut des tours. La Rochelle, le fameux boulevard de l'Évangile, était sauvée. Le duc d'Anjou, pressé de se rendre en Pologne, où il venait d'être proclamé roi, s'était hâté de signer la paix (1573), qui accordait aux protestants la liberté de conscience, une année à peine après la Saint-Barthélemy.

La honte de ce revers, le remords, les emportements d'un caractère fougueux et les violents exercices de la chasse achevèrent de ruiner la santé de Charles IX. Durant des matinées entières il épuisait à donner du cor ses poumons déjà malades, il faisait à cheval des courses forcenées, il forgeait des armes de sa propre main, et tout faisait prévoir qu'une phthisie pulmonaire ou quelque maladie inflammatoire pourrait bien l'emporter avant peu. Il s'éteignait de jour en jour; ses yeux caves, son teint à la fois livide et enflammé, ses lèvres brûlantes et desséchées attestaient le feu intérieur qui le consumait. Un jour, la reine-mère entra dans sa chambre toute rayonnante de joie pour lui annoncer l'heureuse issue de la guerre de Normandie; il écouta ce récit avec indifférence et tourna la tête de l'autre côté.

Sa fin fut si misérable, que les écrivains huguenots eux-mêmes en témoignent quelque pitié. Son sommeil court et rare était troublé par les tressaillements nerveux et les gémissements que lui arrachaient des visions hideuses; tourmenté de violentes hémorrhagies, il s'éveillait parfois baigné dans son sang, et ce sang lui rappelait celui de ses sujets versé à grands flots par ses ordres; il revoyait en songe tous ces cadavres flottant au fil de la Seine, il entendait dans les airs des cris lamentables. La nuit d'avant sa mort, sa nourrice, qu'il aimait beaucoup, quoique huguenote, et qui veillait près de son lit, l'entendit se plaindre, pleurer et soupirer : « Ah! nourrice, que de sang et de meurtres! Ah! que j'ai eu un meschant conseil! O mon Dieu! pardonne-les-moi, et me fais miséricorde! Je ne sais où je suis, tant ils me rendent perplexe et agité! Que deviendra ce royaume? que deviendrai-je, moi, à qui Dieu le recommande? Je suis perdu, je le sens bien! » Alors sa nourrice lui dit : « Sire, les meurtres et le sang soient sur la tête de ceux qui vous les ont fait faire, et sur vostre meschant conseil. » Et il mourut le même jour (30 mai 1574).

Pendant que Catherine mandait aux gouverneurs des provinces sa régence et l'avénement de Henri III, et que le duc d'Alençon et le roi de Navarre n'osaient refuser de joindre à cette dépêche des lettres qui la confirmaient et qui annonçaient leur intention de rendre tout service et obéissance à la régente, le prince de Condé, qui s'était enfui en Allemagne, où il cherchait à obtenir l'assistance des princes protestants, fut élu gouverneur général, en attendant la délivrance du duc d'Alençon et du roi de Navarre.

Cependant Henri III, à la nouvelle de la mort de son frère, avait quitté la triste Pologne, cette terre des Sarmates, où la noblesse rude et mâle ne connaissait pas les raffinements de luxure et de dépravation que la civilisation corrompue de l'Italie avait inoculés à la France. Il s'enfuit de sa capitale de nuit, comme un malfaiteur. Poursuivi par ses sujets, qui voulaient le retenir, il ne s'arrêta que sur la terre autrichienne. Les plaisirs de Vienne, ceux de Venise la Belle, le captivèrent longtemps : il mit le pied dans son nouveau royaume deux mois seulement après avoir quitté furtivement l'ancien.

Mais il était le roi le moins propre à dominer la situation que son frère lui laissait. Les victoires remportées en son nom par Tavannes avaient fait sa réputation. L'abus des plaisirs avait tué en lui cette première chaleur du sang qui l'avait fait d'abord aussi brave que ses ancêtres; il n'avait plus goût qu'à des passe-temps d'enfant ou de femme, quand il n'était pas livré à de monstrueuses débauches. La dépravation de son cœur avait vicié les brillantes qualités de son esprit, et il n'était éloquent qu'à mentir et habile qu'à tromper.

A peine entré en France, il ordonna aux protestants de se faire catholiques ou de sortir du royaume. C'était là de bien menaçantes paroles. Les réformés se rassurèrent en voyant que tout se borna à l'envoi de quelques officiers dans les provinces du Midi, alors fort agitées, et à des processions, auxquelles le roi se mêlait, de flagellants qui allaient par les rues, se battant les épaules pour la rémission de leurs péchés. Il fit à Paris une entrée solennelle, où il scandalisa fort les personnes graves; « ayant autour de lui grande quantité de singes, perroquets et petits chiens. »

Sur sa route il avait déjà pu voir quelles étaient les dispositions des protestants. Il avait envoyé à leurs capitaines des bords du Rhône, l'ordre de mettre bas les armes. « Comment, répliqua Montbrun, le fameux chef des réformés dauphinois, le roi m'escrit comme roi et comme si je le devois recognoistre ! Je veux qu'il sache que cela seroit bon en temps de paix; mais en temps de guerre, quand on a le bras armé et le cul sur la selle, tout le monde est compagnon. »

Aussi le roi de Navarre et le prince de Condé formèrent-ils de nouveau le projet de s'assurer du gouvernement; ils s'appuyaient sur le duc d'Alençon, frère du roi, mais que Catherine avait mis en mauvaise intelligence avec lui, comme autrefois Henri III lui-même, alors duc d'Anjou, avec Charles IX. Mais au moment décisif, le cœur faillit au duc d'Alençon, qui révéla tout. Le prince de Condé parvint seul à s'échapper et se retira en Allemagne pour y recruter de nouvelles troupes; il en revint bientôt, et une cinquième guerre de religion commença (1574-1576).

Il allait, comme son aïeul, se trouver en présence d'un duc de Guise, Henri de Guise, le fils de François de Guise lui-même. Il arriva avec ses Allemands, qui, malgré lui, mirent à feu et à sang la ville de Nuits. En effet, le zèle religieux n'était plus qu'un prétexte pour les mercenaires allemands; la France devenait pour eux ce qu'avait été l'Italie pour tout le monde au commencement de ce même siècle, une riche proie à dévorer, un champ ouvert au libre essor de toutes les passions brutales. On se rencontra à Dormans, près de Château-Thierry en Champagne, où le duc de Guise fut blessé. Mais les périls qu'il courut dans cet engagement ne firent qu'augmenter sa popularité. On ne parla plus, parmi les catholiques, que du Balafré, le digne héritier du grand Guise. Cependant Condé passa sans obstacle avec 18,000 hommes et 16 canons à travers la Champagne et la Bourgogne, franchit la Loire et rejoignit le duc d'Alençon à Moulins. L'évasion du roi de Navarre accrut encore, sur ces entrefaites, l'espérance du parti.

Henri III et Catherine ne furent que plus pressés de traiter. Le duc d'Alençon s'offrit comme médiateur et ménagea à Beaulieu la paix qui porta son nom : paix de Monsieur, titre qu'on donna désormais au frère puîné du roi. La médiation n'était pas désintéressée : le négociateur se fit céder l'Anjou, dont il porta le nom, la Touraine et le Berry avec tous les droits régaliens sous la condition de l'hommage. Le roi de Navarre obtint le gouvernement de la Guyenne; Condé, celui de la Picardie.

Le libre exercice du culte était accordé aux protestants dans tout le royaume, sauf Paris et la cour, jusqu'à la prochaine convocation des états généraux et d'un concile général ; toutes les sentences portées depuis le règne de Henri II pour cause de religion, étaient annulées. Enfin, par la réhabilitation de la mémoire de Coligny et des victimes de la Saint-Barthélemy, dont les veuves et les enfants obtinrent exemption d'impôts, par la cession de nombreuses places de sûreté et par l'établissement de tribunaux mi-partis de protestants et de catholiques, la royauté demandait grâce pour le passé et accordait des garanties pour l'avenir. Voilà les fruits qu'avait portés la Saint-Barthélemy !

Cette paix semblait une trahison de la cause catholique. Aussi l'effervescence, un moment calmée, se ranima avec une extrême énergie. Un seigneur d'Humières, gouverneur de Péronne, donna l'exemple. Il refusa de livrer sa place à Condé, nommé gouverneur de la province, et fit signer aux prélats, seigneurs et bourgeois, « une très-chrétienne union, » à l'effet d'employer leur vie et leurs biens pour la conservation de la ville et de la province en l'obéissance du roi et en l'observance de l'Église catholique. Henri de Guise se mit à la tête de l'union, et ce fut lui qui dressa et fit expédier dans toute la France l'acte constitutif de la *sainte Ligue*. Les princes, seigneurs, gentilshommes et tous les associés y juraient « de retenir le saint service de Dieu selon la forme de la sainte Église catholique ; de conserver le roi, Henri troisième, en l'état, splendeur, autorité et puissance qui lui sont dus par ses sujets ; de remettre les provinces aux mêmes droits, franchises et libertés qu'elles avaient au temps de Clovis ; de procéder contre ceux qui persécuteraient l'union, sans acception de personnes; enfin, de rendre prompte obéissance et fidèle service jusqu'à la mort au chef qui serait nommé. »

Peut-être Henri de Guise songeait-il même à s'emparer du trône. Henri III crut l'avoir détrôné, comme il le disait, en se déclarant lui-même chef de la Ligue. Mais c'était descendre du rôle de roi à celui de chef de parti, et dénoncer du même coup la guerre aux calvinistes.

Une sixième guerre commença en effet (1577-1579). Son frère, le duc d'Alençon, revenu au parti royal, s'empara d'Issoire. Au contraire, Condé, qui s'était fixé à la Rochelle, était brouillé tout à la fois avec une partie de la bourgeoisie et avec une partie de la noblesse. L'indiscipline était sans bornes parmi les troupes réformées, que la guerre de partisans avait habituées à une licence effrénée. Cependant Henri III, jaloux peut-être des succès de son frère, s'empressa de signer la paix de Bergerac. Elle accordait aux protestants une liberté de conscience plus étendue et mieux spécifiée que dans les édits précédents, des juges particuliers dans les parlements, huit places de sûreté, et prononçait l'abolition de toute confédération.

Un traité secret accordait au roi de Navarre et à ceux de la religion réformée le droit de concourir au choix des juges dans les chambres nouvelles et la solde de 800 hommes pour la garde des places de sûreté, garantissait les priviléges de la Rochelle, octroyait au prince de Condé Saint-Jean-d'Angely en garde pour six ans, en attendant que le roi pût le mettre en possession du gouvernement de Picardie.

En revanche fut institué l'ordre du Saint-Esprit. L'ordre de Saint-Michel, prodigué sans choix ni mesure, était tombé dans l'avilissement. Henri III l'avait donné à un homme qui lui avait fait cadeau de deux de ces petits épagneuls qu'il aimait tant. L'ordre du Saint-Esprit devait se composer au plus de cent chevaliers commandeurs, dont neuf commandeurs ecclésiastiques. Ils ne devaient prendre pension, gages ni états d'aucun autre prince que du roi, ne pas sortir du royaume sans sa permission, lui révéler tout ce qui importait à son service, et communier le premier jour de l'an et le jour de la Pentecôte, fêtes principales de l'ordre.

Cependant une septième guerre de religion, qui éclata sans cause et finit sans raison, montra les progrès que faisaient les idées de désordre. Le roi de Navarre, pour venger sa femme, Marguerite de Valois, s'empara de Cahors; mais la paix de Fleix termina bientôt cette *guerre des Amoureux* (1580-1581). Avant que le roi de Navarre et ses amis fussent en mesure d'agir, le prince de Condé, qui vivait assez mal avec son cousin, s'était mis en mouvement pour son compte particulier. Ne pouvant rien obtenir de la cour relativement à la possession du gouvernement de Picardie, il se rendit secrètement dans cette province, donna rendez-vous à la noblesse huguenote du pays sous les murs de la Fère, s'empara de cette petite ville sans effusion de sang et se hâta de s'y fortifier;

mais le roi parut plus embarrassé qu'irrité, entra en négociation avec lui, et l'hiver se passa sans autre incident.

Le roi de Navarre s'était pourtant bien distingué à la prise de Cahors. Poursuivant avec héroïsme une guerre entreprise avec légèreté, il avait voulu attaquer malgré tous les vieux capitaines du parti. Dans la nuit du 4 au 5 mai, les huguenots firent sauter deux portes de la ville avec des pétards, machine de guerre nouvellement inventée, forcèrent les corps de garde et se précipitèrent dans la ville. En un instant le peuple et la garnison se trouvèrent sur pied, et un horrible combat s'engagea de rue en rue, de poste en poste, de barricade en barricade. Ce combat dura quatre jours et quatre nuits. Les renforts qui arrivaient successivement aux deux partis en changèrent la face à diverses reprises. Dix fois il fut supplié par ses lieutenants d'ordonner la retraite, ses armes étaient faussées en vingt endroits; ses pieds saignants et déchirés le soutenaient à peine; mais il répondit qu'il ne sortirait de la ville que mort ou vainqueur, et il tint parole.

Cependant la mort du duc d'Anjou, frère et héritier de Henri III, ranima la Ligue. Le trône revenait à un huguenot, Henri de Navarre; de là les prétentions de Philippe II, roi d'Espagne, au nom de la princesse Claire-Eugénie, fille d'Élisabeth de France, de Charles de Bourbon, et surtout des Guises. La position de Henri III devenait bien difficile. Il se retrouvait entre deux ennemis qu'il avait longtemps espéré user l'un par l'autre : Guise et Bourbon, les catholiques et les huguenots. Il se rapprocha de Guise dans l'espoir de le tromper encore. Au traité de Nemours, il tint pour agréable tout ce qui avait été fait pour la religion, donna aux chefs de la Ligue neuf places de sûreté, et, de retour à Paris, publia un édit par lequel il interdisait le culte réformé sous peine de confiscation, et donnait quinze jours aux ministres et aux protestants pour vider le royaume. En même temps, Henri de Navarre et Condé, excommuniés par le pape Sixte-Quint, étaient déclarés déchus de leurs droits de princes du sang et indignes de succéder à la couronne.

Ils n'allaient pas se laisser abattre sans résistance. Une déclaration rédigée par du Plessis-Mornay fut publiée en leur nom et au nom des seigneurs, chevaliers, gentilshommes, provinces, villes et communautés tant d'une que d'autre religion, associés pour la conservation de l'État. Les signataires, après une longue et violente diatribe contre les Lorrains, auteurs de tous les maux de la France, protestaient de ne combattre que pour le service et la liberté du roi, contraint par la violence des ligueurs à révoquer une paix qu'il avait accordée librement, et déclaraient guère à toute outrance aux chefs de la Ligue et à leurs fauteurs.

La sentence du pape Sixte-Quint ne demeura pas non plus sans réponse. Un matin, on trouva sur les deux fameuses statues de Pasquin et de Marforio, sur les murs des principales églises et jusque sur la porte du Vatican, une protestation de Henri de Navarre et de Condé. Mais déjà la guerre ne se faisait plus seulement avec des plumes, et le canon retentissait des Alpes à la Charente.

On a appelé cette huitième guerre (1585-1594) *guerre des trois Henris*, à cause des trois chefs, Henri III, Henri de Navarre et Henri le Balafré. Celui-ci échoua au siége d'Angers. Jaloux de s'élever au-dessus du roi de Navarre par quelque éclatant exploit, il avait résolu d'aller au secours du château d'Angers, d'attaquer la ville par le château, d'en faire sa place d'armes et de transporter le théâtre de la guerre au nord de la Loire. La première condition de ces grands desseins était que le château fût secouru à temps; néanmoins, au lieu d'expédier en toute hâte un fort détachement à Angers, il voulut avoir la gloire de faire tout par lui-même et perdit onze jours en préparatifs. Il partit enfin de Brouage, le 8 octobre, à la tête de 2,000 hommes d'armes et arquebusiers à cheval, que renforcèrent beaucoup de gentilshommes poitevins et saintongeois, et laissa le reste de ses troupes devant Brouage. Il passa la Loire au bourg des Rosiers, le 18 octobre, sans obstacle de la part des catholiques, qui n'avaient pas prévu cette pointe audacieuse, opéra sa jonction à Beaufort, en Anjou, avec Clermont d'Amboise, qui lui amena un millier de cavaliers protestants levés dans les provinces du nord-ouest, et se présenta enfin devant Angers. Il était trop tard : le capitaine qui tenait le château ayant été tué d'une arquebusade, ses soldats, qui n'étaient pas plus de quinze, avaient rendu ou plutôt vendu la place au duc de Joyeuse, accouru avec quelques troupes pour joindre les bourgeois d'Angers et la noblesse catholique de la province. Condé, refusant de croire à la perte du château, attaqua les faubourgs d'Angers. Après deux assauts, il fut obligé de reconnaître l'inutilité de ses efforts et d'ordonner la retraite. Il avait encore le temps de repasser la Loire, mais il perdit deux jours à Beaufort. Quand il se présenta sur la rive nord de la Loire pour suivre son avant-garde déjà en sûreté au delà du fleuve, il fut arrêté par des bateaux armés qu'avait envoyés Joyeuse. Faute de canons, il ne put forcer le passage. Il remonta la Loire, espérant trouver un gué plus loin; mais les bords du fleuve étaient trop bien gardés. La petite armée huguenote avait en queue le duc de Joyeuse; en tête Mayenne et les forces destinées à la guerre de Guyenne; sur son flanc Épernon, Biron et la noblesse de cour. L'impossibilité apparente du salut fut ce qui sauva cette troupe fugitive. Ne pouvant combattre avec la moindre chance de succès, elle se dispersa et se fondit de telle sorte, que les corps ennemis, en se resserrant pour l'écraser, n'embrassèrent que le vide. La dispersion avait commencé malgré Condé; il la régularisa, en donna lui-même le signal, et se dirigea vers la basse Normandie avec le duc de Thouars et quelques cavaliers, pendant qu'un détachement plus nombreux attirait l'attention de l'ennemi d'un autre côté. Ce détachement s'évanouit, pour ainsi dire, à son tour, dans la forêt de Marchenoir, et il ne resta pas vingt hommes ensemble de toute cette brillante cavalerie. Le prince gagna les côtes et s'embarqua pour l'île anglaise de Guernesey; les autres chefs repassèrent isolément la Loire à travers mille périls; pas un homme de marque, chose vraiment miraculeuse, ne fut tué ou pris. Beaucoup de gentilshommes protestants, à la vérité, durent leur salut aux amis qu'ils avaient dans la noblesse catholique.

Cependant Henri III s'était mis à la tête d'une bonne armée qui devait tenir la Loire; mais il n'employa son temps qu'aux amusements les plus puérils. Sa passion pour les petits chiens l'avait repris; il en rassembla une multitude, qu'il traînait partout après lui, avec les gens destinés à les servir, et qui lui coûtaient plus de 100,000 écus par an; les singes et les perroquets n'avaient guère moins de faveur. Ce goût effréné pour les animaux n'était guère balancé que par l'amour du bilboquet et des miniatures. Un des grands plaisirs du monarque était de découper les belles peintures des manuscrits du moyen âge pour les coller sur les murs de ses chapelles. Henri de Navarre, au contraire, attira Joyeuse dans le Midi, en plein pays huguenot. Les deux armées se rencontrèrent à Coutras, au confluent de l'Isle et de la Dronne. Suivant d'Aubigné, qui nous a laissé la relation la plus circonstanciée de cette journée, les catholiques avaient environ 5,000 fantassins et 2,500 cavaliers; les protestants à peu près autant d'infanterie, mais presque moitié moins de cavalerie. L'affaire s'engagea par quelques volées de canons. Les catholiques, maltraités par l'artillerie huguenote, mieux pointée que la leur, demandèrent à grands cris la charge; à l'instant où les catholiques s'ébranlèrent, les ministres Chandieu et d'Amours entonnèrent devant le front de l'armée protestante le verset 12 du psaume 118 : « La voici, l'heureuse journée qui respond à nostre desir. » A la vue des réformés agenouillés, la folle jeunesse qui entourait Joyeuse poussa des clameurs insultantes. « Par la mort, ils tremblent, les poltrons; ils se confessent. — Vous vous trompez, répondit un capitaine plus expérimenté; quand les huguenots font cette mine, ils sont résolus de vaincre ou de mourir. »

En un clin d'œil la gendarmerie huguenote fut remontée à cheval. « Cousins, cria le roi de Navarre à Condé et à Soissons, je ne vous dis autre chose, sinon que vous estes du sang de Bourbon, et vive Dieu! je vous montrerai que je suis vostre aisné. — Et nous, répliqua Condé, nous vous montrerons que vous avez de bons cadets. »

La ligne huguenote était formée en croissant dans une petite plaine. Les chevau-légers du duc de Thouars, qui faisaient une des pointes du croissant sur la droite, furent culbutés par un gros de cavalerie catholique et entraînèrent dans leur déroute tout un escadron. L'aile gauche des catholiques cria victoire et poussa droit au bagage pour piller, sans s'inquiéter de ce qui se passait sur le reste du champ de bataille. Trois cents arquebusiers protestants, croyant la bataille perdue et transportés d'un désespoir héroïque, allèrent se jeter sur un gros bataillon de 2,800 fantassins ennemis avec une telle impétuosité, qu'ils en ouvrirent les premiers rangs. Le reste des fantassins huguenots suivit ce mouvement, et les deux infanteries s'assaillirent avec rage; mais pendant ce temps, le sort de la journée se décidait ailleurs. Joyeuse était parti au galop avec sa gendarmerie étendue en une seule haie de lances. Les trois Bourbons l'attendaient de pied ferme à la tête de trois escadrons formés sur six files de profondeur ; la plupart des cavaliers huguenots étaient équipés « à la reistre » avec l'épée et le pistolet ; quand l'ennemi fut à quinze pas, ils s'élancèrent de toute la vigueur de leurs chevaux et firent feu à bout portant, tandis que des pelotons d'arquebusiers postés dans les intervalles des escadrons fusillaient de leur côté les catholiques. Ceux-ci, déjà fatigués d'une course prise de trop loin, et mis en désordre par l'arquebuserie, ne soutinrent pas le choc un seul instant, et ne purent pas même faire usage de leurs lances. Leur longue haie fut enfoncée et rompue. Il s'ensuivit une courte et terrible mêlée, où le roi de Navarre et ses deux cousins se tinrent mutuellement parole et combattirent en vrais paladins. « La noblesse de cour dorée, empanachée, couverte de velours et de broderie, fut broyée comme verre par la pauvre et rude gentilhommerie du Midi. » Ces jeunes efféminés ne surent que mourir. Les premiers escadrons en étaient venus aux mains à neuf heures ; à dix, « il ne se trouvait plus un homme de l'armée de M. de Joyeuse qui ne fust par terre ou en fuite. » L'infanterie s'était débandée aussitôt après la défaite de la cavalerie. Le roi de Navarre eut grand'peine à arrêter le carnage. Les protestants vengèrent cruellement les barbaries commises par Joyeuse envers leurs compagnons d'armes ; plus de 400 gentilshommes et 2,000 soldats furent passés au fil de l'épée. Joyeuse se rendait à deux huguenots, quand un troisième lui cassa la tête d'un coup de pistolet. Un de ses frères, le sire de Saint-Sauveur, avait péri avant lui ; presque tous les seigneurs et les gentilshommes qui l'avaient suivi furent tués ou pris; le butin, y compris les rançons, dépassa 600,000 écus. Les vainqueurs n'avaient pas perdu 40 hommes.

Le roi de Navarre se montra digne de cet éclatant triomphe par sa modération et son humanité ; il ne témoigna pas plus d'orgueil après la victoire que de crainte avant le combat; il accueillit tous les prisonniers avec affabilité, rendit leurs armes à quelques-uns, en renvoya d'autres sans rançon, et déclara qu'après comme avant, il ne demandait que l'édit de 1577.

Le duc de Joyeuse était mort sur le champ de bataille. Henri III fit exposer son effigie sur un lit de parade comme si c'eût été un prince du sang, et dépensa des sommes énormes pour les obsèques, sans se soucier de la détresse publique et de la ruine du trésor. Il était rentré à Paris, en réalité doublement vaincu par la Ligue et par les huguenots. Il descendit cependant à Notre-Dame pour aller triomphalement remercier Dieu de sa victoire sur les ennemis de la foi et du royaume; mais il ne trompa personne. Henri le Balafré, qui venait de remporter les deux victoires d'Auneau et de Vimory, était regardé comme le seul vainqueur.

La duchesse douairière de Montpensier faisait dans Paris « la reine de la Ligue » et fomentait presque ouvertement la fermentation du peuple. Il lui ordonna de sortir de Paris; mais elle intrigua si bien auprès de la reine-mère, qu'elle trouva moyen de rester et continua de le braver. Elle se vantait de porter à sa ceinture les ciseaux qui donneraient une troisième couronne au roi de France et de Pologne. On disait autour d'elle qu'il fallait tondre Henri de Valois et l'enfermer dans un cloître comme Chilpéric, le dernier roi des Mérovingiens.

Enfin, les ligueurs les plus violents ou les *Seize* appelèrent à Paris le duc de Guise lui-même.

Il entra dans Paris par la porte Saint-Martin et chevaucha quelques instants, le visage caché dans son manteau, au coin de la rue Saint-Denis. Un jeune gentilhomme de sa suite « lui vint comme par jeu lever le chapeau de dessus la teste, et tirer le manteau d'alentour le visage, disant qu'il étoit temps de se faire cognoistre. » Dès lors la nouvelle de son arrivée se répandit comme l'éclair; la population tout entière se rua hors des maisons; avant qu'il fût parvenu à la pointe Saint-Eustache, il se vit entouré de plus de 30,000 personnes. Le cri de vive Guise! roulait de rue en rue comme un tonnerre. Ceux qui pouvaient approcher de lui baisaient le bord de son manteau; il y en avait qui l'adoraient comme un saint, et le touchaient de leurs chapelets, qu'ils portaient après à leurs lèvres ou à leur front. Les dames jetaient sur lui, du haut des fenêtres, une pluie de fleurs et de rameaux verts. A travers cette foule idolâtre, il s'avançait lentement, épanoui, radieux, enivré de l'ivresse qu'il inspirait, « caressant et réjouissant chacun de l'œil, du geste et de la voix, » avec cette grâce entraînante qui faisait dire à un courtisan que les huguenots étaient de la Ligue quand ils regardaient M. de Guise.

Il alla descendre chez la reine-mère. Celle-ci, bien qu'elle eût tout fait pour l'encourager à venir, pâlit et trembla en le voyant arrivé. L'imminence de la crise l'épouvanta. « Encore que je sois aise de vous voir, dit-elle au duc, je vous eusse vu néanmoins plus volontiers en un autre temps. » Elle se décida néanmoins, quoique malade, à le mener au Louvre, où elle n'avait pas mis le pied depuis deux ans et plus, et ils se dirigèrent ensemble vers le palais du roi, elle en litière, lui à pied et toujours suivi de son immense cortége.

Le ministre Villeroi avait porté d'abord à Henri III la nouvelle de son arrivée. « Il est venu, s'écria alors celui-ci, par la mort de Dieu, il en mourra. » Et il fit appeler le colonel Alphonse Corse, officier italien d'une bravoure et d'un dévouement à l'épreuve. En ce moment se présenta Davila, un des gentilshommes de la reine-mère, que Catherine avait chargé de demander au roi la permission de lui amener Guise. « Qu'elle l'amène, » répondit le roi. Et tandis que la reine-mère et le duc faisaient le trajet de l'hôtel de Catherine au Louvre, la vie et la mort du chef de la Ligue furent débattues dans le cabinet de Henri III.

Alphonse Corse offrait d'apporter au roi la tête du rebelle; un autre Italien, l'abbé del Bène, fils de la nourrice du roi et fort accrédité auprès de lui, appuyait vigoureusement le Corse. Villequier, Bellièvre et le chancelier de Cheverny supplièrent le roi de ne pas se hasarder à des extrémités si terribles; ils lui en montrèrent les suites; ils lui dépeignirent les flots d'un peuple furieux battant les murs du Louvre à peine gardés par une poignée de courtisans et de soldats. Henri hésitait lorsque Guise entra. Le roi blêmit et se mordit les lèvres. « Je vous ai fait avertir que vous ne vinssiez pas, dit-il. — Sire, répondit le duc avec une profonde révérence, je me suis venu remettre aux mains de Votre Majesté pour lui demander justice des calomnies de mes ennemis; toutefois, je n'aurais eu garde de venir si j'en eusse reçu défense expresse. » Le roi se tourna vivement vers Bellièvre, et lui demanda d'une voix altérée s'il ne lui avait pas donné commission de dire au duc de ne pas venir; qu'autrement il serait tenu pour auteur de tous les mouvements séditieux de Paris. Bellièvre, troublé, essaya de se justifier. Le roi l'interrompit en s'écriant : « Je vous en ai dit davantage. » La reine-mère, alarmée de la colère qui paraissait sur le visage de son fils, le prit à part, et lui peignit l'exaltation populaire dont elle avait été témoin sur son passage. Guise saisit le moment, prit congé et se retira. Henri le laissa partir en lui disant seulement qu'il ne savait pas si quelqu'un l'avait calomnié, mais que son innocence paraîtrait, si sa présence ne causait point de nouveautés ni de désordres dans l'État, comme on le prévoyait. Guise, de son côté, retourna dans son hôtel, pâle encore du danger auquel il venait d'échapper, et se promettant bien de ne plus se remettre si témérairement à la discrétion du roi.

Henri III, indigné contre lui-même d'avoir laissé échapper son ennemi, discuta de nouveau avec ses confidents s'il ne ferait pas tuer Guise par les *Quarante-Cinq* le lendemain, quand le duc se présenterait à son lever, suivant l'usage.

Villequier et La Guiche parvinrent à l'en dissuader, et avec raison; car le duc se présenta, le 10 au matin, non plus avec huit ou dix gentilshommes, mais avec quatre cents, tous plastronnés et armés de pistolets sous leurs manteaux. Le roi le reçut assez bien. Le 11 au matin, Henri III fit, au contraire, un accueil très-froid à Guise; l'après-midi, le roi et le duc eurent dans le jardin de la reine-mère un long entretien plein de récriminations et de justifications réciproques sans résultat. Enfin, le soir, il fit ordonner aux compagnies des gardes bourgeoises dont il se croyait sûr, d'occuper plusieurs places, et, le lendemain matin, introduisit par la porte Saint-Honoré et envoya sur le pont Saint-Michel et sur le Marché-Neuf les Suisses et 2,000 hommes de gardes françaises. Mais les gardes bourgeoises firent défaut, et quand on vit les Suisses dans la Cité, le peuple s'ameuta près de la Bastille ainsi qu'à la place Maubert, et y commença des barricades aux cris de vive l'union! vive la Ligue!

A la première nouvelle de la construction des barricades, le roi devait enjoindre à ses troupes d'attaquer ou de se retirer à l'instant. Il ne fit ni l'un ni l'autre. Partout les barricades s'élevèrent sans obstacles, de cinquante pas en cinquante pas, partout on tendit les chaînes scellées au coin des rues; on roula derrière les chaînes des muids remplis de pavés et de sable; chaque barricade fut gardée par un peloton d'arquebusiers ou de mousquetaires, et protégée par d'autres tirailleurs postés aux croisées des maisons voisines.

Chaque maison se changeait en une forteresse ; les auvents étaient abattus, les fenêtres garnies de pavés et de projectiles de toutes sortes ; les femmes mêmes se montraient aux croisées, armées comme les hommes et résolues à se défendre jusqu'à la mort. La prise d'armes fut tellement générale dans ces quartiers, que les hommes de la haute bourgeoisie les plus opposés à la Ligue n'osèrent se dispenser de paraître aux barricades ; on y vit un grand nombre de membres du parlement, la hallebarde en main.

Le roi, d'après les avis envoyés par la reine-mère, de l'hôtel même de Guise, soit d'après ce qui lui revenait sur l'invasion imminente du Louvre et des Tuileries, dut se décider à la fuite, seule chance qui lui restât de sauver sa couronne. On le vit, dit-on, appuyé sur une pierre aux Tuileries, pleurer fort chaudement. « O ville ingrate ! s'écriait-il, je t'ai plus aimée que ma propre femme. » Il monta précipitamment à cheval aux écuries des Tuileries, et partit, accompagné de tous ceux des princes, des grands dignitaires et des conseillers d'État qui se trouvaient auprès de sa personne. Les uns étaient sans bottes et sans manteau, d'autres en robe longue ; plusieurs suivaient à pied, le roi même avait un éperon à l'envers. C'eût été un spectacle grotesque, si la gravité des circonstances ne l'eût rendu lugubre et terrible. Les courtisans croyaient entendre derrière eux retentir les cris et siffler les balles des ligueurs. Palma Cayet assure que le corps de garde de la porte de Nesle envoya de loin au roi fugitif une salve d'arquebusades, et que le peuple lui cria mille injures de l'autre bord de l'eau. Parvenu sur la hauteur de Chaillot, il se retourna vers la ville et jeta sur elle sa malédiction, lui reprocha sa perfidie, son ingratitude et déloyauté contre tant de biens qu'elle avait reçus de sa main, et jura qu'il n'y rentrerait que par la brèche.

Il n'y devait jamais rentrer.

Le duc de Guise, maître de Paris, se voyait maintenant sur les marches du trône. La maison de Guise était sur le point de devenir maison royale. La maison de Condé, sa rivale, perdait, au contraire, cette année même (1588) son chef, le prince de Condé. Il était mort enlevé d'une maladie subite et violente. L'autopsie du cadavre prouva que cette mort avait été l'effet d'un crime, mais il ne paraît pas que les passions politiques et religieuses eussent versé le poison au malheureux prince. Un page de la princesse de Condé et un autre domestique furent accusés d'avoir fait le coup et s'évadèrent. Un intendant du prince fut condamné et exécuté comme complice, et l'accusation remonta jusqu'à la princesse elle-même, Charlotte de la Trémoille. La princesse appela des magistrats inférieurs qui la poursuivaient au parlement de Paris, et demeura sept ans prisonnière. Le parlement ne reprit le procès qu'en 1595, le prince de Conti et le comte de Soissons s'étant portés parties civiles, et la déclara innocente. L'enfant dont elle était accouchée dans sa prison, six mois après la mort de son mari, devait être le continuateur de la race des Condés.

CHAPITRE III.

Henri II de Bourbon (1588-1646).

Fin des Guerres de Religion. — Henri IV. — Louis XIII et Richelieu. — La Maison de Condé redevient l'appui du trône.

Avant qu'il ne fût arrivé à l'âge d'homme, ce nouveau prince de Condé, Henri II de Bourbon, devait trouver abattue cette maison de Guise si puissante au moment de sa naissance.

Le duc de Guise, en effet, n'osa pas franchir le dernier échelon qui lui restait à franchir. Lorsqu'il vit le roi échappé de ses mains, il sentit toute l'étendue de la faute qu'il avait commise en s'abstenant de bloquer le Louvre le soir même des barricades. Il travailla du moins avec beaucoup de vigueur à consolider les résultats de la journée qui lui avait donné Paris. Le soir même de l'évasion du roi, il parcourut la ville à pied, se mêlant à la foule, causant avec les orateurs de carrefour, se familiarisant avec tous. Il se dirigea vers le palais, faisant partout abattre les barricades sur son passage, et alla visiter le premier président et les autres présidents de la grand'chambre pour les engager à ne pas interrompre le cours de la justice et à s'accommoder au temps. Le premier président, Achille de Harlay, lui parla sur la responsabilité qu'il encourait avec franchise et fermeté, et termina en disant : « C'est grand'pitié quand le valet chasse le maître. Au reste, mon âme est à Dieu, mon cœur est au roi, mon corps entre les mains des méchants. »

« Je me suis trouvé, dit Guise après cette entrevue, à des batailles, à des assauts et à des rencontres les plus dangereuses du monde; mais je n'ai jamais été étonné comme à l'abord de ce personnage. » Tant a de force un noble langage !

D'un autre côté, Henri III avait réuni (1588) les états à Blois. Le 23 décembre, il prévint le duc que, se proposant d'aller passer la fête de Noël à Notre-Dame-de-Cléry, le conseil privé se tiendrait à six heures du matin. A quatre il appela les *Quarante-Cinq*, sa garde personnelle, leur révéla son dessein contre Guise, qui avait demandé leur licenciement et que pour cette raison ils haïssaient doublement, et les posta lui-même dans son cabinet, dans sa chambre, sur l'escalier.

Le duc avait reçu avis de prendre garde à lui, mais il était bien résolu à ne pas quitter la partie. « Quand je verrais la mort entrer par une fenêtre, disait-il, je ne sortirais point par la porte pour la fuir. » Il reçut encore en route un billet qui lui annonçait son sort. « C'est le neuvième, » dit-il. Entré dans la chambre du conseil, il s'assit quelque temps. « J'ai froid, dit-il, le cœur me fait mal. » Quelques moments après, un secrétaire d'État vint le mander de la part du roi. Il passa de la chambre du conseil dans celle du prince, salua les gentilshommes et se dirigea vers la porte du cabinet où il supposait que se tenait Henri. Au moment où il soulevait la portière, un des assassins le saisit par le bras et lui enfonce son poignard dans le sein en criant : « Traître, tu en mourras. » Tous les poignards se lèvent aussitôt. « Eh ! mes amis ! mes amis ! » s'écrie le duc ; et, bien que frappé de tous côtés, il entraîne ses meurtriers d'un bout de la chambre à l'autre, les bras tendus jusqu'aux pieds du lit du roi, où il tombe expirant. « Ah ! s'écrie le cardinal de Lorraine en entendant le bruit, on tue mon frère. — Le roi a affaire de vous, Monsieur, reprend le maréchal d'Aumont, ne bougez pas ! » Et il le fit emmener. Le lendemain on le tua à coups de hallebarde. L'affaire terminée, le roi sortit de son cabinet pour voir si son ennemi était bien mort, et le contempla longtemps ; puis il courut dire à la vieille Catherine de Médicis, qui, alors âgée de soixante et dix ans, se mourait : « Je suis redevenu roi de France, Madame, ayant fait tuer le roi de Paris. — Ce n'est pas tout de tailler, mon fils, répondit-elle, il faut recoudre. »

Tuer le duc de Guise, en effet, ce n'était pas tuer la Ligue. Henri disait : « Morte la bête, mort le venin. » Il se trompait : Guise tirait sa force de la Ligue, et non la Ligue de lui. A la nouvelle de sa mort, arrivée à Paris le jour de Noël, il y eut un moment de stupeur, puis la fureur éclata. Henri se vit obligé d'appeler à lui le roi de Navarre. Il le reçut à Plessis-lès-Tours, après lui avoir livré le passage de la Loire à Saumur. Le roi de Navarre arriva habillé comme un soldat, le pourpoint usé sur l'épaule et aux côtés par la cuirasse, un manteau d'écarlate, un chapeau gris avec un panache blanc. Il se jeta aux pieds de Henri III, qui le releva en l'appelant son frère. « La glace est rompue, écrivit-il à Mornay, non sans nombre d'avertissements que, si j'y allais, j'étais mort ; j'ai passé l'eau en me recommandant à Dieu. »

Puis tous deux marchèrent sur Paris. L'assaut devait être donné le 2 août, lorsque Henri III fut tué par Jacques Clément, qui tira un couteau de sa manche et le lui plongea dans le bas-ventre. Il arracha lui-même le fer de la plaie, d'où les entrailles sortirent aussitôt, et frappa au visage son assassin, qui fut massacré par les gardes accourus au bruit.

On crut d'abord que la blessure ne serait point mortelle ; mais bientôt une fièvre violente saisit le malade et annonça une fin prochaine. Henri de Navarre se rendit auprès de lui ;

il se tourna alors vers ceux qui l'entouraient : « Je vous prie, leur dit-il, comme mes amis, et vous ordonne, comme votre roi, de reconnaître après ma mort mon frère que voilà ; pour ma satisfaction et votre propre devoir, je vous conjure que vous lui prêtiez serment en ma présence. » Tous jurèrent, et il expira dans la nuit.

La race des Valois était éteinte.

Henri IV (1589-1610) avait fort peu d'argent et moins de 10,000 hommes. « Mes chemises sont toutes déchirées, écrivait-il à Rosny, mon pourpoint troué aux coudes, et depuis deux jours je soupe et dîne chez les uns et chez les autres. » Les membres du conseil étaient d'avis qu'il s'embarquât pour l'Angleterre. Le maréchal de Biron s'y opposa. « Sortir de France, s'écria-t-il, pour vingt-quatre heures, c'est s'en bannir pour jamais ! » Il resta donc, et bien lui en prit. Il battit Mayenne, le nouveau chef de la Ligue, à Arques une première fois, puis à Yvry. Avant cette seconde bataille, on lui parlait d'assurer sa retraite en cas de revers. « Point d'autre retraite, dit-il, que le champ de bataille ! » Et il ajouta : « Compagnons, gardez bien vos rangs ; si vous perdez vos enseignes, cornettes ou guidons, ce panache blanc que vous voyez en mon armet vous en servira tant que j'aurai une goutte de sang. Suivez-le ; vous le trouverez toujours au chemin de l'honneur et de la gloire. » Ses soldats pliaient. « Tournez visage, leur crie-t-il, et si vous ne voulez pas combattre, regardez-moi mourir. »

Enfin il vint faire le siége de Paris, en proie à une horrible famine. On connaît sa clémence. « Il aimerait quasi mieux, disait-il, n'avoir point de Paris que de l'avoir ruiné par la mort de tant de personnes. » Et il laissait sortir les bouches inutiles, ou fermait les yeux quand ses soldats, qu'il ne payait guère autrement qu'en bons mots, vendaient aux Parisiens des vivres qu'ils leur passaient au bout des piques, ou que ses nobles faisaient entrer de petits convois pour les duchesses de Montpensier, de Nemours, et les amis qu'ils avaient dans la ville. Il rencontra un jour quelques paysans que des soldats avaient surpris introduisant une charrette de pain par une poterne et qu'on menait pendre. Il les fait relâcher, leur distribue quelque argent et leur dit : « Le Béarnais est pauvre ; s'il avait davantage, il vous donnerait plus. »

Les Seize convoquent en vain des états, ils ne peuvent s'entendre, et la *Satire Ménippée* les livre au ridicule qui tue. Enfin, Henri IV transige de son côté, il se convertit et rentre dans Paris aux cris de *vive le roi !* La garnison espagnole se cantonne dans le faubourg Saint-Antoine, espérant d'abord en faire le centre d'une résistance ; mais quand elle sut le roi au Louvre, et toute la ville satisfaite ou tranquille, elle se résigna à sortir avec les honneurs de la guerre. L'ambassadeur duc de Feria, passant avec elle sous les fenêtres du palais, ne fit au roi qu'un maigre salut. « Messieurs, dit Henri avec son ironie habituelle, recommandez-moi à votre maître, mais n'y revenez plus. »

Dès lors les ligueurs se soumettent. Henri IV embrasse Mayenne, le prend par le bras et le fait promener à grands pas par les jardins de Monceaux. Mayenne, très-gros et très-pesant, suait et soufflait ; il s'arrête, et, lui tendant la main : « Touchez là, mon cousin, voilà le seul mal que vous recevrez jamais de moi. » Le fils du Balafré abdique lui-même toutes ses prétentions. Enfin, l'édit de Nantes termine, en 1598, les guerres de religion, en même temps que celui de Vervins mettait fin à la guerre extérieure avec l'Espagne.

C'est au milieu de cette nouvelle cour que le nouveau prince de Condé fut élevé depuis l'âge de sept ans et instruit dans la religion catholique. Henri IV lui avait fait épouser la jeune Henriette-Charlotte de Montmorency ; par jalousie, il s'enfuit avec elle dans les Pays-Bas espagnols ; et, une fois sorti du royaume, il se laissa tenter par l'occasion de figurer dans un parti comme réformateur de l'État et comme organe des griefs publics. Il écrivit ou laissa écrire sous son nom un manifeste contre le gouvernement de France, surtout contre le duc de Sully.

Sur ces entrefaites, Henri IV périt assassiné. Marie de Médicis, depuis plus de neuf ans sa femme, mère de trois fils et de trois filles, n'avait pas encore reçu cette consécration solennelle qui semblait toujours manquer à son titre de reine. Le roi, cédant à ses instances, appuyées, en effet, de bonnes raisons, avait voulu qu'elle fût sacrée et couronnée avant son départ pour les longues guerres qu'il projetait contre la maison d'Autriche, comme il l'avait été lui-même seize années auparavant dans la ville de Chartres, lorsque Reims était au pouvoir des ligueurs. Cette fois, pour épargner le temps et la dépense, la solennité religieuse eut lieu (10 mai 1610) dans l'église de Saint-Denis, là où sont les sépulcres ouverts pour les rois. Durant toute cette pompe, où il n'était qu'ordonnateur et témoin, Henri parut gai, vif, remuant, comme on l'est avec une joie mêlée d'impatience. Le soir, il ramena sa femme à Paris, où elle devait faire son entrée en grand appareil trois jours après, à travers les rues tendues et tapissées, les arcs de triomphe décorés d'allégories et d'emblèmes, les compagnies de bourgeois armés, la jeunesse de la ville équipée en troupe de cavalerie, toutes choses qui avaient coûté plusieurs mois de travaux et des frais énormes. Le roi avait ainsi réglé le temps qui lui restait à passer à Paris : « Vendredi, mettre ordre à ses affaires ; samedi, courir ; dimanche, l'entrée de la reine ; lundi, les noces de sa fille de Vendôme ; mardi, le festin ; et mercredi, à cheval. »

On était au matin du vendredi 14 mai 1610, le lendemain du couronnement, l'avant-veille de l'entrée. Le roi s'éveilla de bonne heure et pria longtemps dans son lit. Il reçut le secrétaire d'État de Villeroi, fit sceller et expédier les actes convenus avec le duc de Savoie, se rendit aux Tuileries pour s'y promener et entendre la messe dans l'église des Feuillants. Durant tout ce temps il réjouit les courtisans par sa bonne humeur, où se mêlaient néanmoins, dit-on, quelques tristes pressentiments qui la rendaient plus tendre et plus affectueuse. Puis il revint dîner au Louvre, s'entretint avec tous ceux qui l'entouraient de choses sérieuses ou plaisantes, allant d'une personne à l'autre avec cette vivacité de mouvement qui peut en certains cas passer pour de l'inquiétude. Tous les contemporains s'accordent à dire qu'il changea plusieurs fois en un quart d'heure de résolution sur le seul acte de rester ou de sortir. Enfin, il parut sur le perron de la chambre de la reine et demanda son carrosse. Après avoir dit adieu à la reine, qu'il embrassa plusieurs fois, il monta en voiture sans trop savoir où il voulait aller. Sept personnes y étaient assises avec lui. Il en occupait la gauche dans le fond ; à sa droite était le duc d'Épernon ; à la portière, de son côté, le duc de Montbazon, qui le touchait, et le marquis de la Force ; à l'autre portière, le maréchal de Lavardin et le comte de Roquelaure ; sur le devant, le marquis de Mirebeau et le premier écuyer de Liancourt. En chemin il ordonna qu'on le conduisît à l'Arsenal, chez le duc de Sully, où d'abord il ne s'était pas soucié d'aller, dans la crainte d'y avoir querelle ; car l'amitié du surintendant était surtout grondeuse et chagrine. Comme le carrosse, ouvert de tous côtés, suivait la rue de la Ferronnerie pour gagner celle de Saint-Denis, sans autre compagnie que celle de quelques valets de pied qui marchaient, selon l'usage d'alors, à droite et à gauche, et d'un petit nombre de gentilshommes à cheval placés en arrière, deux charrettes se rencontrèrent sur le chemin et le contraignirent à raser les boutiques de quincailliers adossées au mur du cimetière des Innocents, sans laisser même la place nécessaire aux valets, qui continuèrent leur route par le cimetière. En ce moment, le roi, penché vers le duc d'Épernon et la main gauche posée sur l'épaule du duc de Montbazon, qui détournait discrètement la tête, découvrait tout son flanc. C'est alors qu'un homme, se glissant entre les boutiques et la roue sans être vu de personne, lève son bras armé d'un couteau sur le roi, et le lui enfonce deux fois coup sur coup dans le côté. Henri jette un cri, le duc d'Épernon le soutient dans ses bras, et tous les regards se portent sur l'assassin, qui, calme et immobile, attendait tranquillement, son couteau à la main, qu'on le tuât ou qu'on le saisît. Un gentilhomme de la suite voulut le percer de son épée; mais le duc d'Épernon s'y opposa, et le coupable désarmé fut mis aux mains des valets de pied, qui le conduisirent à l'hôtel de Retz, dans le voisinage du lieu où le crime avait été commis. Aussitôt on ferma le carrosse, qui retourna vers le Louvre, où il rapporta le roi mort. Son premier mot avait été de dire qu'il était blessé, ensuite que ce n'était rien, et depuis il n'avait plus parlé.

Ainsi, dès ce moment, il n'y avait plus en France de roi guerrier, habile et prudent, plus de grande entreprise enfermée dans la pensée d'un chef qui pouvait commander et agir, plus de haute renommée servant d'épouvantail à l'ambition, plus de protection pour les faibles.

La nouvelle de cet assassinat retentit dans tout Paris comme un coup de tonnerre et y jeta une stupeur que suivit une immense explosion de cris, de pleurs, d'imprécations. Toutes les maisons s'étaient fermées à l'instant comme si l'ennemi eût été au coin de toutes les rues. On s'aborde, on s'interroge avec angoisse ; les vieillards pleurent, les femmes se tordent les mains ; les uns se rattachent avidement à la moindre espérance, les autres demandent avec fureur quels sont les coupables, et se portent en poussant des clameurs farouches contre l'hôtel de l'ambassadeur d'Espagne. Il semble que toutes les existences soient frappées dans une seule ; chacun sent que la grandeur et la prospérité de l'État ne reposaient que sur cette seule tête, et que le chaos va recommencer.

Si tels furent les sentiments de la foule, on peut juger de ce qu'éprouva le confident du monarque, si soudainement frappé dans sa force et dans sa gloire.

Sully attendait le roi à l'Arsenal. Au lieu du roi, ce fut un gentilhomme de sa suite qui entra et qui présenta au ministre le couteau arraché tout sanglant de la main du régicide. « Le roi, dit-il, est extrêmement blessé. — Mon Dieu, s'écria Sully, ayez compassion de lui, de nous et de l'État ! S'il meurt, la France va tomber en d'étranges mains. »

En effet, déjà les grands, réunis à Paris à l'occasion du sacre, accouraient les uns après les autres. Tous, surtout Épernon et Guise, approuvèrent les ministres qui pressaient la reine de se saisir de la régence, sans attendre que les princes du sang fussent en mesure de lui disputer le pouvoir suprême. Trois princes pouvaient le lui disputer ou du moins lui en demander le partage. Mais le hasard voulait que, de ces trois princes, le premier par ordre de succession, Henri, prince de Condé, fût absent et presque rebelle ; le second, François, prince de Conti, incapable et infirme; le troisième, Charles, comte de Soissons, le plus actif de tous, éloigné depuis quelques jours pour une bouderie.

Étrangère, la reine crut nécessaire de donner à son autorité une sorte de sanction légale. Elle s'adressa au parlement de Paris, comme si ces magistrats étaient les représentants du pays. Le duc d'Épernon entra dans la salle des délibérations, l'épée au côté, laissant ses soldats aux portes. « Cette épée, dit-il avec hauteur, est encore dans le fourreau ; mais si la reine n'est pas déclarée régente sur-le-champ, je prévois qu'il faudra l'en tirer. » Les magistrats obéirent.

D'abord rien ne parut changé dans le système politique de la France. Marie de Médicis conserva les ministres du dernier règne ; elle accueillit même Sully avec déférence, et les projets de Henri IV parurent continués avec son ministère.

Ravaillac fut condamné au plus horrible supplice qu'autorisait la législation criminelle. L'arrêt portait qu'il serait tenaillé aux mamelles et aux membres, qu'on lui brûlerait le poing droit, qu'on verserait du plomb fondu et de l'huile bouillante dans les plaies ouvertes par les tenailles, que son corps serait enfin tiré et démembré à quatre chevaux, ses restes brûlés, et ses cendres jetées au vent. Son père et sa mère étaient bannis du royaume.

On le mena le jour même à la mort. Une foule innombrable encombrait les quais, les ponts et la place de Grève. Quand le funèbre tombereau sortit de la Conciergerie, il s'éleva une si furieuse tempête de cris et d'imprécations, « qu'il semblait que le ciel et la terre se dussent mêler ensemble. » La multitude se ruait avec une telle furie sur le condamné, que la garde qui l'escortait eut grand'peine à l'amener vivant jusqu'à la Grève. Ravaillac témoigna enfin quelque repentir ; mais le peuple fut aussi implacable que les bourreaux, qui, durant deux heures et demie, épuisèrent leur terrible science pour donner au coupable le temps de se sentir mourir et de « distiller son âme goutte à goute », suivant l'énergique expression d'un contemporain. Au moment d'expirer sous les efforts des chevaux qui lui disloquaient les membres, il implora du peuple un *Salve Regina* pour son âme. « Non, cria-t-on de toutes parts, qu'il soit damné comme Judas ! »

L'arrêt du parlement ne fut pas complètement exécuté : le bourreau ne put brûler les restes « du parricide », la foule s'en empara et les traîna par lambeaux dans toute la ville : les paysans mêmes des environs de Paris emportèrent les débris de ses entrailles pour les brûler jusque dans leurs villages.

Cependant, bientôt on ne sentit plus dans le gouvernement que la faiblesse, les irrésolutions et les caprices d'une femme. Marie de Médicis se rapprocha des Espagnols ; elle reprit un projet que Henri IV avait repoussé, elle ouvrit des négociations pour le double mariage de son fils avec une infante, du prince d'Espagne avec sa fille, et elle promit de ne plus troubler les princes autrichiens dans les affaires d'Allemagne. Il était difficile que Sully adoptât cette politique nouvelle. La reine le renvoya en ne lui laissant que sa charge de grand maître de l'artillerie. Elle avait depuis longtemps donné sa confiance au florentin Concino Concini, qui ne fut jamais ministre, mais qui gouvernait la reine par sa femme, Léonora Galigaï. Cette femme, fille d'un menuisier, était sœur de lait de Marie de Médicis, et avait acquis sur son esprit un empire extraordinaire. « Pauvre papillon, dit Richelieu, qui ne savait pas que le feu qui la consumerait était inséparablement uni à l'éclat de cette vive lumière qu'elle suivait transportée d'aise et de contentement. »

L'autorité de la régente se trouva désarmée, quand un étranger, odieux déjà à ce titre et d'ailleurs peu capable, eut pris comme conseiller la place de l'homme supérieur qui, depuis vingt ans, avait été associé à la bonne et mauvaise fortune des Bourbons. « Le temps des rois est passé, disaient déjà les grands, celui des princes est venu; il nous faut bien faire valoir. »

Mais tous ces ressentiments et toutes ces antipathies attendaient, pour se ranger et prendre parti, le retour du premier prince du sang, dont l'autorité devait être d'un grand poids dans la balance. L'importance du prince de Condé avait, en effet, grandi singulièrement en son absence. Ce jeune homme de vingt-deux ans, fils posthume d'un père empoisonné et d'une mère qu'on soupçonnait d'avoir fait périr son mari, élevé par le roi dans la religion catholique, où sa mère, Charlotte de la Trémoille, était rentrée, partant ayant perdu son héritage de chef de parti, sans établissement de biens ou de pouvoir dans le royaume, aîné d'une branche dont tout l'éclat avait passé à ses deux oncles, le comte de Soissons et le prince de Conti, devenait maintenant le premier personnage de l'État, le modérateur de la régence, l'effroi de la reine-mère, le recours de toutes les ambitions mécontentes. Il avait appris à Milan la nouvelle de la mort du roi par le comte de Fuentes, gouverneur espagnol de ce pays et l'un des plus chauds adversaires que comptât la couronne de France. Il était au pouvoir d'un ennemi qui lui offrait toute sorte d'assistances s'il voulait porter la guerre civile dans son pays, en réclamant ses droits au trône contre les enfants nés du second mariage de Henri IV, sa première femme encore vivante. Ce qu'il y avait de plus pressé était d'en sortir, de peur que des ordres arrivés d'Espagne, ou quelques accidents nouveaux produits par ce changement, ne le retinssent plus qu'il ne le voulait dans ce périlleux asile. Les projets qu'il avait laissé voir attaquaient directement le titre de Marie de Médicis comme épouse et comme mère. Il avait été rapporté en France qu'à un dîner offert par le marquis de Spinola, un des convives ayant proposé la santé de la reine, le prince avait étourdiment demandé *laquelle*; sur quoi la reine Marie s'était écriée qu'elle le poignarderait de sa main. Il avait donc d'abord consenti à la calmer. Sur l'avis qui lui fut donné par sa mère du déplorable assassinat, il s'empressa d'écrire une lettre pleine des assurances les plus positives de son dévouement avec un démenti énergique des discours contraires qu'on lui avait prêtés. Ensuite il partit de Milan non pas tout à fait sans la permission du comte de Fuentes, mais en le mettant dans l'impossibilité de refuser.

En neuf jours, et presque seul, il traversa la Suisse et la Lorraine pour se rendre à Bruxelles, où sa femme était toujours restée.

Arrivé à Bruxelles, il s'occupa surtout de négocier son retour en France. Après l'échange de quelques lettres, assuré d'un bon accueil et muni d'une bonne somme d'argent qu'on lui avait envoyée pour payer ses dettes et défrayer sa maison, il prit congé des archiducs et partit pour la France, où la princesse sa mère l'attendait à la frontière. Sur la route, sa suite s'accrut d'une foule de gentilshommes arrivant de tous côtés pour prendre service auprès de cette grandeur nouvelle. De Paris même, où se tenait la reine, c'était à qui se trouverait le premier et irait le plus loin à la rencontre du prince. La maison de Lorraine, les ducs de Bouillon et de Sully s'y montrèrent les plus empressés. Le comte de Soissons resta dans la ville, qu'on mit en état de défense. Le duc d'Épernon, avec les principaux seigneurs de la cour, mais faisant troupe à part, se porta au-devant du premier prince du sang pour lui rendre honneur; et toute cette cavalcade, ayant rejoint au Bourget son escorte, tourna vers Paris, après que le prince se fût détourné de son chemin pour aller jeter de l'eau bénite sur la tombe du roi. A mesure qu'il avançait, ceux qui l'étaient venus saluer avaient soin de le quitter pour aller se ranger auprès de la reine-mère; de sorte qu'en arrivant au Louvre, il n'avait plus guère que ses compagnons de voyage; tout ce qu'il avait vu auprès de lui une heure auparavant étant déjà rassemblé autour de Leurs Majestés. La veille, les maréchaux de France et les capitaines des gardes avaient fait serment de ne reconnaître d'autres ordres que ceux du roi et de la reine; ce jour-là, le comte de Soissons avait garni le Louvre de 200 cavaliers dévoués, et les bourgeois de Paris étaient sous les armes. Malgré ces défiances qui l'alarmèrent quelques instants, il fut bien reçu de la reine, s'agenouilla devant elle, la suivit dans son cabinet, où ils eurent ensemble un court entretien, et alla se débotter dans un hôtel d'emprunt près de la rue de Bussy. Le duc de Guise et ses deux frères lui tinrent tout le jour fidèle compagnie. Il avait particulièrement bien traité le duc de Sully; le duc de Bouillon semblait tout à fait dans ses bonnes grâces. C'était là un commencement de parti que chacun remarquait avec inquiétude ou satisfaction. « Pour moi, écrivait en cet instant Malherbe, je crois que tout le monde sera sage et qu'on en sera quitte pour une augmentation de pension. » En effet, le poëte, pensionné lui-même, avait bien jugé; car dès le lendemain les choses furent arrangées pour contenter le prince. On lui donna l'hôtel de Gondy à Paris, 50,000 écus de meubles pour le garnir, les gages de douze écuyers et de vingt gentilshommes avec ceux de leurs valets, le comté de Clermont, et de plus une pension de 200,000 livres.

Aussi il accompagna la reine-régente à Reims, assista au sacre de Louis XIII en qualité de pair du royaume, reçut l'ordre du Saint-Esprit des mains du roi lui-même. Dans les querelles élevées alors entre les princes, il prit parti contre Sully; cependant, quand il demanda à se rendre dans son gouvernement de Guyenne, dont il n'avait jamais eu que le titre, et à s'y montrer enfin en posture d'autorité, on eut beaucoup de peine à le lui accorder; mais, de peur qu'il ne se passât de congé, on le laissa partir, en ayant soin seulement de le faire suivre par le duc d'Épernon, dont on trouva la présence également nécessaire dans son gouvernement d'Angoulême, et qui, d'ailleurs, avait besoin de visiter ses terres de Gascogne, tout près de Bordeaux. Rappelé bientôt, il désapprouva les mariages avec l'Espagne et quitta alors de nouveau Paris, ainsi que le comte de Soissons.

Du reste, leur absence n'empêcha rien. Au jour fixé, continue l'historien d'où nous tirons ce récit, le jeune duc de Mayenne, grand chambellan de France, alla chercher l'ambassadeur d'Espagne en son logis et le conduisit au Louvre, où toute la cour, rangée en grande pompe, avait quitté le deuil. Là, le chancelier proclama, en présence du prince de Conti, seul prince du sang, des autres princes, pairs, ducs et officiers de la couronne, la volonté du roi sur l'accord des deux mariages. L'ambassadeur formula dans les mêmes termes le consentement du roi son maître; et il fut annoncé que de part et d'autre un ambassadeur extraordinaire serait envoyé pour faire la demande des deux princesses et régler les contrats. Cette proclamation devait descendre du Louvre dans le peuple par des fêtes. Pour cela, la reine avait demandé au duc de Guise, au duc de Nevers et au comte de Bassompierre d'être « les tenants » d'un divertissement en forme de carrousel ou tournoi, mais seulement pour courir la quintaine et la bague, sans combat d'homme à homme, dont la lice serait dans la place Royale, depuis peu bâtie par Henri IV, s'en rapportant, disait-elle, à ces trois seigneurs pour surpasser tout ce que pourraient faire à Madrid les Espagnols. Les tenants, auxquels se joignirent le prince de Joinville et le comte de la Chateigneraie, dressèrent ainsi le plan de leur spectacle. Ils s'intitulaient chevaliers de la Gloire, gardant le temple de la Félicité, et prêts au combat contre quiconque se présenterait pour y pénétrer. Leur défi était signé « Almidor, Léontide, Alphée, Lysandre, Argant » ; le lieu indiqué « à la place Royale de l'abrégé du monde », et le jour au 25 du mois portant le nom du dieu qui les inspirait (le mois de mars). Alors tout ce qu'il y avait à Paris de seigneurs alertes, galants, riches, ayant crédit chez les marchands, du bonheur au jeu, se disposèrent à paraître dans cette joyeuse solennité. La place où devait se tenir le camp fut aplanie; on y dressa des barrières et on y bâtit le palais allégorique avec figures et devises de gentille invention.

Au centre de la place, dans un enclos de barrières toutes bordées de soldats, étaient le camp et le palais. Autour et à quelque distance des barrières s'élevaient des échafauds qui montaient jusqu'au premier étage. Quatre échafauds touchant à l'enceinte avaient été réservés pour le roi et ses sœurs, pour la reine sa mère, pour la reine Marguerite, et pour les juges du camp, qui étaient le connétable et quatre maréchaux de France. Les fenêtres des maisons, les entablements des combles et les échafauds des quatre faces étaient garnis de spectateurs, sans compter le peuple entassé sur le pavé derrière les gardes. Il ne fallut pas moins de deux journées pour que tous ceux qui avaient à paraître pussent prendre leur tour et jouer leur rôle dans ce spectacle. La seule entrée des tenants présentait un équipage d'environ 500 hommes, archers, trompettes, hérauts, estafiers, musiciens, pages, écuyers, esclaves; de 200 chevaux avec un chariot d'armes monté de machines et personnages, un rocher roulant chargé de musique et un char triomphal d'où plusieurs divinités débitaient des vers. Après eux s'avancèrent, comme le sort les avait rangés, d'abord les chevaliers du Soleil, conduits par le prince de Conti sous le nom d'Aristée, et se faisant annoncer en langue espagnole; puis les chevaliers du Lis, enrôlés avec le duc de Vendôme; les deux Amadis, représentés par le comte d'Agen et le baron d'Uxelles; Henri de Montmorency, fils du connétable, seul, et s'appelant le Persée français; les chevaliers de la Fidélité, ayant à leur tête le duc de Retz; le duc de Longueville, seul aussi, et s'annonçant chevalier du Phénix; les quatre vents réduits à trois, parce que l'un d'eux, le sieur de Balagny, venait d'être tué en duel; ensuite, sous le nom et l'habit des nymphes de Diane, quatre seigneurs qui furent depuis maréchaux de France, et le marquis de Rosny; deux chevaliers de l'Univers, et enfin neuf illustres Romains.

Toutes ces troupes, où l'on comptait les descendants des plus illustres familles, des chefs militaires, des hommes ayant charge et emploi dans l'État, revêtus de riches costumes, déployaient chacune à leur tour, comme la première, un cortége de travestissements analogues à leur caractère, et traînaient avec elle des théâtres mobiles où se groupaient de nombreux acteurs. Chacune avait aussi sa provision de poésie. L'ordre était, à chaque entrée, de parcourir tout le tour de l'enceinte, après quoi l'on se rangeait en travers, et chaque assaillant s'accouplait avec un des tenants pour courir contre lui la quintaine et disputer un prix. On estimait à 80,000 le nombre des personnes réunies sur la place Royale, à 2,000 celui des figurants dans les diverses troupes, à 1,000 celui des chevaux. On avait vu passer plus de vingt grandes machines mouvantes tirées à roues, sans compter les géants, les éléphants, les rhinocéros et un monstre marin. Quarante-sept assaillants, chevaliers de toute espèce, vents, nymphes et Romains, s'étaient mesurés avec les cinq tenants, à qui briserait le mieux une lance sur le poteau placé au bout de la lice, et un pareil nombre de prix, dont quelques-uns étaient évalués à 400 pistoles, avait été remporté par les vainqueurs de chaque course. Le soir du second jour, un grand feu d'artifice s'échappa du palais de la Félicité, et deux cents pièces de canon l'accompagnèrent de leurs salves. Le troisième jour était destiné à la course de la bague. Les cinquante-deux chevaliers s'y trouvèrent en même appareil, sauf que deux de ceux qui avaient été confondus parmi les suivants des Lis eurent ambition de faire cortége et dépenses à part. C'étaient le marquis de la Valette, fils du duc d'Épernon, et le sieur Zamet, fils du riche Sébastien. Après trois épreuves, cinq chevaliers se trouvèrent égaux, et aucun d'eux ne pouvant l'emporter, la partie fut remise à une autre fois. Le soir, comme on avait fait la veille, la cavalcade tout entière, avec son long attirail, parcourut la ville à la lueur de mille lanternes, sans qu'il en résultât d'autre accident que deux incendies.

Le détail de ces belles journées, « qui n'eurent pas, à proprement parler, de nuicts entre elles, » fut soigneusement consigné dans un volume in-4º que publia Honoré Laugier, sieur de Porchères. En tête du livre étaient gravés sur un double feuillet, vis-à-vis l'un de l'autre, les portraits de Louis XIII et d'Anne d'Autriche, sa future femme; de sorte qu'en le pliant, on faisait se toucher les deux figures.

Après avoir laissé les deux princes du sang user leur mauvaise humeur dans la retraite, loin de ces belles fêtes dont ils n'entendaient peut-être pas le récit sans regret, on s'occupa de faire cesser leur bouderie. Le marquis d'Ancre fut chargé de les aller trouver à Nogent, où ils attendaient ensemble qu'on eût besoin d'eux, pour les inviter à venir prendre leur place auprès de la reine en leur promettant qu'ils y seraient traités avec la dignité convenable à leur naissance. Telle était la défiance dont on devait alors user en toutes occasions, qu'un des ministres, le sieur de Villeroi, se crut obligé d'accompagner le marquis d'Ancre pour empêcher que la réconciliation ne se fît à ses dépens et à ceux de ses collègues. Les deux princes se firent un peu prier, puis se rendirent et allèrent rejoindre la reine à Fontainebleau. On leur soumit les articles des deux mariages, qu'ils approuvèrent, bien que des gens plus avisés les excitassent à se faire payer d'abord leur consentement, et le duc de Mayenne partit pour l'Espagne avec tout pouvoir de la famille réunie.

Bientôt même ils signèrent au contrat; mais Condé devint alors de plus en plus exigeant. Son oncle, gouverneur de Normandie, avait voulu avoir Quillebeuf; gouverneur de Guyenne, il lui fallait le château Trompette à Bordeaux. Alors chacun de dire que la paix du royaume ne pouvait se maintenir tant que le prince de Condé n'aurait pas le château Trompette, et les ministres de porter la reine à le refuser par le motif que ce serait rendre le prince trop puissant. Celui-ci, sur ces entrefaites, s'allia avec le duc de Guise; mais la reine-mère ne lui en refusa pas moins sa porte. Il cède alors la place et part pour le Berry, puis revient à la cour, où les intrigues recommencent.

Enfin il éclate, lui et son parti. Le roi avançait en âge; encore quelques mois, et il aurait atteint sa majorité. Il ne restait plus donc que ce court espace de temps pour obtenir quelque chose par la menace. D'ailleurs, un almanach, publié au commencement de l'année 1614, annonçait que cette année il y aurait de grands changements dans l'État et que plusieurs princes seraient mécontents. Une de ses prédictions s'était déjà accomplie. Il avait écrit « qu'un Martial, dans les premiers jours de janvier, jouerait un mauvais tour à son fils. » Or, un vieux soldat venait de tuer le sien; donc la science du devin était avérée.

Les princes et les seigneurs voulurent en donner une preuve nouvelle. On vit tout à coup le duc de Nevers partir pour son gouvernement de Champagne et le prince de Condé pour Châteauroux, chacun d'eux traînant avec lui tous les gentilshommes de sa suite.

Cette retraite, où l'on trouvait le secret et l'ensemble qui caractérisent les projets sérieux, s'annonçait, d'ailleurs, comme devant réunir bientôt, en un lieu désigné, tous ces princes et seigneurs pour aviser aux désordres de l'État. La reine, alarmée, s'empressa d'écrire à tous les parlements, aux gouverneurs et officiers des villes, pour les prévenir de cet événement. « J'avais cru, disait-elle, que cet éloignement des princes était plutôt pour visiter leurs maisons et se donner le plaisir de la chasse que pour un autre dessein. Néanmoins, ayant appris par le bruit commun qu'ils montrent avoir quelque mécontentement, j'ai fait ce qui m'a été possible pour m'en éclaircir avec d'autant plus de soin qu'ils me semblent en avoir moins de sujet. En effet, s'il s'agit de leur intérêt particulier, je peux dire avec vérité qu'ils ont toujours été autant bien vus, caressés, accueillis et honorés, qu'ils le sauraient désirer raisonnablement. Pour ce qui touche l'administration des affaires, il ne s'est proposé, traité ou négocié aucunes affaires importantes qu'ils n'y aient été appelés; souvent même elles ont été différées et remises pour attendre leur commodité et présence. » Enfin, elle annonçait qu'elle allait envoyer vers le prince de Condé pour le convier et prier de revenir auprès d'elle, afin d'y tenir le lieu et le rang dus à sa qualité, et que, pour montrer clairement la vérité et sincérité de ses actions passées et rechercher les moyens de donner un bon ordre à l'avenir, elle avait résolu de faire faire une convocation des principaux de tous les ordres et états de chaque province, afin d'en composer une notable assemblée.

De son côté, Condé adressa au parlement une longue lettre avec prière de l'assister en une si louable et raisonnable entreprise. Le parlement fit remettre à la reine le paquet sans l'ouvrir. Une autre lettre du prince à son oncle, le prince de Conti, l'exhortait à seconder, là où son indisposition le retenait, les justes desseins de ceux qui tendaient sans armes à la réformation de l'État.

Le prince, dans son manifeste, commençait par protester de son affection pour le service du roi et le bien du royaume. Il l'avait prouvée, disait-il, du vivant du feu roi, par son absence nécessitée; depuis sa mort, par son prompt retour auprès de la reine. Longtemps il avait dissimulé les déplaisirs que lui causaient des désordres assez fréquents, afin d'empêcher les mouvements d'où la guerre aurait pu naître ; mais désormais la ruine de l'État serait imminente s'il n'y était prudemment et vertueusement pourvu par l'avis de plusieurs princes, seigneurs, ecclésiastiques, officiers de la couronne et cours souveraines.

S'il n'avait pas déclaré cette nécessité devant la reine elle-même, c'est qu'il la voyait entourée et préoccupée d'un petit nombre de gens qui voulaient régner dans la confusion, se partissant l'administration de ce florissant État, sans appeler aux délibérations les princes et officiers de la couronne, apportant leurs résolutions toutes faites de leur logis au cabinet, pour ensuite les notifier aux princes entre lesquels ils suscitaient des envies et divisions, favorisant les uns et reculant les autres, faisant deux partis pour en avoir un à leur dévotion. « Plût à Dieu, ajoutait-il, qu'il m'eût coûté partie de mon sang et que vous eussiez assemblé les états généraux incontinent après le décès du roi, que Dieu absolve! Vous seriez en plus grande et aussi juste autorité au gré de l'Église, de la noblesse et du tiers-état. La France n'eût perdu le généreux nom d'arbitre de la chrétienté acquis si glorieusement par le défunt roi. »

Il représentait ainsi les plaintes et clameurs des trois états : « L'Église n'a plus sa splendeur; nul ecclésiastique n'est employé aux ambassades et n'a plus rang au conseil; la noblesse, appauvrie et ruinée, est maintenant taillée, bannie des offices de judicature et de finances, faute d'argent, privée de la paye des gens d'armes et esclave de ses créanciers; le peuple est surchargé par des commissions extraordinaires, et tout tombe sur les pauvres pour les gages des riches. Quant aux princes et officiers de la couronne, on les éloigne, on les maltraite, et je suis presque désigné comme perturbateur du repos public. On veut persuader à Votre Majesté de s'armer; mais considérez que nous procédons par très-humbles supplications, et quelles malédictions la France donnera à ceux qui mettront les premiers les armes à la main. » Il finissait par supplier la reine, en sa qualité de premier prince du sang, en l'état qu'il était et sans armes, de convoquer les états généraux libres et sûrs dans trois mois au plus tard, et cependant de retenir toutes choses en état pacifique, promettant, de son côté, que ni lui ni les siens n'attenteraient rien contre la paix, s'ils n'étaient provoqués à repousser des injures faites par leurs ennemis au roi et à l'État; comme aussi il la conjurait de suspendre l'exécution des mariages conclus avec l'Espagne jusqu'à l'assemblée des états généraux.

Il y avait certainement dans ce langage une imitation assez fidèle des proclamations qui précèdent ordinairement les guerres civiles, et un contemporain compare justement les plaintes du prince de Condé à celles que faisaient entendre, sous le règne de Louis XI, les chefs de la *Ligue du Bien public*. Mais les temps n'étaient plus les mêmes. Les princes n'entraînaient plus dans leurs projets une armée de sujets dociles. Les calvinistes refusaient de s'associer à cette levée de boucliers. « Nous avons pour notre conscience, disaient-ils, toute la liberté que nous pouvons désirer, et nous ne voulons pas, à l'appétit de quelques factieux, abandonner nos femmes et nos maisons. » Les catholiques ne prenaient pas feu davantage. Depuis les états de la Ligue, il s'était fait un grand apaisement dans les passions populaires. Le parti des politiques ou des modérés, né avec l'Hôpital, arrivé au pouvoir avec Henri IV, comptait presque tous les gens de robe et la bourgeoisie. L'expérience si cruellement achetée par la guerre civile n'était point perdue. La nation comparait à ces trente-huit années de massacres et de pillages les douze ans de prospérité qu'elle avait eus en se serrant autour du trône, et elle laissait les grands seigneurs agiter dans le vide leur stérile ambition. « Les peuples, écrivait Malherbe, demeurent partout en obéissance, et de rien faire sans eux il n'y a pas moyen. »

« Nous n'avons que faire des querelles des grands, se disait-on ; qu'ils s'accordent s'ils veulent ou s'ils peuvent, mais qu'ils ne nous y mêlent point ! Nous savons trop comment ces gens-là traitent leurs amis... »

Qu'une main ferme prenne le gouvernail, et même les plus turbulents rentreront dans le repos où Henri IV les avait tenus. Quelques-uns des vieux ministres, Villeroi, Jeannin, conseillaient à la reine d'agir avec vigueur. Elle aima mieux traiter à Sainte-Menehould (1614).

Elle s'engageait à écrire aux parlements et aux alliés pour approuver tout ce qu'avaient fait les princes, et promettait de payer 450,000 livres pour les indemniser de leurs dépenses à l'occasion de ce mouvement. Nous ne parlons pas des pensions, des gouvernements, des charges qui furent encore accordés et qui formèrent les conditions secrètes ; enfin, le prince de Condé devait garder en dépôt jusqu'après la tenue des états généraux la ville et le château d'Amboise.

Marie de Médicis et Louis XIII rentrèrent alors à Paris pour la majorité du roi, qui venait d'entrer dans sa quatorzième année. Pendant l'absence de la cour avait été posé sur le môle du Pont-Neuf le fameux cheval de bronze exécuté à Florence par Jean de Bologne et destiné à porter la statue de Henri IV. Il était arrivé par mer au Havre. Paris, encore ému de cette cérémonie, témoigna une vive sympathie au fils du grand roi, qui reprendrait un jour, on l'espérait, la trace de son père.

Le lendemain, le roi alla, en grande pompe, tenir son lit de justice au parlement. La reine-mère remercia Dieu d'avoir élevé le roi son fils jusques à sa majorité et maintenu la paix en ses États, et déclara qu'étant majeur, elle lui avait remis la conduite et le gouvernement de son royaume. Le jeune Louis annonça qu'il entendait gouverner son royaume par bon conseil, avec piété et justice, remercia sa mère des peines qu'elle avait prises pour lui, et la pria de gouverner et commander comme elle avait fait *par ci-devant*. « Je veux et j'entends, dit-il, que vous soyez obéie en tout et partout, et qu'après moi vous soyez chef de mon conseil. » Elle conserva donc le pouvoir.

Les princes lui avaient fait dire secrètement que si elle désirait ajourner la convocation des états, ils y consentiraient volontiers. Elle craignit un piége dans cette proposition, qui aurait ménagé aux princes pour l'avenir un nouveau prétexte de révolte, et l'assemblée s'ouvrit à Paris, le 14 octobre 1614.

La procession eut lieu le 26 octobre, depuis les Augustins jusqu'à Notre-Dame, chaque député tenant un cierge blanc à la main, le tiers-état vêtu de noir, ceux de justice en robe longue et bonnet carré, les autres avec le court manteau et la toque. Le roi, sa mère et les princes s'étaient placés dans l'église des Augustins pour voir passer tous les ordres. Il paraît qu'au moment où le cortége défilait devant eux, quelques personnes apostées exprès eurent soin de faire remarquer aux députés le prince de Condé, qui leur adressait de gracieux saluts. Le tiers-état marchait le premier, puis la noblesse avec de riches habits et l'épée au côté; derrière elle le clergé, se terminant par trente-deux évêques, trois archevêques et deux cardinaux. Le saint sacrement, porté par l'évêque de Paris, député aux états, était suivi du roi, de la reine, du parlement, de la chambre des comptes et de la cour des aides. Le lendemain, les états généraux furent ouverts en la grande salle de l'hôtel de Bourbon, au milieu d'une telle confusion, qu'il fut dit « que la France était incapable d'ordre. » Les députés, appelés pour s'asseoir, trouvèrent l'enceinte déjà occupée par une foule de dames, demoiselles et gentilshommes, « comme si l'on fût venu pour le divertissement de quelque comédie. »

Parmi les représentants du clergé figurait un jeune homme de vingt-neuf ans, issu d'une famille sans fortune et de noblesse assez récente. Fils de l'ancien grand prévôt de l'hôtel de Henri III, il avait été destiné d'abord à porter les armes, sous le titre de seigneur du Chillon; puis il était entré dans les ordres, afin d'obtenir les bénéfices délaissés par un de ses frères, qui, d'évêque, s'était fait chartreux, et, après de rapides et fortes études, il lui avait succédé dans l'évêché de Luçon. C'était là, dans le plus vilain et désagréable évêché de France, que le jeune prélat attendait depuis trois ou quatre ans l'occasion d'une meilleure fortune, venant de temps en temps montrer son visage à la cour et déployer son éloquence dans les chaires de Paris, où il prêcha deux carêmes avec succès, luttant contre des embarras d'argent, soutenant péniblement son rang supérieur à ses ressources, mais sûr de lui-même et de l'avenir, et rêvant déjà la puissance et la gloire au fond de son manoir délabré et de ses tristes marais du bas Poitou. La convocation des états généraux avait retenti à ses oreilles comme le signal qui lui ouvrait la carrière. Ce jeune homme s'appelait Armand-Jean du Plessis de Richelieu.

Du reste, les trois ordres ne purent s'entendre; il y eut des paroles et des scènes déplorables. Dès le commencement était survenu un accident qui avait mis en vue le duc d'Épernon. Deux soldats du régiment des gardes s'étant battus dans le Pré-aux-Clercs, l'un d'eux fut tué, et le bailli de l'abbaye de Saint-Germain fit mettre en prison le meurtrier. Le duc d'Épernon prétendit que le jugement d'un de ses soldats appartenait à son prévôt, et envoya sans autre formalité des gardes avec un exempt qui forcèrent la prison. Le parlement ayant voulu informer sur cette violence, le duc se rendit au palais avec une troupe de gentilshommes qui en parcoururent toutes les avenues avec grand bruit, narguant les magistrats à la sortie de leurs chambres, et accrochant avec leurs éperons les robes des huissiers et procureurs. Le duc appelait cela répondre à l'ajournement personnel qui lui était adressé; aussi ne trouva-t-il personne pour le recevoir en si bonne compagnie. Le parlement insulté suspendit la justice. La reine s'entremit d'un accommodement entre ce hautain seigneur et la magistrature offensée. Le soldat fut remis dans la prison d'où on l'avait tiré, et le duc d'Épernon, se chargeant de réparer l'offense personnelle, se rendit au parlement, où il prit sa place de duc et pair. Là il exprima en paroles fort hautes le regret qu'il avait de la mauvaise interprétation donnée à ses actions; il dit que, « n'ayant jamais d'affection et de fidélité pour le service du roi, non plus qu'au respect qu'il avait toujours désiré rendre à cette compagnie, et ayant acquis en ce dessein les poils blancs qu'il portait au menton, pour rien au monde il ne voudrait maintenant s'en départir. » Il l'assura de tout le respect et l'honneur qu'elle pouvait attendre d'un homme de sa qualité; il lui rappela cette preuve récente qu'il en avait donnée lorsqu'il était venu le premier chercher en ce lieu remède au mal dont le royaume était menacé par la mort du feu roi, et la pria de pardonner quelque rudesse de style chez un vieux capitaine de gens de pied, qui, en faisant toute sa vie la profession de soldat, dont il avait beaucoup de marques sur lui, s'était plutôt amusé à bien faire qu'à bien dire. Le parlement, « par exprès commandement du roi, » déclara recevoir ce qu'il appelait ses excuses, « espérant, ajoutait-il, que cela occasionnerait le duc et ses enfants à rendre au roi et à l'État le service auquel ils étaient obligés, et les retiendrait à l'avenir dans le respect et l'honneur qu'ils devaient à la cour. »

On avait vu là ce que pouvait oser un seigneur appuyé par la reine. Moins de trois mois après, les états eurent le spectacle d'une audacieuse revanche prise contre la reine elle-même par le prince de Condé. Un gentilhomme de ce prince, escorté de quelques-uns de sa maison, attaqua dans les rues avec le bâton et l'épée un domestique de la reine-mère. Le procureur général reçut ordre de le poursuivre; mais le prince de Condé déclara hautement avouer cette action comme faite par son ordre, et pour punir un homme autrefois à son service qui avait tenu sur son compte de mauvais propos. La reine en fit plainte aux trois chambres des états, qui députèrent vers elle pour l'assurer de leur dévouement. Le clergé s'y distingua par une extrême chaleur et n'hésita pas à demander qu'il fût procédé contre le prince lui-même. Malgré les termes plus ménagés des deux autres ordres, cette démonstration d'intérêt parut satisfaire la reine. Quant au prince, sans paraître s'en soucier beaucoup, il s'adressa au parlement par requête, expliquant pourquoi il avait ordonné la punition de cet ancien domestique, et demandant qu'il fût délibéré par toutes les chambres assemblées, attendu sa qualité, sur l'aveu qu'il faisait de ce que les siens avaient exécuté seulement. Mais peu de jours après il retira cette requête, ouvrit les portes de son hôtel aux huissiers du parlement qui faisaient recherche des coupables, et tout se termina par un accommodement de paroles entre la reine et lui. On donna des lettres d'abolition à celui qui avait porté les coups, et le blessé en fut pour se guérir.

Moins les états généraux avaient agi, plus ils étaient restés au-dessous de ce que les passions politiques leur demandaient, et plus aussi ces passions déçues avaient pris de vivacité. Le commerce des députés envoyés par les provinces avec les Parisiens avait rendu le nom du maréchal d'Ancre (Concini) odieux dans toute la France. Hors de Paris et parmi les princes, il avait un ennemi déclaré : c'était le duc de Longueville, qui était resté en son gouvernement de Picardie, où il cherchait toutes les occasions de faire déplaisir au maréchal, lieutenant dans la province et gouverneur de plusieurs places. On racontait que dans une fête il avait donné la figure de Concini au « faquin » sur lequel on brisait les lances.

Tout en tenant sa faveur de la reine, le maréchal d'Ancre n'oubliait pas que le roi était majeur pour régner. Jusque-là Louis XIII, soumis à la loi générale de l'enfance, ne s'était guère occupé que de ses divertissements et de ses exercices. Il montrait un goût particulier pour la chasse, pour les arts mécaniques, pour tout ce qui tient à l'appareil militaire. En ce moment, celui qu'il associait plus volontiers à ses jeux, dont la compagnie lui semblait surtout agréable, était Charles d'Albert de Luynes, pauvre aîné de chétive maison, mais venu de loin, du comtat d'Avignon, partant ayant toute facilité pour rehausser son origine. Ce gentilhomme, âgé déjà de trente-six ans et fils d'un homme de guerre estimé, vivait assez obscurément dans la domesticité royale, partageant son mince revenu avec deux frères, comme lui de belle mine et de maigre équipage, lorsqu'un heureux talent le fit sortir de sa longue pénurie. Il excellait à dresser des oiseaux de proie pour l'espèce de chasse qu'on appelait *la volerie*, et on avait créé en sa faveur une charge de « maître des oiseaux du cabinet », qui lui donnait grande familiarité avec le roi. Le maréchal s'imagina de cultiver cette fortune comme un rejeton de la sienne. Le prince de Condé venait de remettre au roi la ville et le château d'Amboise, qu'on lui avait donnés en dépôt jusqu'à la convocation des états. Le gouvernement de cette place fut confié au chef de l'oisellerie, qui chargea son frère d'y commander pour lui.

Cependant le pouvoir était toujours à la disposition de la reine et aux mains des ministres, du reste assez mal d'accord entre eux. La haute faveur restait aux ducs de Guise et d'Épernon. Les princes et seigneurs de l'ancienne cabale vivaient en assez bon ménage à la cour, sauf le duc de Longueville, qui préférait demeurer dans son gouvernement. Le prince de Condé laissait tout doucement le temps s'écouler, les affaires s'embrouiller, les esprits s'aigrir, sans paraître s'y mêler, mais en ayant soin de se faire réclamer par tout ce qui était mécontent. Il avait vu tout d'abord qu'il n'y avait rien à espérer pour lui des états généraux. Le bruit s'étant répandu qu'il voulait aller visiter les trois chambres, il fut résolu que chacun des trois ordres sortirait, à son arrivée, de la salle où il tenait ses séances pour aller à sa rencontre et lui dire très-respectueusement qu'on ne pouvait l'y recevoir.

On raconte aussi que le jeune roi, ayant dans son conseil déployé une requête adressée « à Sa Majesté et à monseigneur le prince », avait de sa main rayé les derniers mots, et remis au prince la demande ainsi corrigée. Maintenant il paraissait surtout chercher à se faire bien voir du parlement. Il l'avait hautement soutenu dans son démêlé avec le duc d'Épernon, il avait affecté de se soumettre entièrement à sa justice pour l'attentat commis par un des siens ; afin de mieux plaire encore aux magistrats, il les mettait de ses plaisirs. Comme il préparait un ballet, il voulut y faire figurer douze conseillers au parlement. Il paraît que ce fut un motif suffisant aux seigneurs de n'y point paraître. Le prince y avait convié le marquis de Rosny, qui s'en excusa comme les autres. Il s'en plaignait au duc de Sully, qui lui répondit que son fils, ayant maintenant des enfants, n'était plus en âge de prendre un rôle dans une mascarade. Sur quoi le prince lui ayant dit : « Je vois bien que vous voulez faire de mon ballet une affaire d'État. — Non pas, repartit l'ancien surintendant ; tout au contraire, je tiens vos affaires d'État pour des ballets. »

L'histoire ne dit pas si les conseillers eurent bonne grâce à danser ; mais quelques jours après, il y avait au palais grand tumulte de délibérations et de plaintes. A peine les états généraux étaient-ils fermés, que le parlement voulut faire tout ce qu'on leur reprochait de n'avoir pas fait. Il eut audience au Louvre, et les remontrances furent lues tout au long devant le roi, séant en son conseil. Il renouvelait les principales requêtes des états en matière de politique et d'administration; puis il se déchaînait avec violence contre l'incroyable dissipation et profusion des finances faite depuis le décès du feu roi, et l'avarice insatiable de ceux qui avaient le maniement des affaires, et réclamait la restitution des dons immenses faits à personnes de peu de mérite. Il terminait en suppliant le roi de permettre que la convocation du 28 mars eût son effet; que « si les artifices de ceux qui y sont intéressés l'empêchaient, les officiers du parlement seraient obligés, en conscience, de désigner publiquement les auteurs des maux de l'État. »

Le jeune roi, soufflé par sa mère, répondit qu'il n'était pas bien satisfait des remontrances. Marie ne s'arrêta point aux louanges banales que la bienséance avait imposées au parlement envers sa personne; elle s'écria d'une voix courroucée que c'était elle qu'on attaquait; que sa régence, louée naguère par les trois ordres du royaume, était la plus heureuse qu'on eût jamais vue en France.

Cependant, voyant le parlement lutter pied à pied pendant un mois entier, elle fit de grandes concessions pour ne pas laisser derrière elle Condé et ses amis, qui avaient quitté Paris avant même que le parlement eût prononcé ses remontrances, et dont l'attitude expectante n'était rien moins qu'amicale. Elle pria, elle pressa le prince de revenir à la cour; lui tergiversa, dit qu'il ne pouvait rien faire sans consulter ses amis, et réunit à Coucy Mayenne, Bouillon, Longueville et le comte de Saint-Pol, oncle de Longueville. La reine perdit patience et lui envoya demander une dernière fois s'il suivrait le roi; il répondit par un refus formel jusqu'à ce qu'on eût réformé le conseil, pourvu aux désordres qui y étaient dénoncés et fait justice des personnes qui s'y trouvaient désignées. Ces personnes, que le parlement n'avait pas nommées, Condé les nomma : c'étaient le maréchal d'Ancre, le chancelier et son frère.

Concini et sa femme, effrayés de se voir ainsi désignés nominalement à la haine publique, supplièrent Marie de différer le voyage du roi et de transiger à tout prix; les mêmes avis furent répétés par Villeroi et Jeannin, qui avaient été, l'année précédente, pour les conseils énergiques, mais qui jugeaient la situation empirée et qui sentaient leur position personnelle moins affermie. Marie de Médicis, contre sa coutume, résista : les mariages d'Espagne lui tenaient trop à cœur; elle écouta Épernon et le chancelier de préférence aux autres ministres et aux Concini; elle témoigna un assez vif mécontentement au maréchal d'Ancre, lui ordonna de se rendre à Amiens, afin de soutenir en Picardie la cause de l'autorité royale, mena le roi à la Bastille afin d'y enlever 1,200,000 livres destinées aux frais du voyage, faible reste du trésor de Henri IV que la chambre des comptes s'efforça en vain de défendre; puis elle expédia au parlement une déclaration qui prescrivait diverses mesures pour la sûreté des villes et places du royaume contre Condé et les princes et seigneurs « conjoints avec lui. »

Condé riposta, le 9 août, par un manifeste où il prenait une position décidément offensive. « Les états généraux, disait-il, corrompus et opprimés, n'ont pu porter aucun fruit; le tiers, la partie la plus saine de l'assemblée, n'a pas été écouté quand il voulait assurer la vie des rois; on a empêché l'assemblée de demander vengeance de la mort de Henri IV. On a foulé aux pieds les remontrances du parlement, qui voulait remplir le devoir que n'avaient pas rempli les états. » Il concluait en demandant non pas qu'on renonçât aux mariages d'Espagne, mais qu'on les différât jusqu'à ce que le roi fût en état de pourvoir par lui-même aux suites dangereuses de cette alliance. Il adjurait la France entière et tous les anciens alliés de la France de s'unir à lui pour arracher le roi à l'oppression de ses mauvais conseillers.

Les actes répondirent aux paroles, et lui et ses amis commencèrent à lever des soldats le plus activement qu'ils purent.

Une grêle de pamphlets accompagna le manifeste du prince. Plusieurs de ces libelles évoquaient, dans de vives prosopopées, l'ombre de Henri IV pour exhorter Louis XIII à rompre avec l'Espagne et à venger son père. On imputait la mort du grand roi aux Concini et à d'Épernon. Quelques-uns osaient faire remonter leurs insinuations jusqu'à la reine elle-même.

Marie ne recula pas. Elle prit la route de Bordeaux avec le roi et la cour, après avoir confié au vieux maréchal de Bois-Dauphin les troupes destinées à couvrir Paris et à contenir les mécontents. Les ducs de Guise et d'Épernon commandaient l'escorte militaire du roi; la reine, en partant, avait même fait un petit coup d'État en faisant enlever le président Lejay, le plus ardent meneur de l'opposition dans le parlement, et en l'envoyant au château d'Amboise.

La route d'Espagne était libre, le roi entra à Bordeaux le 7 octobre; le 18, le double mariage fut célébré par procurations à Bordeaux et à Burgos. La future reine de France, Anne d'Autriche, écrivit de sa main à Burgos la renonciation convenue à l'héritage de sa famille, comme étant majeure à l'âge de quatorze ans; elle jura sur l'Évangile de maintenir cette renonciation sans jamais y contrevenir, « même pour le respect et révérence qu'elle doit au roi son seigneur et mari, » et de ne jamais demander à être relevée de ce serment prêté volontairement et sans contrainte. L'échange des deux princesses se fit le 9 novembre à Andaye, sur la Bidassoa. Le duc de Guise avait été chargé de conduire Élisabeth de France et de recevoir Anne d'Autriche, que Louis XIII et Marie de Médicis attendaient à Bordeaux. Guise ramena la nouvelle reine à la tête de 6 à 7,000 combattants, et l'union de Louis XIII et d'Anne d'Autriche fut bénie dans la cathédrale de Bordeaux, le 25 novembre, par l'évêque de Saintes.

Cependant Condé, de son côté, avait commencé les hostilités et entraîné dans son parti les protestants eux-mêmes. Plus d'une fois ses soldats harcelèrent le cortége royal; néanmoins une nouvelle paix fut conclue à Loudun (1616). Louis XIII reconnut le prince et ses amis pour de bons et loyaux sujets, déclarant qu'ils n'avaient rien fait qui ne lui fût très-agréable, et il paya les troupes qu'on avait levées contre lui. Condé seul reçut 1,500,000 livres. Chaque révolte lui rapportait davantage. Celle-ci avait coûté à l'État plus de 20 millions.

Puis la cour rentra à Paris aussi triomphalement que si la paix eût été la plus honorable du monde pour la royauté, et le maréchal d'Ancre reparut au Louvre plus en crédit que jamais.

Le prince de Condé se rendit aussi à Paris deux mois et demi après la conclusion de la paix. Il y fut reçu par le peuple comme un vainqueur, comme un sauveur, comme un maître longtemps appelé; par la reine-mère, avec une satisfaction un peu inquiète; par la cour, avec un empressement de flatterie fort imprudent; par ses anciens amis, avec jalousie et soupçon. Le maréchal d'Ancre, le sachant arrivé, rentra aussi. Le maréchal de Bassompierre raconte qu'il alla le chercher à la porte Saint-Antoine avec trente chevaux, qu'il le conduisit ainsi au Louvre et à l'hôtel de Condé, que là ils firent rencontre du cordonnier Picard qui en sortait, qu'on craignit un instant quelque émotion populaire sur le Pont-Neuf, mais que le chemin se trouva tout à fait libre.

Ainsi, le retour du prince de Condé avait pour effet de réintégrer le maréchal d'Ancre. Le prince, heureux de protéger la reine, son favori, son gouvernement, caressé, choyé, béni de tous, voyant sa maison assiégée de visiteurs, sa table encombrée de requêtes, maître de la rue, tout-puissant au conseil, ayant à sa disposition toutes les grâces et faveurs pour les siens, pour lui tous les honneurs et le partage de l'autorité, pouvait se contenter de cette position utile et glorieuse. Mais il lui aurait fallu la force de rompre ses anciennes liaisons avec les autres princes toujours mécontents, de tenir tête à la prévention populaire et de résister à des passions qui l'entraînaient en le flattant.

Un jour qu'il avait à sa table tous ces grands, le maréchal d'Ancre, suivi de trente gentilshommes, vint lui faire visite, causa quelque temps avec lui au milieu de cette compagnie, et se retira sans aucun mal, quoique plusieurs des assistants proposassent entre eux de le tuer. Mais le lendemain, le prince fit venir le maréchal, lui déclara qu'il ne pouvait plus longtemps le mettre en sûreté et lui conseilla de se retirer en Normandie. Il partit aussitôt, laissant à la reine-mère le soin de décider ce qu'il fallait faire d'une cabale qui chassait d'auprès d'elle son plus intime serviteur.

La reine, dit un historien contemporain, avait alors pour conseiller un homme qui a laissé peu de souvenir, mais qui paraît n'avoir manqué ni d'esprit ni de résolution ; c'était le contrôleur général Barbin. Un seul fait, rapporté dans les *Mémoires* du cardinal de Richelieu, peut montrer ce qu'il y avait en lui d'intelligence politique. L'objet patent qui réunissait les princes et seigneurs dans une demande commune, celui dont on se servait pour embarrasser la reine-mère et tenir l'opinion publique en haleine, était la réformation du conseil, c'est-à-dire la limitation du nombre de personnes qui devaient le composer, ses attributions, l'ordre nécessaire de ses délibérations et surtout la désignation de ceux qu'on y ferait siéger. Dans l'état de plainte vague, rien n'était si facile que d'indiquer ce qui était à faire. Mais, à l'œuvre, on trouvait mille difficultés ; il fallait exclure, il fallait choisir, partant offenser beaucoup de gens sans grand espoir d'en satisfaire quelques-uns. Le contrôleur général proposa un moyen d'une maligne naïveté : c'était de remettre entièrement cette nomination aux princes et seigneurs, dans la certitude qu'ils ne pourraient jamais s'accorder, ou que, s'ils le faisaient, ils porteraient toute l'envie des rebuts et tout le blâme des préférences. Ce qu'il avait prévu arriva ; le prince de Condé, en apprenant cet excès de soumission, se trouva le plus content du monde ; mais le duc de Bouillon, mieux avisé, s'aperçut du piége et exprimait sa pensée par une comparaison tirée du jeu. « Cet homme, lui dit-il, nous donne trente en trois cartes, et garde trente et un pour lui. » Les deux hommes habiles s'étaient compris.

Cependant les cabales continuaient, et on peut juger que l'importance en était tant soit peu exagérée dans les rapports qui s'en faisaient à la cour. Presque toujours les projets de cette espèce sont doublement grossis par la vanterie de ceux qui les font et par la peur de ceux qui les dénoncent. On attribuait au prince de Condé quelque chose de plus que le désir de prévaloir sous le règne du fils de Henri IV ; il y avait, disait-on, des gens qui le poussaient à mettre la couronne de France sur sa tête. Un misérable jeu de mots semblait prouver qu'il voulait échanger son écusson contre le sceau royal. On avait crié plusieurs fois dans un festin *barré à bras,* et cela signifiait que le prince se flattait de supprimer bientôt de ses armes la barre oblique que portait la maison de Condé entre les trois fleurs de lis. C'était peut-être tout simplement un sobriquet donné au sieur Barbin, et commenté, comme on l'a soutenu, par cette citation de l'Évangile : « Barrabas était un voleur. » Mais le mot avait eu cours dans sa plus odieuse interprétation, et vraiment on ne pouvait exiger du contrôleur général qu'il en expliquât l'autre sens. Tout cela fit juger qu'il fallait prendre un parti extrême, et Barbin en accepta la charge. On assure que, dès le lendemain de l'arrivée du prince, le contrôleur général s'en était hautement félicité comme d'une preuve de sa fidélité absolue, d'autant, ajoutait-il, qu'il n'y a pas de qualité ni de crédit assez grands pour assurer une personne qui se trouve dans le Louvre. C'était, en termes plus positifs, la même pensée que celle du secrétaire d'État Villeroi, lorsqu'il conseilla d'accorder au prince la signature des arrêts du conseil. La question était si l'on saurait agir comme on parlait.

Presque le même jour où le prince de Condé forçait le maréchal d'Ancre à quitter Paris en lui retirant sa sauvegarde, un autre prince lui enlevait une partie de ce qui lui restait en Picardie. Il y avait conservé le gouvernement de Péronne, Roye et Mont-Didier, le premier établissement qu'il eût obtenu en France, et que la paix de Loudun lui avait laissé. Des bruits assez ridicules, répandus parmi les habitants de Péronne, jetèrent l'alarme dans cette ville ; on leur disait que la garnison sortie d'Amiens et commandée par le frère du maréchal allait venir chez eux pour y commettre toute espèce de violences. Alors ils résolurent de ne plus laisser entrer personne, de sonner le beffroi à la première alerte et d'empêcher toute communication avec le château. Le duc de Longueville, après être resté assez longtemps dans sa maison de Trie, s'était décidé enfin à reparaître en Picardie; d'Abbeville, où il s'était installé, il dirigeait le mouvement de Péronne. Tout étant ainsi préparé, le chevalier Concini, frère du maréchal, se présenta aux portes de la ville avec cinq cavaliers qui venaient s'y réjouir. La porte leur fut fermée, le beffroi retentit, les murailles se couvrirent de bourgeois, la garnison se retira dans le château; le commandant, en étant sorti pour faire cesser le désordre, fut retenu prisonnier par ceux de la ville. Le duc de Longueville, averti, accourut en grande hâte sur l'invitation de quelques habitants. Les portes, fermées pour tout le monde et qui devaient rester ainsi jusqu'à ce qu'on eût réponse d'une députation envoyée au roi, s'ouvrirent aussitôt pour lui; il gagna, tant par promesses que par menaces, la garnison du château, et se rendit ainsi maître absolu d'une place appartenant au roi.

C'était là une violation flagrante de la paix, une nouvelle prise d'armes. Le prince de Condé le sentit si bien, qu'en ayant reçu l'avis, il fit semblant d'aller visiter une maison de campagne mise en vente auprès de Melun, pour ne pas avoir à supporter l'éclat des premières plaintes. Aussitôt on fit partir pour Péronne le secrétaire d'État Claude Mangot, depuis quelques jours seulement en pleine possession de sa charge ; et derrière lui s'achemina un corps de troupes, sous la conduite du seul général sur lequel la reine-mère pût se fier, celui qu'elle avait tiré de prison. Le duc de Longueville répondit assez lestement au secrétaire d'État que l'autorité du roi n'était nullement intéressée en cette affaire, où il s'agissait seulement d'un différend entre gouverneurs, et qu'il priait la reine de vouloir bien ne pas se montrer partiale dans une querelle particulière. On lui envoya une seconde fois le duc de Bouillon, son ami, son associé, l'homme sage de la coalition, pour le décider à sortir de Péronne ; et il paraît que le duc lui mena des officiers pour mettre la ville en meilleur état de défense. De Soissons et de Noyon, places appartenant au duc de Mayenne, partirent aussi des soldats pour renforcer la garnison nouvelle, et le comte d'Auvergne, se trouvant trop faible pour un siége, logea la cavalerie qu'il avait amenée dans la campagne voisine.

Cette entreprise répondait évidemment aux cabales dont le centre était à Paris. C'était donc là surtout qu'il fallait porter la répression. Le prince de Condé, le duc de Mayenne et le duc de Bouillon entraînaient avec eux presque la totalité de la cour. Ils avaient même fait entrer dans leurs secrets et dans leur ligue leur adversaire de l'année précédente, le duc de Guise, par représailles des mauvais services que le maréchal d'Ancre avait voulu lui rendre. Mais le duc de Guise, tout à fait des leurs contre le favori, n'entendait pas aller plus loin, soit par respect pour la reine-mère, soit par la certitude que la ruine du maréchal lui profiterait ainsi davantage. Le contrôleur général Barbin s'occupa d'abord de le regagner, et il le plaça bientôt dans cette position intermédiaire qui mène volontiers à trahir les deux partis. Par lui et par d'autres personnes, qui « jouaient à la fausse compagnie », on sut ce qui se passait dans le conciliabule des princes ; du moins eut-on des noms sur le compte desquels on mettait des révélations faites pour animer la reine-mère à une résolution vigoureuse. Les Mémoires du temps comptent le duc de Sully au nombre de ceux qui fournirent de ces avis. Il avait fait la guerre, il avait traité, il était revenu à la cour comme les autres ; mais il paraît qu'il se sentit ému de quelque compassion en voyant les dangers dont le pouvoir était menacé, et qu'il crut devoir en avertir la reine, sans lui donner pourtant d'autre conseil, sinon qu'il voudrait la voir dans la campagne au milieu de 1,200 chevaux. C'était lui dire qu'elle courait fortune au Louvre et dans Paris.

Alors le contrôleur général Barbin, le secrétaire d'État Mangot, proposèrent à la reine-mère le seul parti qui fût à prendre : c'était d'arrêter le prince de Condé. C'était là un grand coup d'autorité. Mais l'évêque de Luçon, que les états de 1614 avaient mis en vue, était devenu son premier aumônier, puis membre du conseil, où il se faisait fort écouter.

La retraite assez brusque et en apparence fort timide du maréchal d'Ancre était une préparation à ce coup d'État qui aurait encouru, lui présent, toute la haine qu'on lui portait et eût infailliblement soulevé Paris. Maintenant, comme on le savait en Normandie, la première pensée du peuple ne se tournerait pas sur lui, et, en supposant que la multitude s'agitât, elle ne saurait à qui se prendre ; ce qui est toujours un grand point.

Les choses étaient arrivées à ce terme, dans Paris et dans la cour, que la reine-mère, exerçant l'autorité souveraine, avait besoin de conspirer, pour le succès d'un tel dessein, plus sourdement et avec plus de précaution que ne faisait le prince de Condé. On chercha d'abord un gentilhomme de haut rang pour commander l'expédition. Le choix tomba sur le marquis de Thémines, maréchal de camp dans la dernière guerre, homme d'un courage éprouvé. Il lui fallait une troupe peu nombreuse, mais fidèle et discrète. Il y enrôla d'abord ses deux fils et sept ou huit gentilshommes des siens. Un second détachement fut placé sous les ordres d'un lieutenant des chevau-légers, appelé d'Elbène, de famille italienne. C'était encore une difficulté que de se procurer des armes pour cette vingtaine d'hommes, tant le Louvre était sous la loi du prince de Condé. On y fit entrer un faisceau de pertuisanes, enfermé dans un grand coffre qui fut annoncé comme contenant des étoffes de soie envoyées d'Italie à la reine-mère, de sorte que le marquis de Thémines eut de quoi équiper ses affidés dans le château même, au fond des appartements et hors de la vue des gardes ordinaires. Au dehors, on prit soin de faire demeurer toutes les compagnies des Suisses, bien qu'on en eût publiquement désigné quatre pour aller à Péronne ; le comte de Bassompierre, qui les commandait, eut ordre de les retenir à Paris, quelque commandement contraire qui lui en vînt du roi et de la reine, ou quelque reproche que l'un ou l'autre lui fît de sa désobéissance. On avait été forcé d'envoyer à Péronne quelques compagnies du régiment des gardes, mais le roi les avait désignées lui-même de manière à ne pas éloigner celles dont les capitaines étaient les plus dévoués. Les gendarmes du roi, dirigés vers la Picardie, devaient se détourner de leur route et se rabattre sur Paris par un autre chemin. Les principaux seigneurs de la cour, qu'on appelait les *Dix-Sept*, furent appelés auprès de la reine l'un après l'autre pour lui renouveler leur serment de fidélité.

Après tant de précautions, qui pouvaient devenir des avertissements, il fallait hâter l'exécution ; on l'avait fixée au premier jour où l'occasion se trouverait belle ; on la crut arrivée un matin que le prince de Condé, les ducs de Vendôme, de Mayenne et de Bouillon, chacun avec un écuyer seulement, étaient venus visiter la reine-mère, retenue dans son lit par une indisposition. Le contrôleur général et la maréchale d'Ancre voulait qu'on les arrêtât tous ensemble, mais le cœur faillit à la reine-mère ; son fils n'était pas au Louvre, elle n'était pas préparée à la retraite dans le cas d'un soulèvement. Les princes eurent donc toute liberté d'achever leur visite et de sortir. L'affaire fut remise, mais seulement jusqu'au lendemain. Le soir et la nuit se passèrent aux dernières dispositions, tant pour le succès de l'entreprise que pour se mettre à couvert en cas d'accident fâcheux. Les pierreries furent empaquetées, on avait ramassé 40,000 écus pour se tenir prêt à la fuite, si on en avait besoin. Dans la nuit, le comte de Bassompierre, colonel général des Suisses, fut mandé auprès de la reine, qu'il trouva en jupe avec le contrôleur général Barbin et le secrétaire d'État Mangot. On lui apprit ce dont il s'agissait, en lui commandant de tenir ses Suisses sous les armes pour accompagner la reine et ses enfants jusqu'à Nantes, si elle était obligée de quitter Paris. D'autres capitaines reçurent des ordres particuliers pour tenir les portes du Louvre fermées dès que le prince serait entré. Le matin venu, le roi descendit dans la chambre de sa mère, assista aux préparatifs, confirma toutes les dispositions, et on attendit le prince de Condé.

Le duc de Mayenne lui avait conseillé la veille, dit-on, de ne pas s'aventurer au Louvre, avant d'être mieux éclairé de ce qui s'y passait. Mais le prince, qui ne manquait pas alors de négocier avec les ministres, « croyant que, s'il y avait quelque dessein, cela ne pouvait regarder que le duc de Bouillon, » ne se mit pas en peine de cet avis, et se rendit comme à l'ordinaire au conseil des finances, où il aimait à siéger, parce qu'il s'y entendait fort bien et y parlait à merveille. Il vint donc au Louvre vers dix heures, traversa la cour et passa tout droit à la chambre du conseil, qui était au rez-de-chaussée. De son entresol, la reine le vit recevoir des placets et dit : « Voilà maintenant le roi de France, mais ce sera aujourd'hui le roi de la fève. » Aussitôt on plaça des gardes aux portes extérieures, où se tinrent les chefs des corps, l'appartement de la reine restant au marquis de Thémines et à sa troupe. Alors le roi distribua de sa main les pertuisanes aux subalternes, en leur recommandant de ne s'en servir que si leurs chefs étaient forcés de tirer l'épée. Le lieutenant d'Elbène, avec ses gens, alla se cacher dans la salle où l'on devait conduire le prince prisonnier ; le marquis de Thémines et les siens s'enfermèrent dans le cabinet de la reine avec elle. Le roi se tint dans la chambre qui précédait le cabinet, causant gaîment avec quelques seigneurs arrivés pour faire leur cour.

Après la levée du conseil, le prince monta, suivant son usage, chez la reine. Le jeune roi vint à sa rencontre, lui proposa de partir avec lui pour la chasse, et, sur son refus, il entra chez sa mère pour lui dire adieu. Au même moment, le marquis de Thémines ouvrit la porte d'un petit passage attenant au cabinet, et, s'approchant du prince avec ses deux fils, lui déclara qu'il avait ordre de l'arrêter. Le prince, surpris, se récria sur sa qualité, dit qu'il voulait parler au roi, regarda tous les assistants qui baissèrent la tête, demanda si on voulait le tuer, et consentit enfin à descendre comme le marquis de Thémines l'en pressait. Conduit dans la salle basse où se tenait l'Italien d'Elbène, la vue de cet homme lui fit croire qu'il y allait réellement de sa vie ; et en effet, sa situation ressemblait assez à celle du duc de Guise dans le château de Blois. On finit pourtant par le rassurer, et il se laissa enfermer de bonne grâce.

La nouvelle de son arrestation agita violemment Paris.

Mayenne, Bouillon et Vendôme eurent un moment la pensée d'appeler le peuple aux armes; la crainte d'être trahis par le duc de Guise et par ses frères les arrêta. Les princes ayant renoncé à soulever Paris, la mère du prisonnier l'essaya; elle parcourut les rues en criant que le maréchal d'Ancre venait de tuer son fils. A peine lui donna-t-on quelques marques d'intérêt et de compassion. Mais là se trouva encore le cordonnier Picard; à sa voix, le peuple se souleva et alla décharger sa colère sur le somptueux hôtel du maréchal d'Ancre, qui fut saccagé de fond en comble. Pendant l'émeute, on vint dire à la reine que tout était perdu si on ne relâchait Condé; mais rassurée par le grand concours de noblesse qui affluait au Louvre, elle tint bon contre sa coutume; l'orage se dissipa de lui-même, et la foule, faute de chefs, se dispersa.

D'ailleurs, les partisans de Condé, qui essayaient de soulever les provinces voisines, « s'entendaient parler d'un ton qui sentait plus la majesté royale que la conduite passée. » Richelieu, qui venait d'entrer au ministère, aimait à s'adresser à l'opinion publique. « Des esprits remuants, dit-il dans une sorte de manifeste, avaient troublé le repos établi par la prudence de la reine; en vain avait-elle tâché de les retenir par des chaînes d'or, ils s'étaient joués de sa clémence et de sa libéralité. » Et il montrait Condé extorquant en six années trois millions et demi; Mayenne, deux millions; Bouillon, près d'un million, et chacun cherchant à établir une tyrannie particulière dans chaque province. Les princes et leurs adhérents furent déclarés criminels de lèse-majesté, Condé transféré à la Bastille, malgré toutes les réclamations de ses partisans pour sa mise en liberté. Enfin, trois armées se dirigèrent vers la Picardie, la Champagne et le Berry. La cause royale aurait triomphé cette fois si le roi lui-même ne s'était uni aux mécontents pour renverser ses ministres et sortir de tutelle.

D'Albert de Luynes s'était avancé de plus en plus dans sa faveur en lui apprenant à dresser des émerillons et des pies grièches. Une conspiration secrète fut tramée entre Louis XIII, son fauconnier et son jardinier; le capitaine des gardes Vitry reçut ordre d'arrêter Concini. « Vitry reçut agréablement la proposition, promit de faire tout ce qu'on attendait de lui, fit venir son frère, enseigne des gendarmes, pour l'y aider. »

La victime désignée venait d'arriver à Paris lorsque cette communication se fit. Le maréchal d'Ancre avait été appelé, dit-on, de Normandie par des airs qui lui étaient parvenus de plusieurs démarches faites auprès de la reine à son préjudice. Il logeait à Paris hors et près du Louvre, où il ne venait guère que pour voir la reine; et comme le roi ne voulait pas qu'il fût tué chez sa mère, il fallait qu'il se chargeât lui-même de l'attirer dans son appartement, ou qu'on le prît au passage depuis la porte du palais jusqu'à l'escalier de la reine. Une première fois l'occasion parut se présenter; c'était trois jours après l'ouverture faite au baron de Vitry, un dimanche, jour où tout le monde était disposé et où l'on attendait la visite du maréchal. Mais celui-ci arriva trop tard et resta peu de temps chez la reine-mère, de sorte que le roi n'eut pas le temps de le joindre pour le conduire au cabinet des armes où il voulait toujours que l'exécution se fît. Ce contre-temps pouvait tout découvrir; mais on eut soin d'envoyer un faux avis au maréchal, et, après cette alarme, l'exécution resta fixée au lendemain.

Ce matin-là, le roi s'était levé de bonne heure, il avait annoncé une partie de chasse pour laquelle on lui tenait prêts un carrosse et des chevaux au bout de la galerie qui joint le Louvre et les Tuileries, son projet étant, dit-on, de s'en servir pour la fuite, si le coup venait à manquer. Le baron de Vitry avait placé dans la cour du Louvre, en différents postes, les gens de main qu'il avait choisis, et parmi eux son frère et son beau-frère. La grande porte du Louvre était fermée, mais l'ordre avait été donné de l'ouvrir quand le maréchal paraîtrait et de la pousser aussitôt derrière lui; quelques hommes sûrs devaient renforcer là les archers de garde, et l'un d'eux, placé au-dessus du passage, était chargé d'annoncer par un signal que la victime entrait dans le piége. Vers dix heures, le maréchal d'Ancre sortit de son logis et vint au Louvre, accompagné de cinquante personnes environ, qui presque toutes le précédaient. Après avoir passé la porte, il se trouvait sur un pont qui menait à la basse cour. Ce fut là que le baron de Vitry le rencontra après avoir traversé sans dire mot l'escorte qui marchait devant lui; il lui saisit brusquement le bras en disant : « Monsieur, je vous arrête de par le roi. — *A mi* (à moi)! » s'écria Concini en italien. Il n'eut pas le temps d'en dire davantage, quatre ou cinq coups de pistolets tirés à bout portant le jetèrent raide mort sur le parapet du pont. « C'est par l'ordre du roi, » cria Vitry. Ces mots firent tomber les armes des mains de la noblesse qui accompagnait le favori, et qui se dispersa sans essayer de le venger.

Le roi attendait dans son cabinet des armes. Il tressaillit en entendant la détonation des armes à feu ; un instant après, le colonel des Corses, Ornano, fils du maréchal de ce nom, vint frapper à la porte. « Sire, dit-il, à cette heure vous êtes roi, le maréchal d'Ancre est mort! — Çà! mon épée, ma carabine, » s'écria Louis. Et il courut aux fenêtres. Ornano le prit à bras-le-corps et le souleva pour le montrer aux gentilshommes, aux archers et aux gardes qui étaient dans la basse cour avec Vitry. « Merci, merci à vous! » leur cria Louis. Et il répéta les paroles d'Ornano : « A cette heure, je suis roi. » Il était encore dans la première joie de sa « délivrance » quand un gentilhomme de Marie de Médicis le vint prier d'accorder un entretien à sa mère ; il refusa et fit boucher toutes les issues de l'appartement de Marie, hors une seule.

Au premier bruit du meurtre de Concini, Marie s'était écriée : « *Poveretta de mi!* j'ai régné sept ans ; maintenant je n'attends plus qu'une couronne au ciel. »

Cependant le cadavre sanglant du maréchal, laissé tout le jour dans un jeu de paume abandonné, avait été mis le soir dans un mauvais linge attaché aux deux bouts avec des ficelles, et porté à Saint-Germain-l'Auxerrois, où on le descendit dans une fosse avec sa bière vide par-dessus ; après quoi la pierre fut replacée sans qu'il y parût aucune trace de sépulture. Le matin du jour suivant, la foule, ameutée par des laquais, se précipita dans l'église, se fit indiquer par force le lieu où l'on avait enterré le corps, souleva les dalles, le tira de terre, et le traîna sur le pavé jusqu'au Pont-Neuf, où elle le pendit par les pieds à une potence. Ensuite, ce cadavre fut déchiré par morceaux, qu'on vendit, qu'on brûla, qu'on jeta dans la Seine.

Quant à Léonora Galigaï, la maréchale, elle fut traduite devant une commission du parlement, accusée de malversations, de complot contre l'État, et surtout de sorcellerie. On lui demanda, dit-on, par quels sortiléges elle avait acquis tant d'empire sur la reine-mère. « Par l'ascendant, aurait-elle répondu, qu'un esprit supérieur a sur une âme faible. » Elle fut décapitée en place de Grève, et ses restes furent jetés dans les flammes.

Cependant Louis XIII se croyait maître; le nombre des visiteurs l'étouffait, et on le fit monter sur une table de billard comme sur un pavois, disent avec orgueil les relations du temps. En cette posture il était vu de tout le monde, recevait des compliments et distribuait des paroles d'affection. Dès qu'il aperçut Richelieu, il se mit à lui crier : « Eh bien! Luçon, me voilà hors de votre tyrannie! » Marie, après plusieurs jours de captivité, avait reconnu l'inutilité de ses efforts pour obtenir la faveur d'un entretien avec son fils et s'était résignée à demander, ainsi qu'on le lui insinuait, la permission de se retirer à Blois. Louis consentit à recevoir ses adieux, à condition qu'elle ne dirait pas un mot de ce qui s'était passé. Les paroles qui devaient être prononcées de part et d'autre avaient été arrêtées officiellement entre Luynes et Richelieu. Marie ayant dérogé à ce programme pour implorer la liberté de son ancien intendant Barbin, qui était à la Bastille, le roi la quitta brusquement. Marie, dévorant ses larmes, monta en carrosse et sortit du Louvre avec une escorte, que le roi suivit longtemps des yeux sur les quais et sur le Pont-Neuf, et que le peuple vit défiler avec une satisfaction insultante.

Un des carrosses de la suite de Marie emmenait l'évêque de Luçon, tombé du pouvoir presque à l'instant où il en avait saisi le faîte pour la première fois. Au lieu de s'obstiner à traîner sa défaite à la cour et dans le conseil, Richelieu se ménageait l'avenir par une retraite habile en se montrant à Marie comme un fidèle compagnon d'infortune, au roi et au nouveau favori comme un modérateur propre à calmer les ressentiments de la reine-mère.

Louis ne sembla s'épanouir que lorsqu'il eut vu disparaître les dernières files du cortége de la reine exilée. Il partit aussitôt après pour Vincennes avec sa femme et toute la cour, « afin qu'on pût nettoyer le Louvre et s'assurer si quelque scélérat maréchaliste n'avait pas caché de la poudre quelque part pour faire sauter la chambre du roi. » Mayenne, Vendôme, Nevers accoururent le lendemain le joindre à Vincennes, où ils furent reçus comme s'ils eussent pris les armes pour et non pas contre l'autorité royale. Le 12 mai, une déclaration royale les rétablit dans tous leurs biens, honneurs et charges, et les excusa d'avoir recouru aux armes, « bien qu'illicites, » afin de se défendre contre la tyrannie du maréchal d'Ancre.

La logique eût voulu que la réaction ne s'arrêtât pas à moitié chemin, et que Condé, dont l'emprisonnement avait été le prétexte de la révolte, sortît de la Bastille et vînt présider le conseil du roi; il n'en fut rien pourtant. Le roi avait contre son cousin de l'antipathie et de la jalousie; Luynes craignait les prétentions de Condé; les autres chefs, qui n'étaient liés à leur chef ni par l'affection ni même par l'esprit de parti, n'insistèrent pas, et les portes de la Bastille ne s'ouvrirent pas pour Condé. Toute la grâce qu'il obtint fut d'abord l'élargissement de ses fenêtres à la Bastille, et plus tard sa translation au bois de Vincennes sous la garde d'un régiment. Un autre adoucissement, d'ailleurs, avait été apporté à sa disgrâce par la princesse sa femme, qui consentait à partager sa prison. Toutefois, abandonné des princes, dont aucun ne cherchait à lier quelque intelligence avec lui, il tomba sérieusement malade. Le roi montra alors un grand intérêt pour sa santé, lui renvoya l'écharpe et l'épée qu'on avait saisies sur lui le jour de son arrestation, ordonna qu'il lui fût accordé quelques commodités nouvelles, et partit pour se réconcilier avec sa mère en laissant prisonnier son cousin. Il ne le délivra que plus tard et publia une déclaration qui fut enregistrée au parlement, et par laquelle il reconnaissait l'innocence de son cousin et rejetait tous les torts sur ceux qui avaient abusé de son nom et de son autorité, lesquels il avait châtiés avec l'aide de Dieu et qui, sans cela, auraient porté toutes choses à une grande et déplorable confusion.

Dès lors Condé, chargé par le roi de porter une déclaration de guerre aux réformés, se montra dévoué au duc de Luynes, auquel il devait sa liberté. Celui-ci avait, en effet, rencontré bien des obstacles. Les grands avaient d'abord applaudi à la chute de Concini, dont ils espéraient profiter. Mais quand ils virent le nouveau favori s'approprier les dépouilles du maréchal, devenir en moins de quinze mois duc et pair, gouverneur de Picardie, épouser une Rohan, et faire d'un de ses frères un duc de Chaulnes, du troisième un duc de Piney-Luxembourg, ils se révoltèrent encore, en changeant de drapeau. Ils s'armèrent en faveur de la reine-mère, tout à l'heure leur ennemie; le duc d'Épernon, à la tête de 300 gentilshommes, vint l'arracher de sa prison de Blois et tenta de soulever avec elle le Midi.

De Luynes ne fut pas plus habile à leur résister que le maréchal d'Ancre; la paix d'Angoulême, ménagée par Richelieu, accorda à Marie de Médicis le gouvernement de l'Anjou et trois places de sûreté. Bientôt Angers devint le foyer de nouvelles intrigues et le refuge de tous les mécontents. La reine-mère voulait ressaisir le pouvoir, mais le roi s'amusait aux armes. Quand les troupes étaient aux champs, il retrouvait au milieu de ses soldats l'ardeur batailleuse de son père; il marcha sur Angers, décidé à poursuivre sa mère jusqu'en Poitou, jusqu'en Guyenne, si elle s'y réfugiait, « en jetant le fourreau de l'épée deçà la rivière de Loire. » Il n'alla pas si loin; les partisans de la reine-mère furent défaits dans une escarmouche sanglante auprès des Ponts-de-Cé, et, la route du Midi lui étant coupée, elle se trouva heureuse de faire demander par Richelieu la confirmation du premier traité (1629).

Ainsi avait eu lieu la réconciliation du fils et de la mère. Mais les protestants se révoltaient maintenant à leur tour. En 1617 un édit avait rétabli dans le Béarn la religion catholique avec ordre aux protestants de restituer les biens ecclésiastiques qu'ils avaient sécularisés depuis un demi-siècle. Après de longs refus, le roi entra dans le Béarn et fit exécuter son édit. Tout le parti s'agita, malgré les conseils de Sully et de du Plessis-Mornay; une assemblée générale, tenue à la Rochelle, publia une déclaration d'indépendance, leva des troupes, et, sur le refus du vieux maréchal de Lesdiguières et du duc de Bouillon, en offrit le commandement au duc de Rohan. De Luynes, que Louis XIII fit tout exprès connétable, marcha contre Montauban, menant avec lui 15,000 hommes. La ville forte d'Assiette se défendit héroïquement. L'attaque, commencée le 8 août, n'était guère avancée au 2 novembre. Rohan, qui était aux champs avec une armée, avait fait entrer un secours. Il fallut lever le siége. On voulut se dédommager sur la petite place de Monheurt, au bord de la Garonne. Le connétable y prit une fièvre qui l'emporta (1621). Louis XIII continua seul la guerre, et fit, l'année suivante, une assez vive campagne où il y eut force pillages et exécutions sévères dans les places qu'il prit. Le duc de Rohan profita d'un moment de lassitude, pendant le siége de Montpellier, pour obtenir une paix qui renouvelait l'édit de Nantes, mais interdisait les assemblées politiques et ne laissait aux réformés d'autres places fortes que Montauban et la Rochelle (1622).

D'Albert de Luynes expira dans un village le 14 décembre. « Il ne fut guère plaint du roi, dit Bassompierre, et personne ne le regretta; mais chacun se demanda avec anxiété dans quelles mains cette brusque catastrophe allait jeter la France et le roi. » Ce qui était bien évident, c'est que Louis XIII n'aurait pas la force de supporter la liberté qu'un accident lui avait rendue.

Le pouvoir flotta quelque temps entre Condé, la reine-mère et les ministres. Le nouveau conseil était déjà tout formé lorsque le prince de Condé, qui pendant toute la campagne était resté dans le centre du royaume pour y maintenir la paix, vint à la rencontre du roi près de Poitiers. C'était déjà un des prétendants à la direction des affaires, qui prenait les devants sur la reine-mère, sa rivale. Il se présentait avec la joie récente que lui avait donnée la naissance d'un fils. Après deux fausses couches et l'enfantement d'une fille au château de Vincennes, la princesse avait heureusement mis au jour un héritier du nom de Condé (1621). Le prince se conduisit à la cour avec une grande habileté; il fit bon accueil à tous ceux qui entouraient le roi, souriant aux ministres, choyant les généraux, proclamant surtout la nécessité de faire prévaloir l'autorité royale sur les mutins;

il se rangea du côté des ministres, comme les plus opposés à la reine Marie. Ils cherchaient, en effet, à retarder le retour du roi auprès d'elle; et déjà ils faisaient avec ardeur les apprêts d'une nouvelle campagne pour ne laisser que le moins de temps possible le fils sous les séductions de la mère.

La paix n'en fut pas moins conclue, comme nous l'avons vu, et il chercha en vain à s'en venger en faisant répéter partout qu'il ne fallait aucunement craindre les armes du roi, à qui les réformés de son royaume donneraient toujours trop d'occupation, et à son retour il vécut retiré dans son gouvernement de Berry.

Mais pendant ce temps s'accomplissait un grand changement. Le surintendant Lavieuville, président du conseil depuis la mort de de Luynes, venait de donner sa démission et d'être remplacé par Richelieu, qui commençait alors son ministère de dix-huit ans.

Et il le commençait avec la conscience de ce qu'il devait faire. « Lorsque Votre Majesté se résolut de me donner en même temps et l'entrée de ses conseils et grande part en sa confiance pour la direction de ses affaires, dit-il dans son testament politique, je puis dire avec vérité que les huguenots partageaient l'État avec elle, que les grands se conduisaient comme s'ils n'eussent pas été ses sujets, et les plus puissants gouverneurs des provinces comme s'ils eussent été souverains en leurs charges. Je puis encore dire que les alliances étrangères étaient méprisées, les intérêts particuliers préférés aux publics; en un mot, la dignité de la majesté royale était tellement ravalée et si différente de ce qu'elle devait être, par le défaut de ceux qui avaient alors la principale conduite des affaires, qu'il était presque impossible de la reconnaître. »

Quant à ses maximes et à ses principes de gouvernement, en voici quelques-uns : « Les intérêts publics doivent être l'unique fin du prince et de ses conseillers. — Croire que, pour être fils ou frère du roi, ou prince du sang, on puisse impunément troubler le royaume, c'est se tromper. Il est plus raisonnable d'assurer le royaume et la royauté que d'avoir égard à leurs qualités. — Les fils, frères et autres parents des rois sont sujets aux lois comme les autres, et principalement quand il est question du crime de lèse-majesté. »

Enfin, il était sûr ou à peu près de son ascendant sur le roi. Louis XIII, âme sans ressort, mais non sans intelligence, ne pouvait se passer d'un maître; après en avoir accepté et quitté plusieurs, il prit et garda celui qu'il reconnut capable de mener la France au but que lui-même entrevoyait, et où il aspirait vaguement dans ses rêveries mélancoliques. On dirait qu'obsédé par la pensée des grandes choses qu'avait faites et voulues son père, il se sentît sous le poids d'immenses devoirs qu'il ne pouvait remplir que par le sacrifice de sa liberté d'homme et de roi. Souffrant parfois de ce joug, il était tenté de s'en affranchir; et aussitôt il venait le reprendre, vaincu par la conscience qu'il avait du bien public et par son admiration pour le génie dont les plans magnifiques promettaient l'ordre et la prospérité au dedans, la force et la gloire au dehors.

Les grands avaient affaire maintenant à forte partie. Depuis plus de trois ans que Condé avait quitté le roi après la paix de Montpellier, on ne lui avait pas permis de revenir à la cour. Pour lui ôter même tout prétexte de s'en approcher, le roi avait renvoyé au parlement de Dijon un procès qu'il avait à Paris. Il passait son temps dans son gouvernement du Berry ou dans ses terres, et tout récemment il avait adressé au roi un mémoire pour se plaindre du tort que cet éloignement faisait à ses affaires non moins qu'à sa réputation.

Le cardinal se servit de cette circonstance pour déterminer le duc d'Anjou à une entière soumission. Il se croyait assuré de dissiper bientôt la cabale qui se formait autour du jeune prince, s'il pouvait mettre la division entre les intéressés. C'était, disait-il, une maxime dont Louis XI s'était toujours bien trouvé. En paraissant se rapprocher du prince de Condé, on semblait vouloir élever un parti contre celui du duc d'Orléans. Il paraît que le président Lecoigneux donna l'éveil à celui dont il était devenu le conseiller; car la même journée vit arriver à Limours le frère du roi et le premier prince du sang. Le duc d'Anjou gagna de vitesse son rival, et une relation du temps dit qu'on prit soin d'avancer l'horloge pour le faire partir plus tôt. Mais il ne quitta le cardinal qu'après s'être engagé à déposer le lendemain entre les mains du roi une déclaration écrite par laquelle il s'obligeait de lui soumettre ses volontés et ses affections, de lui faire connaître toutes les propositions dont il aurait connaissance, priant la reine sa mère d'être sa caution et promettant encore d'aimer sincèrement ceux que Leurs Majestés aimeraient. Un contrat d'amitié et de confiance réciproque fut signé par le roi, sa mère et son frère, avec serment sur les saints Évangiles de l'observer fidèlement.

Le prince de Condé arriva trop tard et ne reçut que de vagues compliments. Le cardinal n'osait pas, disait-il, demander son retour, de peur d'éveiller la jalousie des autres ministres; le temps ferait cesser toutes les défiances, et cependant il ne pouvait être sûr d'un bon traitement. En échange de ces douceurs, le cardinal recueillit soigneusement tous les éloges que le prince donnait à son administration, et que celui-ci même s'empressa de reproduire dans une lettre adressée au roi. Cette lettre contenait l'assurance de la plus entière fidélité, dont il prenait pour garant la communion qu'il avait reçue ce jour-là même dans l'église de Limours. Après quoi il retourna dans son gouvernement.

Quelque temps après, il félicitait de nouveau le roi d'avoir un tel serviteur. Il démêlait facilement dans ses projets pour relever la marine au profit du commerce l'intention secrète d'attaquer la Rochelle. Il approuvait tout ce qu'on voulait faire, il conseillait de ne pas se fier au duc d'Orléans, qui se vengerait tôt ou tard du cardinal; de laisser faire les huguenots dans leurs villes jusqu'à ce qu'on pût les aller réformer avec 30,000 hommes. Moyennant toutes ces preuves de complaisance et de dévouement, il demandait qu'on lui permît de revenir auprès du roi, « où sa présence dépiterait toute sorte de factieux. »

On le lui permit, en effet; il fut même envoyé contre le duc de Rohan, s'empara de Montpellier et ouvrit les états du Languedoc par une longue harangue remplie d'éloges pour le roi, pour la reine-mère, pour le cardinal de Richelieu, pour le parlement, pour le duc de Montmorency, et d'invectives contre les républicains, huguenots, ennemis de Dieu et de tout État monarchique. Il terminait en demandant de l'argent pour l'entretien de l'armée, qui n'avait rien reçu depuis quatre mois et qui, pendant ce temps, avait dû vivre sur le pays, moyennant quoi il promettait aux états de maintenir tous leurs priviléges.

Il continua ensuite ses prises de villes et ses ravages dans les campagnes et s'attacha par là tout à fait au cardinal-ministre, qui servit de parrain à son second fils Armand, prince de Conti, dont la duchesse de Montmorency fut marraine. Nul dès lors n'est plus dévoué que lui, il reçoit le pouvoir d'agir en l'absence du roi dans les provinces par delà la Loire, est établi lieutenant pour le roi en Lorraine, s'emploie pour vaincre la résistance du parlement contre la création de nouveaux offices, commande l'expédition en Franche-Comté et vient assiéger Dole.

Il y rencontra une résistance inattendue. On avait pensé qu'il suffirait presque de la sommer pour la forcer à se rendre;

il la trouva, au contraire, bien fortifiée, munie de canons, gardée par 700 soldats, outre la milice, ayant dans ses murs son parlement et son archevêque, tous bien résolus à la défendre. Il fallut donc en former le siége dans les règles. Parmi les officiers qui combattaient dans l'armée du roi, on distinguait un jeune gentilhomme béarnais, appelé Jean de Cassion, déjà célèbre en Europe par le courage et l'activité qu'il avait montrés au service du roi Gustave. Envoyé en France l'année précédente par le duc de Saxe-Weimar, il s'était attaché au cardinal de Richelieu avec ces formes pétulantes d'affection et de dévouement qui ont fait si souvent la fortune des Gascons. On lui avait permis de commander, pour le compte de la France et avec le titre de colonel, un régiment de cavalerie, formé autrefois par le roi de Suède, renouvelé souvent par la guerre, toujours augmentant de nombre, et sur lequel il gardait toute autorité; c'était à lui et à ses hommes que l'on confiait les expéditions hasardeuses, les coups de main, les surprises, les actions d'éclat.

Malgré l'infatigable bravoure du colonel, le jeu de l'artillerie, commandée par le grand maître, et la destruction des moulins qui fournissaient le pain à la ville, les assiégés tenaient bon, maintenus dans leur résistance « par la haine naturelle des Comtois contre les Français. » Les religieux se faisaient remarquer parmi les plus habiles combattants. On les avait vus dans une sortie frapper vaillamment les soldats ennemis avec des marteaux pointus dont ils étaient armés. C'était un capucin, appelé frère Eustache, qui dirigeait l'artillerie des remparts. Le roi de Hongrie détacha de ses troupes un petit corps de Croates, qui vint inquiéter et distraire les assiégeants. Les paysans abandonnèrent leurs villages et allèrent s'enfermer dans les villes ou se former en troupes armées dans les montagnes. Le prince de Condé n'en écrivait pas moins à la cour que le succès était infaillible, qu'une armée impériale ne suffirait plus pour l'empêcher d'entrer dans la place. Deux mois et demi s'étaient ainsi passés à jeter des bombes, à repousser des sorties, à faire des attaques, à creuser des mines, à courir la campagne, lorsqu'une nécessité pressante et douloureuse obligea de lever promptement le siége. L'ennemi était en France. Les frontières de la Picardie avaient paru suffisamment protégées par les places fortes dont elles étaient garnies et les soldats qu'on y avait enfermés, mais les armées espagnoles venaient de les franchir.

Condé remet alors ses troupes au cardinal de la Valette et conduit en Espagne une nouvelle armée. Il devait « entrer dans les terres du roi d'Espagne, attaquer et endommager ses sujets, pays, villes et places, ainsi qu'il verrait être avantageux, et, si aucuns sujets du roi de France osaient se soulever contre son autorité, les tailler en pièces et les faire punir selon l'énormité de leurs crimes. » Il avait été choisi, parce que l'armée destinée à cette entreprise devant s'assembler surtout dans le gouvernement du duc d'Épernon, il y fallait un chef avec qui le vieux gouverneur ne pût pas contester sur les prérogatives. Pour assurer davantage le bon accord, la lieutenance générale de cette armée avait été donnée au duc de la Valette. Tout cela n'empêcha pas le duc d'Épernon d'apporter autant qu'il put d'obstacle à l'autorité du prince et de retenir les gentilshommes qui devaient se rendre à son appel, sous prétexte de vouloir les conduire lui-même contre l'ennemi quand il en serait besoin. De là, sans doute, un nouvel échec devant Fontarabie et aussi de violentes querelles avec le duc de la Valette et le duc d'Épernon.

Malgré cela, nommé gouverneur de Guyenne, il s'était fait de plus en plus l'enthousiaste ardent, le panégyriste dévoué, l'ami le plus passionné du cardinal de Richelieu. Il avait si bien compris toute la concentration du pouvoir dans la personne du ministre, qu'il voulait lier à cette fortune non-seulement son existence actuelle, mais son avenir et celui de sa famille. Son fils aîné n'avait pas plus de dix-sept ans, partant on pouvait attendre encore à lui chercher une illustre alliance. Mais il sembla craindre que celle du cardinal ne lui échappât et se hâta de solliciter, de retenir d'avance pour le duc d'Enghien la fille du maréchal de Brézé.

Du fond de l'Italie, le duc de Guise demandait aussi à la parente du cardinal quelque fille noble pour son fils de Joinville, qui servait en volontaire sous le cardinal de la Valette, afin de rentrer en grâce par le moyen de ce mariage. Le comte de Soissons demeurait tranquille à Sédan. Le parlement ne bougeait plus depuis la dernière correction qui lui avait été infligée. La reine-mère se contentait d'être honorée comme femme et comme mère, sans prétendre au crédit et à l'autorité. La reine-mère suppliait pour son retour et subissait des refus. On avait quelque espoir de ramener en France la duchesse de Chevreuse, en même temps pour satisfaire la reine et pour conduire à bonne fin un traité qui se négociait avec le duc de Lorraine. Tout allait donc bien pour le cardinal de Richelieu et pour sa politique. Aussi le mot donné pour les réjouissances de cet hiver fut-il « la Félicité. » Un ballet, composé sur ce sujet, et où l'on représentait en trois parties les malheurs passés, la joie présente et le bonheur infini de l'avenir, fut dansé trois fois de suite, d'abord à Saint-Germain, puis à l'hôtel de Richelieu, et enfin à l'hôtel de ville de Paris. Il coûta 100,000 livres dont le tiers fut payé par le cardinal, le surplus par les Parisiens.

Peu après, le prince de Condé eut encore pour département le territoire espagnol, qu'on voulait entamer par le Roussillon pour pénétrer ensuite dans la Catalogne; il assembla ses troupes près de Narbonne. Il devait être assisté du maréchal de Schomberg, gouverneur du Languedoc, qui se plaignait fort de l'humeur du prince et à qui le cardinal répondait sans façon « qu'il n'y fallait pas prendre garde. » On commença par assiéger la forteresse de Salces, bâtie autrefois par Charles-Quint, à l'autre extrémité du lac où les Français avaient élevé Leucate. Pendant qu'on en faisait les approches, le maréchal de Schomberg parcourut la campagne et s'empara d'Estagel. Les travaux du siége furent à peine troublés par une faible sortie de la garnison de Perpignan, et par l'annonce d'une armée qu'on disait venir d'Espagne, de sorte que la forteresse, battue et minée, fut bientôt réduite à se rendre, toute la garnison demeurant prisonnière. C'était un assez brillant fait d'armes, mais qui ne paraissait pas susceptible de grande suite. En effet, au bout de deux mois, l'armée du prince, qui s'était montrée devant Perpignan, et avait pris encore plusieurs autres villes, se retranchait auprès de Salces, et les chefs tenaient conseil de guerre à Narbonne.

Pendant ce temps, l'armée espagnole, s'étant grossie, et ayant reçu pour général le fils du marquis de Spinola, s'était avancée à son tour par le chemin où l'autre n'avait fait que ruiner quelques bicoques sans pouvoir rien garder. Les Espagnols se trouvèrent donc bientôt au pied de la forteresse qu'on leur avait prise, et les Français, trop faibles pour la protéger au dehors, se retirèrent en Languedoc, la laissant se défendre par ses murailles et sa garnison. Pour reparaître en campagne, il fallait que le prince de Condé refît une nouvelle armée; il la composa de milices levées en Guyenne et dans le Languedoc, et quand il se crut en état d'aller chercher l'ennemi, il reprit le chemin du Roussillon. Les Espagnols étaient postés devant Salces; mais leurs lignes n'avaient pas encore été garnies de tous côtés, de sorte qu'on pouvait les attaquer avec avantage. Le prince voulut attendre un jour, afin d'avoir tout son monde et toutes ses munitions. Mais il survint un orage si violent et de tels torrents de pluie, qu'il fut impossible aux troupes de garder leurs rangs, et toute l'armée se mit à courir pour gagner les villages qui étaient à longue distance. Les milices, une fois dissipées, retournèrent chez elles, et le prince de Condé eut bien de la peine à en rassembler un petit nombre. Enfin, une attaque nouvelle fut tentée contre les lignes des Espagnols; mais les soldats, découragés, trouvant d'ailleurs l'ennemi fortifié puissamment, s'y portèrent sans ardeur et lâchèrent pied. Il fallut se retirer sans grande perte, mais avec peu d'espoir de revenir à la charge. La forteresse de Salces se défendit comme elle put, et quatre mois après se rendit par capitulation, faute de vivres; car les Espagnols, à qui elle appartenait, n'avaient aucun intérêt à la prendre par force.

Ce nouveau malheur, arrivé au même général agissant contre le même ennemi, aurait pu ruiner la réputation du prince de Condé; mais après cette défaite, il écrivait au ministre : « J'espère vous montrer clairement la fausseté des calomnies que l'on vous a dites, et que vous serez content de mes actions, de ma vie et de mes procédures, qui n'ont eu pour but qu'une diligence, affection et probité entière pour vous complaire. Je m'assure que vous n'en doutez pas, puisque vous savez que je n'ai au monde qu'un seul désir, qui est de mettre dans votre maison ce que j'ai de plus cher. »

Ce désir fut enfin satisfait : le mariage du duc d'Enghien et de Claire-Clémence de Maillé-Brézé fut célébré au Palais-Cardinal, où se donna le plus beau ballet dont on ait mémoire, composé de trente-six entrées, et ayant pour sujet la prospérité des armes de la France. Ce fut peu de jours avant cette cérémonie qu'on inaugura la grande salle de spectacle construite dans l'aile droite de cet hôtel, et qui avait coûté plusieurs années de travail avec une dépense énorme. Sur la scène magnifique qui venait d'être élevée à grands frais et avec tout le luxe d'illusion théâtrale que l'Italie pouvait fournir, parut la tragédie de *Mirame*, l'œuvre chérie du cardinal de Richelieu. La magnificence de la salle causa une vive admiration, qui augmenta encore lorsque, le rideau s'étant levé, on vit sur le théâtre de fort délicieux jardins ornés de grottes, de statues, de fontaines, de grands parterres en terrasse sur la mer, avec des agitations qui semblaient naturelles aux vagues de ce vaste élément, et deux grandes flottes, dont l'une paraissait éloignée de deux lieues, qui passèrent toutes deux à la vue des spectateurs. L'espace de temps où la règle classique enferme la durée de l'action fut habilement indiqué par la succession du crépuscule, de la nuit, de l'aurore et du jour, qui voila tour à tour et découvrit cette superbe décoration. Après la pièce jouée, une toile peinte en nuages s'abaissa sur le théâtre, un pont doré vint rouler jusqu'aux pieds de la reine et lui servit à passer sur la scène, maintenant convertie en un riche salon, où la reine « dansa un grand branle » avec les princes et les princesses.

Ainsi, Condé, dans la seconde partie de sa vie, avait grandement aidé le grand ministre dans son œuvre, maintenant accomplie. En effet, malgré quelques échecs, les protestants avaient été abattus par la prise de la Rochelle, où on était parvenu, disait Malherbe dans une de ses *Odes*, à

Donner le dernier coup à la dernière tête
De la rébellion.

L'entreprise semblait très-difficile, car le roi d'Angleterre

Charles Ier avait envoyé aux calvinistes français une flotte de quatre-vingt-dix voiles, commandée par le duc de Buckingham, et les généraux, les courtisans, « qui ne voulaient pas que les bons succès vinssent en poste, » montraient un mauvais vouloir qu'on retrouve jusque dans cette parole du brave et loyal Bassompierre : « Nous serons assez fous pour prendre la Rochelle. » Mais Richelieu, à la fois général, ingénieur et amiral, avait pourvu à tout. On l'avait vu, un Quinte-Curce à la main, se promener sur la digue trois fois renversée par les flots et trois fois reconstruite; il s'inspirait sans doute de la prise de Tyr par Alexandre.

Enfin, la paix d'Alais avait été signée, qui, tout en laissant aux protestants la liberté de conscience, leur ôtait leur administration politique et les empêchait de former un État dans l'État.

A l'intérieur, les grands avaient été abaissés. Chalais, complice de Gaston, le frère du roi, qui refusait d'épouser Mlle de Montpensier, avait été envoyé à l'échafaud.

L'année suivante, une terrible leçon avait été donnée à tous ces seigneurs qui ne croyaient pas que la loi fût faite pour eux. Le comte de Bouteville-Montmorency et le comte de la Chapelle avaient été exécutés en place de Grève pour s'être battus en duel contrairement aux édits (1627). Bouteville en était à sa vingt-deuxième affaire et il était revenu tout exprès des Pays-Bas pour se battre en plein jour au milieu de la place Royale, comme pour mieux braver le roi et ses édits. Au moins, cette fois, la rencontre était loyale. Il n'en était pas toujours ainsi, et bien de prétendus duels n'étaient que des assassinats, comme ce jour où le chevalier de Guise, rencontrant le vieux baron de Luz en carrosse, le força à mettre pied à terre et lui traversa la poitrine d'un coup d'épée pendant qu'il cherchait refuge dans une maison voisine. C'étaient ces exploits-là que Richelieu ne voulait plus. On comptait, en 1609, que dans les dix-huit dernières années 4,000 gentilshommes avaient péri en combat singulier.

C'était ensuite à la reine-mère qu'il avait fallu tenir tête. Voyant le ministre ne songer qu'aux grandes affaires de l'État, résister à ses volontés, à celles de son second fils, Gaston, qu'elle affectionnait, elle avait voulu perdre « cet ingrat serviteur », et, à force de prières et de larmes, elle avait arraché à son fils, alors malade, une promesse de disgrâce. Déjà la cour encombrait au Luxembourg les antichambres de la reine-mère. Un honnête homme, nouveau favori de Louis XIII, Saint-Simon, le père du célèbre historien, montra au roi un précipice dans l'humeur de sa mère et dans le nombre de gens qui, par elle, prétendaient tous gouverner. Averti par Saint-Simon, le cardinal accourut à Versailles. « Continuez à me servir comme vous avez fait, lui dit Louis XIII, et je vous maintiendrai contre tous ceux qui ont juré votre perte. » Ce fut un coup de théâtre; mais la *journée des dupes* se termina comme le complot de Chalais, par la mort des conjurés.

« C'est une chose bien étrange, disait Marillac, maréchal de France, qu'on me poursuive comme on fait; il ne s'agit dans mon procès que de foin, de paille, de bois, de pierre et de chaux ; il n'y a pas de quoi fouetter un laquais. » Il n'en fut pas moins condamné pour ses déprédations et exécuté.

La dernière conspiration avait été celle de Cinq-Mars. Ce fils du marquis d'Effiat avait été placé par Richelieu auprès de Louis XIII pour l'amuser, le distraire et le surveiller. Devenu bientôt favori nécessaire, il fut élevé à la dignité de grand écuyer et rêva la fortune du connétable de Luynes, qui avait commencé comme lui ; il se flatta de renverser le cardinal avec l'appui de la noblesse et peut-être avec la complicité du roi, qui paraissait fatigué de son ministre ; mais il se perdit en signant un traité d'alliance avec les Espagnols ; et avec lui périt son ami, le jeune et malheureux de Thou, coupable de n'avoir pas dénoncé un complot qu'il désapprouvait.

A l'extérieur, dans la guerre de Trente ans, la maison d'Autriche avait été affaiblie dans ses deux branches : la branche espagnole et la branche autrichienne. Il est, en effet, curieux de voir dans quels termes de dévouement à la cause de l'émancipation européenne Richelieu lui-même parle de son intervention dans les affaires d'Italie, de l'Allemagne et des Pays-Bas. A chaque événement militaire ou diplomatique, il s'agit d'affranchir un prince ou un peuple de l'oppression des Espagnols, de la tyrannie de la maison d'Autriche, de la terreur causée par l'avidité insatiable de cette maison ennemie du repos de la chrétienté, d'arrêter ses usurpations, de lui faire rendre ce qu'elle a usurpé en Suisse ou en Italie, de garantir toute l'Italie de son injuste oppression, de veiller au salut de toute l'Italie, de sauver et d'assurer contre l'Autriche les droits des princes de l'Empire.

Voiture, dans une de ses *Lettres*, se place, pour le juger encore vivant, au point de vue de la postérité. « Lorsque, dans deux cents ans, ceux qui viendront après nous liront en notre histoire ce qu'a fait le cardinal de Richelieu, s'ils ont quelque goutte de sang français dans les veines et quelque amour pour la gloire de leur pays, pourront-ils lire ces choses sans s'affectionner à lui? Et, à votre avis, l'aimeront-ils ou l'estimeront-ils moins à cause que, de son temps, les rentes sur l'hôtel de ville se seront payées un peu plus tard, et qu'on aura mis quelques nouveaux officiers dans la chambre des comptes? Toutes les grandes choses coûtent beaucoup. »

L'orageuse année de 1642 avait fini pour le grand ministre dans une immense splendeur. La France reprenait, à la tête des nations, la préséance qu'elle avait eue lorsqu'elle guidait aux croisades l'Europe du moyen âge.

Mais, dit un historien, cette grande symphonie de victoire retentissait autour d'un lit funèbre. Tous ces étendards conquis s'inclinaient sur le front d'un mourant. Les succès de la politique française avaient rappelé pour quelques mois chez Richelieu la vie qui s'enfuyait; l'organisme épuisé avait toutefois continué de se dissoudre lentement; la guérison des hémorrhoïdes et des abcès au bras qui tourmentaient le cardinal accéléra sa fin, le mal se rejeta sur la poitrine. Le 28 novembre au soir, Richelieu, qui était revenu de Ruel au palais du cardinal, fut pris d'une fièvre ardente avec point de côté et crachement de sang ; quatre saignées ne purent abattre la fièvre. Le 2 décembre, on fit des prières publiques dans toutes les églises de Paris pour le malade, et le roi vint de Saint-Germain pour le voir. Richelieu parla à Louis en homme résigné à la mort, le pria de protéger ses parents en souvenir de ses services, lui recommanda les ministres de Noyers et Chavigny, et surtout Mazarin, qu'il lui représenta, dit-on, comme le personnage le plus capable de remplir sa place, et lui remit une déclaration qu'il venait de faire dresser contre le duc d'Orléans, afin d'exclure ce prince de tout droit à la régence et à l'administration du royaume, en cas de mort du roi. C'était le dernier service que Richelieu rendait à la France. Louis promit tout.

Après la visite du roi, le cardinal, se sentant plus mal, demanda aux médecins combien de temps il pouvait vivre encore. Ceux-ci, voulant flatter le maître jusqu'au bord de la tombe, répondirent qu'il n'y avait rien de désespéré ; « que Dieu, qui le voyait si nécessaire au bien de la France, ferait quelque coup de sa main pour le lui conserver. » Le cardinal secoua la tête, et, rappelant un des médecins du roi : « Parlez-moi, lui dit-il, à cœur ouvert, non en médecin, mais en ami. — Monseigneur, dans vingt-quatre heures, vous serez mort ou guéri. — C'est parler, cela ! dit Richelieu ; je vous entends ! » Et il envoya chercher le curé de Saint-Eustache, sa paroisse. « Voilà mon juge, dit-il quand on lui présenta l'hostie consacrée, mon juge qui prononcera bientôt ma sentence ; je le prie de me condamner, si, dans mon ministère, je me suis proposé autre chose que le bien de la religion et de l'État. — Pardonnez-vous à vos ennemis? demanda le curé. — Je n'en ai jamais eu d'autres que ceux de l'État. »

La plupart des assistants contemplaient le mourant avec admiration, quelques-uns avec effroi. « Voilà, disait tout bas l'évêque de Lisieux, Cospéan, une assurance qui m'épouvante! » C'est qu'apparemment ces grands envoyés de la Providence sentent qu'ils seront jugés sur des principes que ne sauraient comprendre les âmes vulgaires.

Sans doute, Richelieu se répétait à lui-même, pour affermir sa conscience, les maximes de ces deux testaments latins qui contiennent sa pensée suprême : son testament officiel, dans lequel il distribue ses dignités et ses richesses, ne concerne que sa famille; les deux autres s'adressent à la postérité. « J'ai été sévère pour quelques-uns, disait-il, afin d'être bon pour tous.... C'est la justice que j'ai aimée, et non la vengeance. » En était-il bien sûr? « J'ai voulu rendre à la Gaule les limites que la nature lui a destinées..., identifier la Gaule avec la France, et, partout où fut l'ancienne Gaule, y restaurer la nouvelle. »

Le 3 décembre, après midi, le roi vint voir le cardinal une dernière fois. Les médecins, n'espérant plus rien, avaient abandonné le malade à des empiriques, qui lui procurèrent un peu de soulagement; mais la faiblesse croissait. Dans la matinée du 4, sentant les approches de la mort, il fit retirer sa nièce, la duchesse d'Aiguillon, « la personne qu'il avait le plus aimée, » suivant ses propres paroles. Ce fut le seul moment, non point de faiblesse, mais d'attendrissement, qu'il eut; son inébranlable fermeté ne s'était pas démentie pendant ses longues souffrances. Toute l'assistance, ministres, généraux, parents et domestiques, fondait en larmes; car cet homme terrible était, de l'aveu des contemporains qui lui sont le moins favorables, « le meilleur maître, parent et ami qui ait jamais été. » Vers midi, il poussa un profond soupir, puis un plus faible, puis son corps s'affaissa et resta immobile : sa grande âme était partie!

Il avait vécu cinquante-sept ans et trois mois.

Avoir raconté le ministère de Richelieu, c'est avoir fait l'histoire du règne de Louis XIII. Mettant sa personne et son royaume sous la protection spéciale de la vierge Marie, il résumait lui-même, pour ainsi dire, ce qu'il avait accompli ou ce qu'il avait vu et laissé accomplir.

Le roi s'y exprimait ainsi : « Dieu, qui élève les rois au trône de leur grandeur, non content de nous avoir donné l'esprit qu'il départ à tous les princes de la terre pour la conduite de leurs peuples, a voulu prendre un soin si spécial et de notre personne et de notre État, que nous ne pouvons considérer le bonheur du cours de notre règne sans y voir autant d'effets merveilleux de sa bonté, que d'accidents qui pouvaient nous perdre. Lorsque nous sommes entré au gouvernement de cette couronne, la faiblesse de notre âge donna sujet à quelques mauvais esprits d'en troubler la tranquillité ; mais cette main divine soutint avec tant de force la justice de notre cause, que l'on vit en même temps la naissance et la fin de ces pernicieux desseins. En divers autres temps, l'artifice des hommes et la malice du diable ayant suscité et fomenté des divisions, non moins dangereuses pour notre couronne que préjudiciables au repos de notre maison, il lui a plu en détourner le mal avec autant de douceur que de justice. La rébellion de l'hérésie ayant aussi formé un parti dans l'État, qui n'avait autre but que de partager notre autorité, il s'est servi de nous pour en abattre l'orgueil, et a permis que nous ayons relevé ses saints autels en tous les lieux où la violence de cet injuste parti en avait ôté les marques. Si nous avons entrepris la protection de nos alliés, il a donné des succès si heureux à nos armes, qu'à la vue de toute l'Europe, contre l'espérance de tout le monde, nous les avons rétablis en la possession de leurs États, dont ils avaient été dépouillés. Si les plus grandes forces des ennemis de cette couronne se sont ralliées pour conspirer sa ruine, il a confondu leurs ambitieux desseins, pour faire voir à toutes les nations que, comme sa providence a fondé cet État, sa bonté le conserve et sa puissance le défend. Tant de grâces si évidentes font que, pour n'en différer pas la reconnaissance, sans attendre la paix, qui nous viendra sans doute de la même main dont nous les avons reçues, et que nous désirons avec ardeur pour en faire sentir les fruits aux peuples qui nous sont commis, nous avons cru être obligé, nous prosternant aux pieds de Sa Majesté divine que nous adorons en trois personnes, à ceux de la sainte Vierge et de la sacrée croix, où nous révérons l'accomplissement des mystères de notre rédemption par la vie et la mort du Fils de Dieu en notre chair, de nous consacrer à la grandeur de Dieu par son fils rabaissé jusqu'à nous, et à ce fils par sa mère élevée jusqu'à lui, en la protection de laquelle nous mettons particulièrement notre personne, notre État, notre couronne et tous nos sujets, pour obtenir par ce moyen celle de la sainte Trinité par son intercession, et toute la cour céleste par son autorité et exemple. Nos mains n'étant pas assez pures pour présenter nos offrandes à la pureté même, nous croyons que celles qui ont été dignes de les porter les rendront hosties agréables, et c'est chose bien raisonnable qu'ayant été médiatrice de ses bienfaits, elle le soit de nos actions de grâces.

« A ces causes, nous avons déclaré et déclarons que, prenant la très-sainte et très-glorieuse Vierge pour protectrice spéciale de notre royaume, nous lui consacrons particulièrement notre personne, notre État, notre couronne et nos sujets, la suppliant de nous vouloir inspirer une sainte conduite, et défendre avec tant de soin ce royaume contre l'effort de tous ses ennemis, que, soit qu'il souffre le fléau de la guerre, ou jouisse de la douceur de la paix, que nous demandons à Dieu de tout notre cœur, il ne sorte point des voies de la grâce qui conduisent à celle de la gloire. Et, afin que la postérité ne puisse manquer à suivre nos volontés en ce sujet, pour monument et marque immortelle de la consécration présente que nous faisons, nous ferons construire de nouveau le grand autel de l'église cathédrale de Paris, avec une image de la Vierge qui tienne entre ses bras celle de son précieux fils descendu de la croix, et où nous serons représenté aux pieds du fils et de la mère, comme leur offrant notre couronne et notre sceptre. Nous admonestons le sieur archevêque de Paris et néanmoins lui enjoignons que tous les ans, le jour et la fête de l'Assomption, il fasse faire commémoration de notre déclaration à la grand'messe qui se dira en son église cathédrale, et qu'après les vêpres dudit jour il soit fait une procession en ladite église, à laquelle assisteront toutes les compagnies souveraines et le corps de la ville, avec pareille cérémonie que celle qui s'observe aux processions générales les plus solennelles; ce que nous voulons aussi être fait en toutes les églises, tant parochiales que celles des monastères de ladite ville et faubourgs, et en toutes les villes, bourgs et villages dudit diocèse de Paris. Exhortons pareillement tous les archevêques et évêques de notre royaume et néanmoins leur enjoignons de faire célébrer la même solennité en leurs églises épiscopales et autres églises de leurs diocèses; entendons qu'à ladite cérémonie les cours du parlement et autres compagnies souveraines, et les principaux officiers des villes, y soient présents; et, d'autant qu'il y a plusieurs églises épiscopales qui ne soient pas dédiées à la Vierge, nous exhortons lesdits archevêques et évêques, en ce cas, de lui dédier la principale chapelle desdites églises, pour y être faite ladite cérémonie, et d'y élever un autel avec un ornement convenable à une action si célèbre, et d'admonester tous nos peuples d'avoir une dévotion particulière à la Vierge, d'implorer en ce jour sa protection, afin que, sous une si puissante patronne, notre royaume soit à couvert de toutes les entreprises de ses ennemis, qu'il jouisse longuement d'une bonne paix, que Dieu y soit servi et révéré si saintement, que nous et nos sujets puissions arriver heureusement à la dernière fin pour laquelle nous avons tous été créés ; car tel est notre plaisir. »

Cependant, le 19 avril 1643, le roi Louis XIII, qui depuis seize jours ne s'était pas habillé, quoiqu'il se fût levé quelquefois, sentit défaillir ce qui lui restait de forces ; il interrogea son premier médecin, qu'il obligea presque à lui déclarer sa mort prochaine, se fit faire de pieuses lectures, ordonna qu'on ouvrît les croisées de sa chambre, d'où on apercevait au loin l'abbaye de Saint-Denis, pour contempler, disait-il, sa dernière demeure, et s'endormit paisiblement. Le lendemain vers deux heures, sa chambre était pleine d'une foule nombreuse qu'il y avait convoquée. La reine s'y trouvait avec ses enfants. Le duc d'Orléans, le prince de Condé, les ducs et pairs, les maréchaux de France, les principaux officiers de la couronne, le chancelier, les ministres y étaient réunis. Le roi était couché dans son lit, les rideaux levés ; la reine assise dans une chaise à ses pieds, tous les autres debout. Il prononça d'un ton grave et d'une voix élevée quelques paroles, et le secrétaire d'État de la Vrillière donna lecture de sa déclaration pour la régence et l'administration du royaume après sa mort. Les premières lignes reproduisaient presque textuellement le préambule de son vœu à la Vierge. Après cette énumération des bienfaits du ciel, qu'était venue compléter la naissance de deux enfants, « lorsqu'il l'espérait le moins », il parlait de ses infirmités, qu'il ne croyait pas sans remède, « dont même toutes les apparences lui promettaient une entière guérison, » mais qui l'avertissaient pourtant de penser à tout ce qui serait nécessaire pour conserver le repos et la tranquillité de son État, s'il venait à lui manquer. « Dieu, disait-il, désirait de lui ce dernier acte de prudence qui donnerait la perfection à tous les autres, s'il y apportait un tel ordre que, dans le bas âge de son successeur, le gouvernement fût soutenu avec la force et la vigueur si nécessaires pour maintenir l'autorité royale. » Il ne pouvait opposer une plus grande force à ses ennemis, pour les obliger à un traité de paix, que de faire un établissement qui ralliât et réunît toute la maison royale, pour conspirer avec un même esprit à maintenir l'état de sa couronne.

L'union avec ses alliés serait affermie, quand ils sauraient qu'elle serait conduite par les mêmes maximes qui avaient jusqu'ici maintenu si glorieusement sa grandeur. C'était la plus grande preuve d'affection qu'il pouvait donner à ses peuples que de porter sa pensée sur l'avenir avec l'image de sa fin et perte, puisqu'il ne devait avoir nulle part en la félicité de cet autre règne. Or, il croyait pour cela ne pouvoir faire mieux que de suivre l'exemple de ses prédécesseurs, qui, en pareil cas, avaient déposé la régence du royaume, l'instruction et l'éducation des rois mineurs à leurs mères, comme plus intéressées que nul autre en la conservation de leurs personnes et de leur couronne.

Advenant le décès du roi avant que le Dauphin fût entré en sa quatorzième année, ou celui-ci venant à mourir avant la majorité de son frère, la reine leur mère devait être régente en France, avoir l'éducation et l'instruction de ses enfants avec l'administration et le gouvernement du royaume tant que durerait la minorité de celui qui serait roi; elle pouvait même, si elle prévoyait à son tour qu'elle dût mourir avant leur majorité, se donner un successeur en cette fonction; mais tout cela avec l'avis d'un conseil qui allait être établi. Le duc d'Orléans était nommé lieutenant général du roi mineur, sous l'autorité de la régente et de ce conseil, étant dérogé « pour ce regard » à la déclaration qui le privait de toute administration dans l'État; mais s'il contrevenait en quelque façon à l'établissement réglé par le roi, il perdait aussitôt cette charge. Un conseil était établi « près de la reine pour la régence, par les avis duquel, et sous son autorité, les grandes et importantes affaires de l'État seraient résolues suivant la pluralité des voix. Il se composait du prince de Condé, du cardinal Mazarin, du chancelier, du surintendant Bouthillier et du secrétaire d'État de Chavigny, « avec défense d'y apporter aucun changement en l'augmentant ou diminuant, pour quelque cause et occasion que ce fut. »

Alors le roi prit l'acte des mains du secrétaire d'État et le signa, en ayant soin d'y ajouter ces mots : « Ce que dessus est ma très-expresse et dernière volonté que je veux être exécutée. » Il voulut ensuite s'acquitter d'un autre devoir qu'il regrettait sans doute de n'avoir pas plus tôt rempli. Il désigna le cardinal Mazarin pour présenter le Dauphin au baptême avec la princesse de Condé. On dit que lorsqu'après la cérémonie on ramena l'enfant à son père, celui-ci lui demanda comment il s'appelait maintenant. « Je m'appelle Louis XIV, répondit l'héritier présomptif. — Pas encore, » repartit doucement le roi.

Depuis qu'il se sentait perdu, Louis montrait une douceur, une résignation et même une sérénité singulières. « Je ne crois pas, dit le protestant Grotius, qu'on puisse trouver jamais non-seulement un roi, mais un chrétien qui se dispose à la mort avec plus de piété. » Il regrettait peu la vie, qui, selon ses propres paroles, n'avait rien qui lui semblât aimable; il ne songeait plus qu'à finir chrétiennement; il avait exprimé son regret de ses rigueurs envers sa mère, et son désir de donner la paix à ses peuples; il parlait de pardonner et de demander pardon à ceux qu'il avait maltraités; il envoya de tous côtés des lettres d'abolition et d'amnistie. On vit revenir en foule à la cour ces grands qu'avait frappés ou la justice ou la défiance du gouvernement passé; les Vendome, les d'Elbeuf, les Bassompierre, les Vitry, les Guises enfin. Si le roi pardonnait, eux ne pardonnaient pas. Ils arrivaient insultant aux soutiens du feu cardinal, et réclamant bruyamment les charges et les honneurs dont on les avait dépouillés au profit des partisans de Richelieu. Le 25 avril, le roi ayant reçu l'extrême-onction, tout le monde crut qu'il allait passer. Peu s'en fallut que les partis ne se chargeassent autour de son lit de douleur; une querelle s'étant élevée entre le duc de Vendôme et le maréchal de la Meilleraie, à l'occasion du gouvernement de Bretagne, que le duc César revendiquait au bout de dix-sept ans, la cour s'était partagée en deux camps; le prince de Condé soutenait la Meilleraie, et le tumulte, augmenté par un malentendu, fut tel au château, que la reine effrayée mit ses enfants sous la protection du fils aîné de Vendôme, du duc de Beaufort, jeune écervelé qui compromit Anne à force d'étaler son dévouement pour elle et la faveur qu'elle lui accordait. Heureusement la régence ne s'ouvrit pas sous de tels auspices; le roi languit quelque temps encore, au grand déplaisir de ceux-là même sur lesquels venait de s'exercer sa clémence, et qui s'entassaient chaque jour dans sa ruelle, épiant d'un œil curieux les progrès de sa longue agonie. Sa mansuétude se démentit un instant à la vue de leur impatience. « Ces gens-ci, dit-il à un de ses confidents, viennent voir si je mourrai bientôt. Si j'en puis revenir, je leur ferai payer cher le désir qu'ils ont que je meure. »

Les sentiments guerriers se réveillaient en même temps que les pensées de rigueur, et eurent chez lui une dernière manifestation vraiment singulière et mémorable. Le 10 mai, il rêva que le jeune duc d'Enghien, parti récemment pour aller prendre le commandement en chef de l'armée du Nord, remportait une victoire sanglante, opiniâtrément disputée, mais décisive. L'opinion des anciens sur le don de prophétie accordé aux mourants fut cette fois confirmée par le fait; mais Louis ne vit pas la réalisation de son rêve : la bataille de Rocroy fut livrée le 19 mai; il mourut le 14, trente-trois ans, jour pour jour, après l'assassinat de Henri IV. Il n'avait pas vécu quarante-deux ans.

Richelieu fut obéi après sa mort comme il l'avait été pendant sa vie, et Mazarin, qu'il avait désigné comme son successeur, lui succéda en effet et commença alors son ministère de dix-huit ans (1643-1661). Louis XIII, au contraire, ne le fut pas. A sa mort, de même qu'à celle de Henri IV, le parlement supprima le conseil de régence pour donner le gouvernement à la reine-mère Anne d'Autriche, qui prit elle-même pour ministre Mazarin. Heureusement celui-ci fut, malgré sa souplesse italienne, le ferme continuateur de la politique de Richelieu.

Parmi ceux qui le secondèrent, nul ne mérite une plus grande place que ce jeune duc d'Enghien dont Louis XIII rêvait déjà les victoires. Sa vie se partage en trois parties bien distinctes. Dans la première, de 1621 à 1649, il fut dévoué à la reine et à Mazarin autant que son père l'avait été à Richelieu.

La Maison de Condé. Ch. IV.

VUE DU CHATEAU DE CHANTILLY.

CHAPITRE IV.

Louis II de Bourbon, dit le grand Condé (1621-1686), et sa sœur Mme de Longueville.

Régence d'Anne d'Autriche. — Mazarin, la Fronde, Louis XIV. — Condé à Chantilly et Mme de Longueville aux Carmélites. — Reflet du grand Condé dans Corneille. — Sa Mort dans Bossuet. — L'Oraison funèbre d'accord avec l'Histoire.

Louis II de Bourbon, prince de Condé, était né en 1621 et il fut élevé par son père, dit un de ses derniers historiens, avec une mâle tendresse.

Monsieur le prince ne donna pas de gouverneur à son fils; il voulut diriger lui-même son éducation, en se faisant aider par deux hommes d'élite, l'un pour les exercices du corps, l'autre pour ceux de l'esprit. Le jeune duc fit ses études chez les jésuites de Bourges avec le plus grand succès, il y soutint avec un certain éclat des thèses de philosophie. Il apprit le droit sous le célèbre docteur Edmond Mérille. Il étudia l'histoire et les mathématiques, sans négliger l'italien, la danse, la paume, le cheval et la chasse. De retour à Paris, il revit sa sœur, et fut charmé de ses grâces et de son esprit; il se lia avec elle de la plus tendre amitié, qui plus tard essuya bien quelques éclipses, mais résista à toutes les épreuves, et, après l'âge des passions, devint aussi solide que d'abord elle avait été vive. A l'hôtel de Condé, le duc d'Enghien se forma, dans la compagnie de sa sœur et de sa mère, à la politesse, aux belles manières, à la galanterie.

Son père le mit à l'académie sous un maître renommé, auquel il donna une absolue autorité sur son fils. Louis de Bourbon y fut traité aussi durement qu'un simple gentilhomme. Il eut à l'académie les mêmes succès qu'au collége, d'où il était sorti le plus capable de tous ceux qui y étaient avec lui. Laissons parler Lenet, véridique témoin de tout ce qu'il raconte :

« L'on n'avoit point encore vu de prince du sang eslevé et instruit de cette manière vulgaire; aussi n'en a-t-on pas vu qui ait, en si peu de temps et dans une si grande jeunesse, acquis tant de savoir, tant de lumière et tant d'adresse en toutes sortes d'exercices. Le prince son père, habile et esclairé en toute chose, crut qu'il seroit moins diverti de cette occupation, si nescessaire à un homme de sa naissance, dans l'académie que dans l'hostel; il crut encore que les seigneurs et les gentilshommes qui y estoient et qui y entreroient pour avoir l'honneur d'y estre avec lui seroient autant de serviteurs et d'amis qui s'attacheroient à sa personne et à sa fortune. Tous les jours destinés au travail, rien n'estoit capable de l'en divertir. Toute la cour alloit admirer son air et sa bonne grâce à bien manier un cheval, à courre la bague, à danser et à faire des armes. Le roy même se faisoit rendre compte de temps en temps de sa conduite, et loua souvent le profond jugement du prince son père en toute chose, et particulièrement en l'éducation du duc son fils, et disoit à tout le monde qu'il vouloit l'imiter en cela, et faire instruire et eslever monsieur le dauphin de la mesme manière.

« Après que le jeune duc eut demeuré dans cette escole de vertu le temps nécessaire pour s'y perfectionner, comme il fit, il en sortit, et, après avoir esté quelques mois à la cour et parmi les dames, où il fit d'abord voir cet air noble et galant qui le faisoit aymer de tout le monde; le prince son père fit trouver bon au roy et au cardinal de Richelieu, ce puissant, habile et autorisé ministre, qui tenoit pour lors le timon de l'Estat, de l'envoyer dans son gouvernement de Bourgogne avec des lettres-patentes pour y commander en son absence. Les troupes traversoient souvent la Bourgogne, et souvent elles y prenoient leur quartier d'hyver. Là, le jeune prince commença d'apprendre la manière de les bien establir et de les bien régler, c'est-à-dire à faire subsister des troupes sans ruiner les lieux où elles séjournaient. Il apprit à donner des routes et des lieux d'assemblée, à faire vivre les gens de guerre avec ordre et discipline. Il recevoit les plaintes de tout le monde et leur faisoit justice. Il trouva une manière de contenter les soldats et les peuples; il recevoit souvent des ordres du roy et des lettres des ministres; il estoit ponctuel à y respondre, et la cour, comme la province, voyoit avec estonnement son application dans les affaires. Il entroit au parlement quand quelques sujets importants y rendoient sa présence nescessaire ou quand la plaidoirie de quelque belle cause y attiroit sa curiosité. L'intendant de la justice n'expédioit rien sans lui en rendre compte; il commençoit dès lors, quelque confiance qu'il eust en ses secrétaires, de ne signer ni ordres ni lettres qu'il ne les eust commandés auparavant, et sans les avoir lus d'un bout à l'autre... Ces occupations grandes et sérieuses n'empeschoient pas ses divertissements, et ses plaisirs n'estoient pas un obstacle à ses études. Il trouvoit des jours et des heures pour toutes choses; il alloit à la chasse; il tiroit des mieux en volant; il donnoit le bal aux dames; il alloit manger chez ses serviteurs; il dansoit des ballets; il continuoit d'apprendre des langues, de lire l'histoire; il s'appliquoit aux mathématiques, et surtout à la géométrie et aux fortifications. Il traça et esleva un fort de quatre bastions à une lieue de Dijon, dans la plaine de Blaye, et l'empressement qu'il eut de le voir achever et en estat de l'attaquer et de le deffendre, comme il fit plusieurs fois avec tous les jeunes seigneurs et gentilshommes qui se rendoient assidus auprès de luy, estoit tel, qu'il s'y faisoit apporter son couvert et y prenoit la pluspart de ses repas. »

Ainsi préparé, le duc d'Enghien alla, pendant l'été de

1640, servir, en qualité de volontaire, dans l'armée du maréchal de la Meilleraie. Celui-ci voulait prendre ses ordres et avoir l'air au moins de dépendre de lui. Le jeune duc s'y refusa opiniâtrément, disant qu'il était venu pour apprendre son métier, et qu'il voulait faire toutes les fonctions d'un volontaire, sans qu'on eût égard à son rang. Dans une des premières affaires, la Ferté-Senneterre fut blessé et eut son cheval tué d'un coup de canon. Le duc d'Enghien était si près de lui, que le sang du cheval lui couvrit le visage. Au siége d'Arras, on le vit partout à la tête des volontaires. Il se trouva à toutes les sorties que firent les assiégés ; il quittait très-peu la tranchée; il y couchait souvent et s'y faisait apporter à manger. Il y eut trois combats pendant ce siége. Le jeune duc se distingua dans tous. « Le grand cœur qu'il montra en toutes ces occasions, dit Lenet, la manière obligeante dont il traitoit tout le monde, la libéralité avec laquelle il assistoit ceux de ses amis qui en avoient besoin, les officiers et les soldats blessés, le secret qu'il gardoit en leur faisant du bien, firent augurer aux clairvoyants qu'il seroit un jour un des plus grands capitaines du monde. »

C'est dans l'hiver de 1641 qu'on lui fit épouser Mlle de Brézé, nièce de Richelieu. Il en tomba malade et fut même en danger, quand tout à coup se répandit le bruit que la campagne allait s'ouvrir et que l'armée du maréchal de la Meilleraie marchait en Flandre pour s'emparer de la place forte d'Aire. Il apprend cette nouvelle, convalescent et dans une si grande faiblesse, qu'à peine pouvait-il quitter le lit.

« Il part en cet estat, dit Lenet, sans que les prières de sa famille ny le commandement du roy mesme le pussent déterminer à rester. Il apprit dans sa marche, estant à Abbeville, que le cardinal infant approchoit de la place assiégée pour en attaquer les lignes ; il quitta son carrosse, monta à cheval à l'heure mesme avec le duc de Nemours, son ami intime, et qui estoit un prince beau, plein d'esprit et de courage, que la mort lui ravict bientost après. Il passa la nuit par Hesdin, si près des ennemis, qu'on peut quasi dire qu'il traversa leur armée, et arriva heureusement dans le camp, qui le reçut avec un applaudissement et une joie qu'il seroit difficile d'exprimer. Cette fatigue, qui devoit faire craindre une rechute à un convalescent faible et exténué, lui redonna de nouvelles forces, et on le vit dès lors s'exposer à tous les périls de la guerre ; il couchoit souvent dans la tranchée ; il y mangeoit, et il n'y avoit ni travail, tout advancé qu'il peust estre, où on ne le vist aller comme un simple soldat... Au siége de Bapaume, le duc voulut finir la campagne comme il l'avoit commencée, c'est-à-dire se trouvant partout, et essuyant tous les hasards et tous les périls de la tranchée et des travaux avancés. Il ne fut pas possible de lui faire quitter l'armée tant qu'il crut qu'il y avoit quelque chose de considérable à entreprendre. »

Quelque temps après, il suivit le cardinal de Richelieu et le roi au siége de Perpignan. Il y fut blessé et se couvrit de gloire, en sorte qu'il n'y eut pas le moindre étonnement lorsqu'en 1643, après la mort de Richelieu, Louis XIII, près de mourir aussi, en même temps qu'il établissait le prince de Condé chef du conseil, nommait le duc d'Enghien généralissime de la principale armée française destinée à défendre la frontière de Flandre, menacée par une puissante armée espagnole. Le duc d'Enghien n'avait pas vingt-deux ans. Un mois après, il gagnait la bataille de Rocroy, en attendant celles de Nordlingen et de Lens.

Mais à côté de lui vivait sa sœur, plus tard Mme de Longueville et alors Mlle de Bourbon. Sa vie se rattache de trop près à celle de son frère pour que nous n'en parlions pas.

Anne-Geneviève de Bourbon était née le 28 août 1619 dans le donjon de Vincennes. Le duc d'Enghien, dit son biographe, voyant cette sœur, qu'il adorait et dont il connaissait l'esprit, occupée d'enrichir et d'embellir le couvent des Carmélites, où on le menait quelquefois, se piqua d'honneur et voulut aussi faire son cadeau. Relevant d'une assez grande maladie, pour le divertir dans sa convalescence, on avait fait venir dans sa chambre et on lui montrait les curiosités du jour, parmi lesquelles se trouvait un reliquaire qui était quelque chose d'admirable pour l'art et pour la richesse. Le duc d'Enghien demanda à qui était ce chef-d'œuvre. L'orfévre répondit que c'était aux Carmélites de la rue Saint-Jacques; mais que, n'étant pas en état d'en payer la façon, elles l'avaient laissé entre ses mains. Le jeune duc s'écria qu'il voulait que les Carmélites eussent ce beau reliquaire, et il trouva, pour y réussir, un très-bon moyen. Il prit une bourse en main, et, vantant la curiosité qu'il tenait cachée, il refusait de la montrer à ceux qui venaient le visiter, à moins qu'on ne mît dans sa bourse quelques pièces d'or ou d'argent, et il parvint de la sorte à se procurer la somme demandée, qui était de 2,000 louis.

Vers 1635 ou 1636, le frère et la sœur faisaient leur entrée à l'hôtel de Rambouillet. Ils n'y arrivaient pas sans préparation. L'hôtel de Condé était aussi le rendez-vous de la meilleure compagnie. Il était, dit un contemporain, magnifiquement bâti, et la princesse en faisait les honneurs avec une dignité presque royale, tempérée par la grâce et l'esprit. Lenet nous apprend, d'ailleurs, que madame la princesse avait pris grand soin de former ses enfants aux belles manières. « Marguerite de Montmorency, qui avoit été la beauté, la bonne grâce et la majesté de son siècle, et qui l'a été proportionnément à son âge jusques à sa mort, avoit toujours un cercle de dames les plus qualifiées et les plus spirituelles de la cour. Là se trouvoit tout ce qu'il y avoit de plus galant, de plus honneste et de plus relevé par la naissance et par le mérite. Le jeune prince commença à s'y plaire ; il s'y rendit autant assidu qu'il pût, et y prit les premières teintures de cette honneste et galante civilité qu'il a toujours eue. » On conçoit donc comment les deux jeunes gens furent reçus à l'hôtel de Rambouillet. Ils y jetèrent d'abord le plus grand éclat.

Mlle de Bourbon était toute faite pour devenir une écolière accomplie de cette école de beau langage et de belles manières. Son frère, le duc d'Enghien, avait sa hauteur, mais non sa délicatesse. Malgré tous les efforts de sa mère et l'exemple de sa sœur, le ton dégagé de l'homme de guerre domina toujours en lui. Sans être beau, il était bien fait; et quand il était paré, il avait très-bon air. Ses yeux ardents, son nez fortement aquilin, quelques dents un peu trop avancées, des cheveux abondants et presque toujours en désordre lui donnaient un air d'aigle, lorsqu'il s'animait.

Représentez-vous ces deux jeunes gens à l'hôtel de Rambouillet, continue l'historien de la jeunesse de Mme de Longueville. Condé s'y amusait beaucoup et riait très-volontiers avec Voiture et les beaux esprits à sa suite; mais son homme était particulièrement Corneille. Celui-ci, qui était pauvre, s'est plaint à Segrais, Normand comme lui, que le prince de Condé, qui professait tant d'admiration pour ses ouvrages, ne lui ait jamais fait de grandes largesses. Segrais ne savait donc pas que jusqu'à la mort de son père (1646) le duc d'Enghien n'avait rien que sa gloire; qu'il n'aurait pas pu donner la moindre pension; et quelle pension, je vous prie, eût valu Condé assistant à la première représentation de *Cinna* et laissant éclater ses sanglots à ces incomparables vers :

Soyons amis, Cinna, c'est moi qui t'en convie.

Disons aussi, en passant, que ce même Condé, qui était admirateur enthousiaste de Corneille, devint l'ami de Bossuet et défendit toujours Molière. Il avait pu voir Bossuet, presque enfant, commencer sa carrière de prédicateur à l'hôtel de Rambouillet; il avait assisté, il avait pensé prendre part aux luttes brillantes de son doctorat; il est mort entre ses bras, et il a trouvé en lui l'historien, je ne dis pas seulement le plus éloquent, mais le plus exact, le peintre le plus fidèle de Rocroy, surtout le plus digne interprète de ce grand cœur immortel, foyer du bien et du beau en tout genre.

Quand Condé et sa sœur n'étaient pas à Paris, ils vivaient le plus souvent à Chantilly, délicieux séjour, d'après ce que nous en rapporte un des habitués, Sarrasin. « Les promenades étaient les plus agréables du monde; les soirées n'étaient pas moins divertissantes... On se retirait dans l'appartement de la princesse, où l'on jouait à divers jeux. Il y avait souvent de belles voix, et surtout des conversations agréables qui faisaient passer la vie avec autant de douceur qu'il était possible. Ces divertissements étaient souvent troublés par les mauvaises nouvelles qu'on apportait ou qu'on écrivait. C'était un plaisir très-grand de voir toutes ces jeunes dames tristes ou gaies, suivant les visites rares ou fréquentes qui leur venaient, et suivant la nature des lettres qu'elles recevaient; et comme on savait à peu près les affaires des unes et des autres, il était aisé d'y entrer assez avant pour s'en divertir. On voyait à tous moments arriver des visites ou des messages qui donnaient de grandes jalousies à celles qui n'en recevaient point, et des élégies qui ne divertissaient pas moins les indifférents que les intéressés. On faisait des bouts-rimés et des énigmes qui occupaient le temps aux heures perdues. On voyait les unes et les autres se promener au bord des étangs, dans les allées du jardin ou du parc, sur la terrasse ou sur la pelouse, seules ou en troupe, suivant l'humeur où elles étaient, pendant que d'autres chantaient un air et récitaient des vers, ou lisaient sur un balcon ou en se promenant, ou couchées sur l'herbe. Jamais on n'a vu un si beau lieu, dans une si belle saison, rempli de meilleure ni de plus agréable compagnie. »

Le duc d'Enghien n'y était jamais qu'entouré de jeunes gentilshommes galants et braves, qui plus tard combattirent avec lui à Rocroy, à Fribourg, à Dunkerque, à Lens, et qui alors partageaient ses plaisirs. C'étaient le duc de Nemours, tué si vite, et dont le frère, héritier de son titre, de sa beauté et de sa bravoure, périt aussi dans un duel affreux au milieu de la Fronde ; Coligny, mort également à la fleur de l'âge dans un duel d'un tout autre caractère ; son frère d'Andelot, depuis duc de Châtillon, un des héros de Lens, qui promettait un grand homme de guerre et qui périt à l'attaque de Charenton, dans la première Fronde ; Laval, le fils de la marquise de Sablé, beau, brave et spirituel, qui se distingua et fut tué au siége de Dunkerque ; la Moussaye, qui a écrit la meilleure relation de la bataille de Rocroy, où il se fit remarquer, mort tout jeune à Stenay en 1650 ; Chabot, qui épousa la belle et riche héritière des Rohans ; Pisani, le fils de la marquise de Rambouillet, mort aussi l'épée à la main : le marquis de Fors du Vigean, Nangis, Tavannes, Seneçay, tant d'autres parmi lesquels croissait le jeune Montmorency-Bouteville, depuis le duc maréchal de Luxembourg. Toute cette école de Condé était entièrement différente de celle de Turenne, à qui le duc d'Enghien souffla de bonne heure son génie et la partie divine de l'art, selon l'expression de Napoléon Ier, l'instinct de la guerre, le coup d'œil qui saisit le point stratégique d'une affaire, l'audace et l'opiniâtreté dans l'exécution : école admirable qui commence à Rocroy et d'où sont sortis douze maréchaux de France, sans compter tous ces lieutenants généraux qui, jusqu'au bout du siècle, ont soutenu l'honneur de la France. C'était là la jeunesse qui s'amusait à Chantilly ! C'est aussi alors que Condé crut pouvoir épouser Mlle du Vigean, à laquelle il adressa des vers si aimables, qui nous montrent à côté du guerrier le bel esprit, l'homme du monde, l'honnête homme, comme on disait alors.

Sur ces entrefaites, sa sœur, Mlle de Bourbon, venait d'être mariée à vingt-trois ans à un homme de quarante-sept, le duc de Longueville, mariage d'où devaient sortir tant de malheurs et de fautes, suivis heureusement d'un illustre repentir et d'une éclatante réparation (1642). Mais de graves événements allaient bientôt révéler Condé tout entier.

Il avait reçu en Flandre, avant tout le monde, par un courrier extraordinaire, la nouvelle de la mort du roi. Il craignit que cette nouvelle n'enflât le courage des Espagnols et ne diminuât celui des Français ; il prit donc la résolution de la cacher et de précipiter l'inévitable bataille où devaient se jouer les destinées de la patrie.

Laissons ici parler Bossuet :

« Ici, à l'âge de vingt-deux ans, le duc conçut un dessein où les vieillards expérimentés ne purent atteindre ; mais la victoire le justifia devant Rocroy. L'armée ennemie est plus forte, il est vrai ; elle est composée de ces vieilles bandes wallonnes, italiennes et espagnoles, qu'on n'avait pu rompre jusqu'alors. Mais pour combien fallait-il compter le courage qu'inspiraient à nos troupes le besoin pressant de l'État, les avantages passés, et un jeune prince du sang qui portait la victoire dans ses yeux? Don Francisco de Mellos l'attend de pied ferme; et, sans pouvoir reculer, les deux généraux et les deux armées semblent avoir voulu se renfermer dans des bois et dans des marais pour décider leur querelle, comme deux braves en champ clos. Alors, que ne vit-on pas? Le jeune prince parut un autre homme. Touché d'un si digne objet, sa grande âme se déclara tout entière; son courage croissait avec les périls, et ses lumières avec son ardeur. A la nuit qu'il fallut passer en présence des ennemis, comme un vigilant capitaine, il reposa le dernier : mais jamais il ne reposa plus paisiblement. A la veille d'un si grand jour, et dès la première bataille, il est tranquille, tant il se trouve dans son naturel ; et on sait que le lendemain, à l'heure marquée, il fallut réveiller d'un profond sommeil cet autre Alexandre. Le voyez-vous, comme il vole ou à la victoire ou à la mort? Aussitôt qu'il eut porté de rang en rang l'ardeur dont il était animé, on le vit presque en même temps pousser l'aile droite des ennemis, soutenir la nôtre ébranlée, rallier le Français à demi vaincu, mettre en fuite l'Espagnol victorieux, porter partout la terreur, et étonner de ses regards étincelants ceux qui échappaient à ses coups. Restait cette redoutable infanterie de l'armée d'Espagne, dont les gros bataillons serrés, semblables à autant de tours, mais à des tours qui sauraient réparer leurs brèches, demeuraient inébranlables au milieu de tout le reste en déroute, et lançaient des feux de toutes parts. Trois fois le jeune vainqueur s'efforça de rompre ces intrépides combattants, trois fois il fut repoussé par le valeureux comte de Fontaines, qu'on voyait porté dans sa chaise, et, malgré ses infirmités, montrer qu'une âme guerrière est maîtresse du corps qu'elle anime. Mais enfin il faut céder. C'est en vain qu'à travers des bois, avec sa cavalerie toute fraîche, Beck précipite sa marche pour tomber sur nos soldats épuisés : le prince l'a prévenu ; les bataillons enfoncés demandent quartier ; mais la victoire va devenir plus terrible pour le duc d'Enghien que le combat. Pendant qu'avec un air assuré il s'avance pour recevoir la parole de ces braves gens, ceux-ci, toujours en garde, craignent la surprise de quelque nouvelle attaque ; leur effroyable décharge met les nôtres en furie, on ne voit plus que carnage ; le sang enivre le soldat, jusqu'à ce que le grand prince, qui ne put voir égorger ces lions comme de timides brebis, calma les courages émus et joignit au plaisir de vaincre celui de pardonner. Quel fut alors l'étonnement de ces vieilles troupes et de leurs braves officiers, lorsqu'ils virent qu'il n'y avait plus de salut pour eux qu'entre les bras du vainqueur ! De quels yeux regardèrent-ils le jeune prince, dont la victoire avait relevé la haute contenance, à qui la clémence ajoutait de nouvelles grâces ? Qu'il eût encore volontiers sauvé la vie au brave comte de Fontaines ! Mais il se trouva par terre, parmi ces milliers de morts dont l'Espagne sent encore la perte. Elle ne savait pas que le prince qui lui fit perdre tant de ses vieux régiments à la journée de Rocroy, en devait achever les restes dans les plaines de Lens. Ainsi la première victoire fut le gage de beaucoup d'autres. Le prince fléchit le genou, et dans le champ de bataille il rend au Dieu des armées la gloire qu'il lui envoyait. Là, on célébra Rocroy délivré, les menaces d'un redoutable ennemi tournées à sa honte, la régence affermie, la France en repos, et un règne, qui devait être si beau, commença par un si heureux présage. L'armée commença l'action de grâces : toute la France suivit ; on y élevait jusqu'au ciel le coup d'essai du duc d'Enghien ; c'en serait assez pour illustrer une autre vie que la sienne ; mais pour lui, c'est le premier pas de sa course. »

Du reste, la maison de Condé avait besoin de l'éclat et de la force que lui renvoyait la victoire de Rocroy pour faire face à ses propres ennemis et tirer satisfaction de l'insulte qui venait de lui être faite dans la personne de Mme de Longueville.

Il était arrivé qu'on avait trouvé un jour sous les pas de la duchesse de Longueville deux lettres qui n'avaient pas de signature, mais qui étaient d'une écriture de femme et d'un style un peu équivoque. On se mit à les lire, on en fit mille plaisanteries, on en rechercha l'auteur. Mme de Montbazon chez qui avait lieu la soirée prétendit qu'elles étaient tombées de la poche de Maurice de Coligny, qui venait de sortir, et qu'elles étaient de la main de Mme de Longueville. Le mot d'ordre une fois donné, tous les échos du parti des Importants le répandirent, et cette aventure devint l'entretien de la cour.

La princesse de Condé en demanda justice à la reine comme d'un affront fait à la famille royale. Bientôt cela devint une affaire sérieuse. Mazarin y rencontra autant de difficultés que s'il avait été question d'un traité qui aurait décidé du sort des deux empires, et il condamna la duchesse de Montbazon à faire une réparation. Pour l'exécution, la princesse de Condé convoqua chez elle une grande assemblée ; la duchesse de Montbazon y comparut, et lut d'un air moqueur quelques lignes d'excuses et de compliments qui avaient été concertées. La princesse y répondit par quelques mots doux prononcés d'un ton aigre, et elles se séparèrent aussi brouillées qu'auparavant.

Condé, de retour, prit l'affaire sur un ton qui arrêta les plus insolents. Enfin Maurice de Coligny se battit en duel avec le duc de Guise, qui tenait pour M{{me}} de Montbazon. Le rendez-vous fut pris à la place Royale. Les deux adversaires ne firent rien paraître de toute la matinée, et à trois heures ils étaient au rendez-vous. On prête au duc de Guise un mot qui répand sur cette scène une grandeur inattendue, fait comparaître à la place Royale et met aux prises une dernière fois les deux plus illustres combattants des guerres de la Ligue dans la personne de leurs descendants. En mettant l'épée à la main, Guise dit à Coligny : « Nous allons décider les anciennes querelles de nos deux maisons, et on verra quelle différence il faut mettre entre le sang de Guise et celui de Coligny. » Coligny y porta à son adversaire une large estocade, dit le *Journal* de d'Ormesson ; mais, faible comme il était et relevant de maladie, le pied de derrière lui manqua, et il tomba sur le genou. Guise alors passa sur lui et mit le pied sur son épée. Coligny désarmé ne voulut pas demander la vie. Guise lui aurait dit : « Je ne veux pas vous tuer, mais vous traiter comme vous méritez, pour vous être adressé à un prince de ma naissance sans vous en avoir donné sujet. » Et il le frappa du plat de son épée. Coligny, indigné, ramasse ses forces, se rejette en arrière, dégage son épée et recommence la lutte. Dans cette seconde rencontre, Guise fut blessé légèrement à l'épaule et Coligny à la main ; mais Guise, passant une seconde fois sur Coligny, se saisit de son épée, dont il eut la main un peu coupée, et, en la lui enlevant, lui porta un grand coup dans le bras qui le mit hors de combat. La preuve que Coligny était d'intelligence avec Condé, c'est qu'il trouva un asile dans sa maison de Saint-Maur. Là il languit quelque temps et mourut de sa honte autant que de ses blessures, désespéré d'avoir si mal soutenu la cause de sa propre maison et celle de Mme de Longueville.

Cependant Condé, comme Napoléon dans la campagne d'Italie, marchait de victoire en victoire. Qui n'a lu au moins dans Bossuet ses campagnes en Flandre et sur le Rhin ? Et ces victoires, il ne les a pas dues seulement à son courage, comme un paladin du moyen âge ou un brillant grenadier ou maréchal de l'empire, mais aussi à la grandeur et à l'originalité de ses conceptions. C'est un capitaine de la famille d'Alexandre, de César et de Napoléon. Il calcula toujours et fit des prodiges de valeur commandés par le calcul le plus sévère. Plus tard, lorsqu'on lui faisait des compliments sur son courage, il disait avec esprit et profondeur qu'il n'en avait jamais montré que lorsqu'il l'avait fallu. Il est vrai que les héros seuls ont de l'audace à volonté. Il se conduisit de même à Fribourg, dont Bossuet parle avec autant d'enthousiasme que de Rocroy.

« Arrêtez ici vos regards. Il se prépare contre le prince quelque chose de plus formidable qu'à Rocroy; et pour éprouver sa vertu, la guerre va épuiser toutes ses inventions et tous ses efforts. Quel objet se présente à mes yeux? Ce n'est pas seulement des hommes à combattre, c'est des montagnes inaccessibles; c'est des ravines et des précipices d'un côté; c'est, de l'autre, un bois impénétrable, dont le fond est un marais; et derrière, des ruisseaux, de prodigieux retranchements; c'est partout des forts élevés, et des forêts abattues qui traversent des chemins affreux; et au dedans, c'est Merci avec ses braves Bavarois, enflés de tant de succès et de la prise de Fribourg; Merci, qu'on ne vit jamais reculer dans les combats; Merci, que le prince de Condé et le vigilant Turenne n'ont jamais surpris dans un mouvement irrégulier, et à qui ils ont rendu ce grand témoignage, que jamais il n'avait perdu un seul moment favorable, ni manqué de prévenir leurs desseins, comme s'il eût assisté à leurs conseils. Ici donc, durant huit jours, et quatre attaques différentes, on vit tout ce qu'on peut soutenir et entreprendre à la guerre. Nos troupes semblent rebutées, autant par la résistance des ennemis que par l'effroyable disposition des lieux; et le prince se vit quelque temps comme abandonné; mais, comme un autre Machabée, son bras ne l'abandonna pas, et son courage, irrité par tant de périls, vint à son secours. On ne l'eut pas plus tôt vu pied à terre forcer le premier ces inaccessibles hauteurs, que son ardeur entraîna tout après elle. Merci voit sa perte assurée; ses meilleurs régiments sont défaits; la nuit sauve le reste de son armée. Mais que des pluies excessives s'y joignent encore, afin que nous ayons à la fois, avec tout le courage et tout l'art, toute la nature à combattre. Quelque avantage que prenne un ennemi habile autant que hardi, et dans quelque affreuse montagne qu'il se retranche de nouveau, poussé de tous côtés, il faut qu'il laisse en proie au duc d'Enghien, non-seulement son canon et son bagage, mais encore tous les environs du Rhin. Voyez comme tout s'ébranle. Philisbourg est aux abois en dix jours, malgré l'hiver qui approche; Philisbourg, qui tint si longtemps le Rhin captif sous nos lois, et dont le plus grand des rois a si glorieusement réparé la perte. Worms, Spire, Mayence, Landau, vingt autres places de nom ouvrent leurs portes. Merci ne les peut défendre, et ne paraît plus devant son vainqueur; ce n'est pas assez; il faut qu'il tombe à ses pieds, digne victime de sa valeur. Nordlingue en verra la chute, il y sera décidé qu'on ne tient non plus devant les Français en Allemagne qu'en Flandre, et on devra tous ces avantages au même prince. »

Certes, à la lecture de cette admirable narration, on oublie que Bossuet est déjà un vieillard, qu'il a soixante ans, et que ce souvenir si présent, si animé, si enthousiaste, date de quarante-trois ans.

Comme Condé avait réparé à Fribourg (1644) la défaite de Rantzau à Dutlingen (1644), il répare encore à Nordlingen celle de Turenne à Mariendal. Tout blessé qu'il était, harassé de fatigue, mais puisant une vigueur nouvelle dans la grandeur de sa résolution, il se met à la tête de l'aile gauche de Turenne, se précipite, comme s'il était au début de l'affaire, sur l'aile droite de l'ennemi, l'enfonce, fait prisonnier son commandant, puis, tournant à droite, se jette sur le centre des Impériaux, dégage le sien, le rallie, le ramène au combat, et, maître du champ de bataille, s'apprête à faire face à Jean de Wert, qui, revenant de sa poursuite inutile, apprenant la mort de Merci et la prise de Gleen, consterné du désastre produit par son absence, n'ose ni attaquer ni attendre Condé, se borne à recueillir les débris de l'armée et se sauve à Donawerth. Condé avait encore eu, dans ce second combat, un cheval tué sous lui; il avait reçu un coup de pistolet, et il manqua ne pas survivre à sa victoire. Merci avait été tué et il fut enterré sur le champ de bataille avec cette héroïque et courte inscription : *Sta, viator, heroem calcas* (arrête-toi, voyageur, tu foules un héros).

Cette bataille mit le comble à la gloire de Condé, et fit celle de Turenne, qui eut l'honneur d'aider si puissamment le prince à remporter une victoire dont il pouvait être humilié.

Peut-être ne fut-il jamais si grand qu'en servant ainsi celui dont il fut depuis l'émule et le vainqueur.

On tira alors Condé du théâtre de ses conquêtes et de sa gloire, et on l'envoya en Catalogne avec de mauvaises troupes mal payées ; il assiégea Lérida, et fut obligé de lever le siége. On l'accuse dans quelques livres de fanfaronnade, pour avoir ouvert la tranchée avec des violons. On ne savait pas que c'était l'usage en Espagne.

Mais bientôt les affaires chancelantes forcèrent de le rappeler en Flandre. L'archiduc Léopold, frère de l'empereur Ferdinand III, assiégeait Lens, en Artois. Condé, rendu à ses troupes, qui avaient toujours vaincu sous lui, les mena droit à l'archiduc. C'était pour la troisième fois qu'il donnait bataille avec le désavantage du nombre. Il dit à ses soldats ces seules paroles : « Amis, souvenez-vous de Rocroy, de Fribourg et de Nordlingen. »

Il dégagea lui-même le maréchal de Grammont, qui pliait avec l'aile gauche ; il prit le général Beck. L'archiduc se sauva à peine avec le comte de Fuensaldagne. Les Impériaux et les Espagnols qui composaient cette armée furent dissipés ; ils perdirent plus de cent drapeaux et trente-huit pièces de canon, ce qui était alors très-considérable. On leur fit aussi 5,000 prisonniers, on leur tua 3,000 hommes ; le reste déserta, et l'archiduc demeura sans armée.

Depuis la fondation de la monarchie, jamais les Français n'avaient gagné de suite tant de batailles, et de si glorieuses, par la conduite et par le courage.

L'empereur Napoléon Ier disait qu'il avait étudié Turenne et Condé, soupçonnant de l'exagération, mais que là il avait fallu se rendre au mérite. Il avait remarqué que dans Turenne l'audace avait crû avec l'espérance, et qu'il en montrait plus en vieillissant qu'à son début. C'était peut-être le contraire chez Condé, qui en avait tant déployé en entrant dans la carrière, ou plutôt Condé eut toujours et la même audace et le même génie. Il était né général.

La victoire de Lens était aussi nécessaire, et elle fut tout aussi utile que celle de Rocroy; on lui doit la reprise des négociations de Munster et la conclusion du traité de Westphalie. Ce traité est le suprême résultat des cinq grandes campagnes de Condé en Flandre et sur le Rhin. Condé était là, en quelque sorte, le négociateur armé. M. de Longueville, son beau-frère, était à Munster le négociateur pacifique.

La France, par la conquête de l'Alsace et l'acquisition définitive des trois évêchés de Metz, Toul et Verdun, dessinait mieux ses frontières pour sa défense, elle prenait même une position offensive. Par Pignerol, elle avait un pied au delà des Alpes en Italie; par Vieux-Brisach et Philippsbourg, elle avait un pied au delà du Rhin en Allemagne. De plus, en faisant reconnaître aux États allemands le droit de contracter alliance avec des puissances étrangères, elle eut le moyen d'acheter toujours quelques-uns de ces princes indigents; et en garantissant l'exécution du traité, elle se donna le droit d'intervenir à toute occasion dans les affaires de l'Allemagne. L'Empire, n'étant plus qu'une sorte de confédération de trois cent soixante États luthériens et catholiques, monarchiques et républicains, laïques et ecclésiastiques, deviendra nécessairement le théâtre de toutes les intrigues, le champ de bataille de l'Europe, comme l'Italie l'avait été au commencement des temps modernes, et pour les mêmes raisons : les divisions et l'anarchie.

Ainsi, le traité de Westphalie, qui est la base de toutes les conventions diplomatiques depuis le milieu du XVIIe siècle jusqu'à la Révolution française, mettait fin à la suprématie de la maison d'Autriche en Europe, et préparait celle de la maison de Bourbon.

Cependant en France éclataient les Frondes, et d'abord la Fronde parlementaire, de 1648 à 1649.

Le dernier règne avait légué d'immenses embarras financiers au cardinal Mazarin, qui les augmenta encore par sa mauvaise administration. Il lui fallait beaucoup d'argent pour achever la guerre étrangère, pour gagner les seigneurs en les pensionnant. Le surintendant était un autre Italien, Émeri, qui ne reculait devant aucun expédient. Il retrancha des quartiers aux rentiers de l'État, retint une partie des gages des fonctionnaires, remit en vigueur une vieille ordonnance de 1548 qui défendait de bâtir dans les faubourgs de Paris au delà de certaines limites, sous peine de démolition, de confiscation et d'amende, et, par l'*édit du toisé,* il força les propriétaires à se racheter à prix d'argent des peines portées contre les délinquants (1644) ; un nouveau tarif augmenta les droits à payer pour l'entrée des marchandises dans Paris ;

enfin, il mit une telle rigueur dans le recouvrement des impôts, qu'en 1646 il y eut à la fois dans les geôles du royaume 23,000 personnes pour les taxes, dont 5,000 y moururent. C'est de cette crise financière que sortit la Fronde.

Le cardinal Mazarin avait cru qu'en divisant adroitement la magistrature, il préviendrait tous les troubles; mais on opposa l'inflexibilité à sa souplesse. Il retranchait quatre années de gages à toutes les cours supérieures en leur remettant la *paulette*, c'est-à-dire en les exemptant de payer la taxe inventée par Paulet sous Henri IV pour s'assurer la propriété de leurs charges. Ce retranchement n'était pas une lésion, mais il conservait les quatre années au parlement, pensant le désarmer par cette faveur. Le parlement méprisa cette grâce qui l'exposait au reproche de préférer son intérêt à celui des autres compagnies (1648). Il n'en donna pas moins son arrêt d'union avec les autres cours de justice. Mazarin, qui n'avait jamais bien pu prononcer le français, ayant dit que cet arrêt d'ognon était attentatoire, et l'ayant fait casser par le conseil, ce seul mot d'ognon le rendit ridicule, et le parlement en devint plus entreprenant.

Pendant que ces troubles commençaient, le prince de Condé, comme nous l'avons vu, remportait la célèbre victoire de Lens. Le roi, qui n'avait alors que dix ans, s'écria : « Le parlement sera bien fâché. » Ces paroles faisaient assez voir que la cour ne regardait alors le parlement de Paris que comme une assemblée de rebelles. En effet, les parlementaires de Paris, se confondant à tort avec les membres du parlement d'Angleterre, voulaient faire, comme eux, leur révolution, et substituer à la monarchie absolue une monarchie tempérée par une assemblée.

La reine et le cardinal, dit l'auteur du *Siècle de Louis XIV*, auquel nous aurons souvent recours, résolurent de faire enlever trois des plus opiniâtres magistrats, Novion Blancmesnil, Charton et Broussel.

Ils n'étaient pas chefs de parti, mais les instruments des chefs. Charton, homme très-borné, était connu par le sobriquet de président *Je dis ça*, parce qu'il ouvrait et concluait toujours ses avis par ces mots. Broussel n'avait de recommandable que ses cheveux blancs, sa haine contre le ministère et la réputation d'élever toujours la voix contre la cour, sur quelque sujet que ce fut. Ses confrères en faisaient peu de cas, mais la populace l'idolâtrait.

Au lieu de les enlever sans éclat, dans le silence de la nuit, le cardinal crut en imposer au peuple en les faisant arrêter en plein midi, tandis qu'on chantait le *Te Deum* à Notre-Dame pour la victoire de Lens, et que les suisses de la chambre apportaient dans l'église soixante-treize drapeaux pris sur les ennemis. Ce fut précisément ce qui causa la subversion du royaume. Charton s'esquiva; on prit Blancmesnil sans peine; il n'en fut pas de même de Broussel. Une vieille servante seule, en voyant jeter son maître dans un carrosse par Comminges, lieutenant des gardes du corps, ameute le peuple; on entoure le carrosse, on le brise; les gardes françaises prêtent main-forte. Le prisonnier est conduit sur le chemin de Sédan. Son enlèvement, loin d'intimider le peuple, l'irrite et l'enhardit. On ferme les boutiques, on tend les grosses chaînes de fer qui étaient alors à l'entrée des rues principales, on fait des barricades, et quatre cent mille voix crient : Liberté et Broussel ! C'était la seconde journée de ce genre après celle qui avait eu lieu sous Henri III.

Les relations du temps rapportent qu'en moins de trois heures, 100,000 hommes furent sous les armes, et deux mille barricades dressées avec tant d'intelligence, que, de l'aveu des gens de guerre, tout le reste du royaume n'eût pas été capable de les forcer. Ces espèces de citadelles, formées de barriques jointes entre elles par des chaînes de fer, étaient revêtues d'un rang de pierres de taille, et quelques-unes si hautes, qu'il fallait des échelles pour les franchir. Il y en avait de semblables à l'entrée de chaque rue; des corps de bourgeois en armes se tenaient derrière pour les garder; une ouverture pratiquée dans le milieu et fermée au besoin de fortes chaînes, ne laissait passer qu'une personne à la fois, et les fenêtres des maisons voisines étaient garnies de pavés de grès pour assommer les assaillants.

« La face de la ville de Paris étoit méconnoissable, dit Omer Talon, témoin oculaire; tous les hommes, jeunes et vieux, et petits enfants, depuis l'âge de douze ans, avoient les armes à la main. Nous trouvasmes, depuis le palais jusques au Palais-Royal, huit barricades faites, les chaînes tendues ès lieux où il y en doit avoir, par des poutres mises en travers, par des tonneaux remplis de pavés, ou de terre ou de moellons; outre plus toutes les avenues des rues transversantes étoient aussi barricadées, et, à chacune barricade, un corps de garde composé de 25 ou 30 hommes armés de toutes sortes d'armes, tous les bourgeois disant hautement qu'ils estoient au service du parlement. Chose étrange que dans la maison du roi les officiers domestiques nous disoient : « Tenez bon, « l'on vous rendra vos conseillers », et dans les gardes françoises les soldats disoient tout haut qu'ils ne combattroient point contre les bourgeois, et qu'ils mettroient les armes bas, tant étoit grand le mépris du gouvernement. Tout le monde, sans exception, prit les armes; on voyoit des enfants de cinq à six ans avec des poignards à la main, on voyoit les mères qui les leur apportoient elles-mêmes. Dans la rue Neuve-Nostre-Dame, je vis, entre autres, une lance, traisnée plutost que portée par un petit garçon de huit ou dix ans, qui estoit assurément de l'ancienne guerre des Anglois. »

Ainsi, les vieilles armes des ligueurs se rencontraient alors dans les mains du peuple de Paris, à la voix de passions nouvelles et pour des principes nouveaux. Anne d'Autriche veut résister jusqu'au bout : les instances de Mazarin, qui lui disait qu'elle était brave comme un soldat qui ne connaît pas le danger, et les conseils de la reine d'Angleterre la décident à céder. Le calme renaît sur-le-champ, et toute la ville, dit le cardinal de Retz, semble plus tranquille qu'un jour de vendredi saint.

Mais la régente, irritée de ce qu'elle regardait comme un acte de faiblesse, abandonne Paris avec son fils, et se retire à Saint-Germain; puis, lorsqu'elle peut disposer de l'armée de Flandre et de son illustre général, le prince de Condé, elle se hâte de l'appeler auprès d'elle, et le premier ministre, qui n'avait voulu que gagner du temps, veut en finir avec cette faction « des gens du roi qui assassinaient l'autorité royale ». Le parlement, incapable de lutter seul contre la cour, demande alors ou accepte les services des princes et des jeunes seigneurs, et alors commence cette lutte de la Fronde, justement appelée ainsi d'un jeu d'enfants.

« En effet, dit l'auteur du *Siècle de Louis XIV,* sous les noms de roi de France, de grand Condé, de capitale du royaume, cette guerre de Fronde eût été aussi ridicule que celle des Barberini; on ne savait pourquoi on était en armes. Le prince de Condé assiégea 100,000 bourgeois avec 8,000 soldats. Les Parisiens sortaient en campagne, ornés de plumes et de rubans; leurs évolutions étaient le sujet de plaisanteries des gens du métier. Ils fuyaient dès qu'ils rencontraient 200 hommes de l'armée royale. Tout se tournait en raillerie; le régiment de Corinthe ayant été battu par un petit parti, on appela cet échec la *première aux Corinthiens.* »

Ces vingt conseillers qui avaient fourni chacun 15,000 fr. n'eurent d'autre honneur que d'être appelés les *Quinze-Vingts.*

Le duc de Beaufort-Vendôme, petit-fils de Henri IV, l'idole du peuple et l'instrument dont on se servit pour le soulever, prince populaire, mais d'un esprit borné, était publiquement l'objet des railleries de la cour et de la Fronde même. On ne parlait jamais de lui que sous le nom de *roi des halles.* Une balle lui ayant fait une contusion au bras, il disait que ce n'était qu'une *confusion*.

La duchesse de Nemours rapporte, dans ses *Mémoires,* que le prince de Condé présenta à la reine un petit nain bossu armé de pied en cap. « Voilà, dit-il, le généralissime de l'armée parisienne. » Il voulait par là désigner son frère, le prince de Conti, qui était en effet bossu, et que les Parisiens avaient choisi pour leur général. Cependant, ce même Condé fut ensuite général des mêmes troupes ; et Mme de Nemours ajoute qu'il disait que toute cette guerre ne méritait d'être écrite qu'en vers burlesques. Il l'appelait aussi la guerre des *pots de chambre.*

Les troupes parisiennes, qui sortaient de Paris et revenaient toujours battues, étaient reçues avec des huées et des éclats de rire. On ne réparait tous ces petits échecs que par des couplets et des épigrammes. Les cabarets et autres maisons de débauche étaient les tentes où l'on tenait les conseils de guerre, au milieu des plaisanteries, des chansons et de la gaîté la plus dissolue. La licence était si effrénée, qu'une nuit les principaux officiers de la Fronde, ayant rencontré le saint sacrement qu'on portait dans les rues à un homme qu'on soupçonné d'être Mazarin, reconduisirent les prêtres à coups de plat d'épée.

Enfin, on vit le coadjuteur, archevêque de Paris, venir prendre séance au parlement avec un poignard dans sa poche, dont on apercevait la poignée, et on criait : *Voilà le bréviaire de notre archevêque.*

Il vint un héraut d'armes à la porte Saint-Antoine, accompagné d'un gentilhomme ordinaire de la chambre du roi, pour signifier des propositions. Le parlement ne voulut point le recevoir; mais il admit dans la grand'chambre un envoyé de l'archiduc Léopold, qui faisait alors la guerre à la France.

Il ne faut pourtant pas faire la Fronde plus insignifiante qu'elle ne l'était. On savait parfaitement pourquoi on était en armes. Les princes regrettaient leur place dans le conseil; les grands, leur importance perdue; le parlement voulait jouer dans l'État le rôle que jouait de l'autre côté de la Manche le parlement d'Angleterre, et le peuple, qui ne voyait en tout cela qu'une diminution d'impôts, ce qui était alors son plus grand souci, allait à la suite des princes, des magistrats et de son archevêque. Pour celui-ci, il comptait bien que ce mouvement de réaction contre le système de Richelieu le porterait au pouvoir. On n'allait donc pas à l'aventure, et le ridicule de la Fronde n'est pas dans l'incertitude des prétentions, mais dans l'impossibilité du succès. Une lutte contre l'autorité royale entre Richelieu et Louis XIV était impossible, et, en politique, ce qui est impossible devient ridicule, à moins que quelque beau dévouement n'honore la défaite.

Les gens du roi furent les premiers à vouloir se retirer de cette bagarre. Ils avaient bien vite reconnu que les seigneurs ne cherchaient qu'à perpétuer le désordre pour bouleverser l'État. Quand le parlement sut que, comme autrefois les ligueurs, ils avaient signé un traité avec l'Espagne, cette trahison décida les plus opposants, et le premier président Matthieu Molé fut chargé de traiter avec Mazarin. La convention de Ruel diminua quelques impôts, autorisa les assemblées des chambres, et ramena, après quelque hésitation, la cour à Paris (1649).

La Fronde des parlementaires avait échoué. Celle des princes ou des petits-maîtres ne devait pas mieux réussir que toutes les révoltes aristocratiques et féodales qui avaient précédé. Mais avec elle commença la seconde partie de la vie de Condé et de sa sœur, Mme de Longueville. Après avoir été l'appui et l'ornement du trône, tous deux se tournent alors contre la cour.

« Et maintenant, qui a donné naissance à la Fronde ou qui l'a soutenue? demande le biographe éloquent de Mme de Longueville. Qui a relevé l'ancien parti des Importants, étouffé, ce semble, sous les lauriers de Rocroy? Qui a renouvelé les intrigues des petits-maîtres de 1643? Qui a séparé les princes du sang de la couronne? Qui a tourné contre le trône cette illustre maison de Condé, qui jusque-là en avait été le bouclier et l'épée? Sans doute, il y a ici bien des causes générales; mais il nous est impossible de nous en dissimuler une, toute particulière, il est vrai, mais qui a exercé une puissante et déplorable influence, l'amour inattendu de Mme de Longueville pour un des chefs des Importants devenu un des chefs de la Fronde, la Rochefoucauld, l'auteur des *Maximes*. Oui, je le dis à regret, c'est Mme de Longueville qui, passée du côté des mécontents, y attira d'abord une partie de sa famille, puis sa famille tout entière, et la précipita ainsi de ce faîte d'honneur et de gloire où tant de services l'avaient élevée. »

Au reste, la Rochefoucauld raconte lui-même dans la nouvelle partie de ses *Mémoires*, comment et dans quelles vues il se lia avec Mme de Longueville à son retour de l'ambassade de Munster. Il cherchait à se venger de la reine et de Mazarin ; pour cela, il avait besoin du prince de Condé : il s'efforça d'arriver au frère par la sœur. Laissons parler le prince lui-même :

« Tant d'inutilité et tant de dégoûts me donnèrent enfin d'autres pensées et me firent chercher des voies périlleuses pour témoigner mon ressentiment à la reine et au cardinal Mazarin. La beauté de Mme de Longueville, son esprit et tous les charmes de sa personne attachèrent à elle tout ce qui pouvait espérer d'en être souffert. Beaucoup d'hommes et de femmes de qualité essayèrent de lui plaire ; et par-dessus les agréments de cette cour, Mme de Longueville était alors si unie avec toute sa maison et si tendrement aimée du duc d'Enghien, son frère, qu'on pouvait se répondre de l'estime et de l'amitié de ce prince quand on était approuvé de madame sa sœur. Beaucoup de gens tentèrent inutilement cette voie et mêlèrent d'autres sentiments à ceux de l'ambition. Miossens, qui depuis a été maréchal de France, s'y opiniâtra le plus longtemps, et il eut un pareil succès. J'étais de ses amis particuliers, et il me disait ses desseins. Ils se détruisirent bientôt d'eux-mêmes : il le connut et me dit plusieurs fois qu'il était résolu d'y renoncer ; mais la vanité, qui était la plus forte de ses passions, l'empêchait souvent de me dire vrai ; et il feignait des espérances qu'il n'avait pas et que je savais bien qu'il ne devait pas avoir. Quelque temps se passa de la sorte, et enfin j'eus sujet de croire que je pourrais faire un usage plus considérable que Miossens de l'amitié et de la confiance de Mme de Longueville; je l'en fis convenir lui-même. Il savait l'état où j'étais à la cour; je lui dis mes vues, mais que sa considération me retiendrait toujours, et que je n'essaierais point à prendre des liaisons avec Mme de Longueville, s'il ne m'en laissait la liberté. J'avoue que je l'aigris exprès contre pour l'obtenir, sans lui rien dire toutefois qui ne fût vrai. Il me la donna tout entière; mais il se repentit de me l'avoir donnée, quand il vit les suites de cette liaison. »

C'est donc la Rochefoucauld qui avait entraîné Mme de Longueville dans la première Fronde. Même dans ses égarements, elle avait retenu l'énergie de sa race et l'intrépidité des Condés. Elle prit un jour ses enfants en très-bas âge, et, dans une grossesse avancée, elle se rendit au quartier général de l'insurrection, à l'hôtel de ville, et se remit entre les mains du peuple, se donnant elle-même en otage avec ce qu'elle avait de plus cher. Son exemple fut suivi par la duchesse de Bouillon. « Imaginez-vous, dit Retz, ces deux belles personnes sur le perron de l'hôtel de ville, plus belles en ce qu'elles paraissaient négligées, quoiqu'elles ne le fussent pas. » Elles tenaient chacune entre leurs bras un de leurs enfants, qui étaient beaux comme leurs mères. La Grève était pleine de peuple jusqu'au-dessus des toits; tous les hommes jetaient des cris de joie, et les femmes pleuraient de tendresse. Là, dans la nuit du 28 au 29 janvier, Mme de Longueville avait mis au monde un fils, le dernier fruit de ses entrailles, qui eut pour parrain le prévôt des marchands, pour marraine la duchesse de Bouillon, que le coadjuteur Retz baptisa en l'église Saint-Jean de Grève, et qui reçut le nom de Charles de Paris, enfant de la Fronde, beau, spirituel et brave, qui pendant sa vie fut l'inquiète espérance, la joie mélancolique de sa mère, et sa suprême douleur (1672), lorsqu'il périt au passage du Rhin, à côté de son oncle.

Malgré tout cela, il fallut se soumettre. Le prince de Conti fut le premier qui sortit de Paris pour venir saluer la reine. Il fut présenté par Condé, qui lui fit embrasser le cardinal Mazarin. Le prince de Conti présenta à son tour le duc de Bouillon, la Rochefoucauld, le comte de Maure et beaucoup d'autres. M. de Longueville, qui était allé en Normandie pour soulever cette province et son parlement, ne tarda pas à revenir offrir ses hommages, et il fallut bien que la belle et orgueilleuse duchesse fît aussi ses soumissions. La scène vaut la peine d'être racontée. « J'étais seule, dit Mme de Motteville, auprès de la reine, et elle me faisait l'honneur de me parler de l'embarras qu'avait eu le duc de Longueville en la saluant. Comme je sus que Mme de Longueville allait venir, je me levai; car j'étais à genoux devant son lit, et me mis auprès de la reine, résolue de n'en point partir et d'écouter de près si cette princesse spirituelle serait plus éloquente que le prince son mari. Comme elle était naturellement timide et sujette à rougir, toute sa capacité ne la sauva pas de l'embarras qu'elle eut en abordant la reine. Je me penchai assez bas entre ces deux illustres personnes pour savoir ce qu'elles diraient; mais je n'entendis rien que Madame, et quelques mots qu'elle prononça si bas, que la reine, qui écoutait avec application ce qu'elle lui dirait, ne put jamais y rien comprendre. »

Cette même Mme de Motteville, si véridique malgré sa bienveillance, si difficile dès qu'il s'agit des intérêts de la reine sa maîtresse, ne balance pas à faire honneur de la paix à Condé. Il ne faut pas oublier de remarquer ici la fermeté désintéressée de monsieur le prince, qui, sans considérer ni sa famille ni ses amis, alla toujours droitement aux intérêts du roi.

Mais tout allait bientôt changer, et Condé, cette fois, allait se trouver du parti de sa sœur contre la cour.

Ayant ramené dans Paris la cour triomphante, il se livrait au plaisir de la mépriser, après l'avoir défendue; et, ne trouvant pas qu'on lui donnât des récompenses proportionnées à sa gloire et à ses services, il fut le premier à tourner Mazarin en ridicule, à braver la reine et à insulter le gouvernement qu'il dédaignait. Il écrivit, à ce qu'on prétend, au cardinal : *All' illustrissimo signor Faquino.* Il lui dit un jour : « Adieu, Mars. » Il encouragea un marquis de Jarsai à faire une déclaration d'amour à la reine, et trouva mauvais qu'elle osât s'en offenser. Il se ligua avec le prince de Conti, son frère, et le duc de Longueville, qui abandonnèrent le parti de la Fronde. On avait appelé la cabale du duc de Beaufort, au commencement de la régence, celle des Importants ; on appela celle de Condé, le parti des Petits-Maîtres, parce qu'ils voulaient être les maîtres de l'État.

Les frondeurs étaient accusés d'avoir tenté d'assassiner le prince de Condé. Mazarin lui fait accroire qu'il s'agit d'arrêter un des conjurés et de tromper les frondeurs ; que c'est à Son Altesse à signer l'ordre aux gendarmes de la garde de se tenir prêts au Louvre. Le grand Condé signe lui-même l'ordre de sa détention.

On lit dans la Vie de la duchesse de Longueville que la reine-mère se retira dans son petit oratoire pendant qu'on se saisissait des princes, qu'elle fit mettre à genoux le roi, son fils, âgé de onze ans, et qu'ils prièrent Dieu dévotement ensemble pour le succès de cette expédition.

Mais cette arrestation des princes fut, comme autrefois celle des conseillers, le signal de l'insurrection. Le peuple de Paris, qui avait fait des barricades pour un conseiller, fit, il est vrai, des feux de joie lorsqu'on mena au donjon de Vincennes le défenseur et le héros de la France. Mais la mère du prince de Condé, exilée, resta dans Paris malgré la cour, et porta requête au parlement. Sa femme, après mille périls, se réfugia dans la ville de Bordeaux, et, aidée des ducs de Bouillon et de la Rochefoucauld, elle souleva cette ville et arma l'Espagne.

Quant à Mme de Longueville, lorsqu'elle apprit à Paris l'arrestation de ses deux frères et de son mari, et leur emprisonnement à Vincennes, elle s'échappa dans le carrosse de la princesse Palatine, et s'en alla en Normandie, dans le gouvernement de son mari, espérant soulever toute la province : elle y échoua. Elle eut à peine le temps de sortir de Dieppe par une porte qui n'était pas gardée, ayant avec elle très-peu de ses hommes et quelques gentilshommes. Elle fit deux lieues à pied pour gagner un petit port, où elle ne trouva que deux bateaux de pêcheurs, y monta contre l'avis des mariniers, tomba dans la mer, manqua de s'y noyer, et, tirée de là, revenue à terre, prit des chevaux, s'y mit en croupe avec les femmes de sa suite, marcha toute la nuit dans cet équipage, et, après avoir erré ainsi quinze jours d'asile en asile, put enfin s'embarquer au Havre sur un vaisseau anglais, qui la conduisit à Rotterdam. Elle traversa la Flandre et s'en alla rejoindre à Stenay Turenne, qui était alors de la Fronde. C'est là qu'elle s'établit et tint ferme jusqu'à la délivrance des princes.

Elle y fut l'âme du parti dont Turenne était le bras. Du haut des remparts de Stenay, elle agitait la France entière. Elle soutenait le courage de ses amis à Paris, en Bourgogne, en Guyenne; elle publiait à Bruxelles un manifeste; elle correspondait avec Chantilly, où sa mère, la princesse douairière de Condé, s'était retirée; avec Bordeaux, où sa belle-sœur, la princesse de Condé, et son neveu, le duc d'Enghien, s'étaient jetés, accompagnés du duc de Bouillon, de la Rochefoucauld et de beaucoup d'autres personnages, entre autres Lenet, l'agent principal de son frère. Elle tremblait à la fois pour tout ce qui lui était cher à Vincennes, à Chantilly, à

Bordeaux. Éloignée de tout ce qu'elle aimait, seule dans une place de guerre, elle souffrait de tous les côtés de son cœur.

Enfin, Turenne était vaincu à Rethel par du Plessis-Praslin. Mais Mazarin se crut trop tôt vainqueur. Le maréchal du Plessis lui avait proposé de ramener l'armée sous Paris et d'opposer la force à l'intrigue, il avait refusé. Ne voulant pas recourir à la violence, il n'avait plus d'autre parti à prendre que de s'accommoder avec les princes. Pendant trois semaines, la reine ajourna, sous prétexte de maladie, la réception des remontrances du parlement. Mazarin employa mal ce délai précieux : il eut des conférences secrètes avec le duc de la Rochefoucauld, mais ne sut se décider à rien. Sa maxime favorite : *Il tiempo è un galant'uomo* (le temps est un galant homme), n'était plus de saison ici.

Il avait promis au coadjuteur le chapeau de cardinal pour le rattacher aux intérêts de la reine ; après l'événement, il oublia sa promesse. Le coadjuteur se rapprocha alors du parti de Condé, ranima les défiances du parlement, agita le peuple, et les deux Frondes, unies momentanément par ses soins, forcèrent Anne d'Autriche à délivrer les princes et à chasser du royaume son premier ministre. Mazarin se retira à Cologne, et, de son exil, continua à gouverner la reine et la France. Retz eut enfin le chapeau. Ainsi, en 1651, la cour étant vaincue, comme autrefois en 1648, ce fut cette fois le retour de Turenne qui la sauva, et aussi la désunion des deux Frondes.

En effet, Condé ne put rester longtemps d'accord avec ses

nouveaux alliés. Il avait cru que la reine lui donnerait toute influence, en dédommagement de ses deux ans de captivité, et Mazarin gouvernait du fond de son exil. Irrité de l'isolement où on le laissait, il se jeta dans de plus coupables aventures. Il partit pour le Midi, résolu à conquérir par les armes le pouvoir et peut-être même le trône, si nous en croyons les *Mémoires* d'un de ses compagnons de révolte, le comte de Coligny. Il alla soulever la Guyenne et traiter avec l'Espagne tandis que ses amis préparaient la guerre dans le centre de la France. Mazarin, qui était aussitôt rentré en France, confia le commandement des troupes au vicomte de Turenne, alors revenu à la cause royale. Le maréchal se dirigea vers la Loire pour surprendre l'armée des princes. On croyait Condé à cent lieues de là ; mais il avait traversé à cheval la moitié de la France, seul, déguisé. A peine arrivé, il fond sur les quartiers du maréchal d'Hocquincourt, à Bleneau, et les disperse. Les fuyards se sauvent à Briare, où était Turenne ; il court à cheval sur une éminence, d'où il peut dominer la plaine ; il observe, à la lueur des villages incendiés, les dispositions du combat et dit : « Monsieur le prince est arrivé ; c'est lui qui commande son armée. » La cour épouvantée parlait de fuir à Bourges ; Turenne rassure les esprits, et, à force d'audace et de prudence, avec 4,000 hommes contre 12,000, empêche les ennemis de poursuivre leur avantage. « Monsieur le maréchal, dit la reine en pleurant, vous avez sauvé l'État, et, sans vous, il n'y eût pas eu une ville qui n'eût fermé ses portes au roi. »

Pour qui serait Paris? Les deux armées vinrent le demander aux Parisiens eux-mêmes, qui fermèrent leurs portes aux deux partis. Ils se trouvèrent alors en présence au faubourg Saint-Antoine. La bataille fut sanglante et longtemps indécise. A la fin, l'armée frondeuse, menacée sur ses flancs, allait être enveloppée et détruite, quand Mademoiselle, fille de Gaston d'Orléans, fit ouvrir les portes à Condé et tirer le canon de la Bastille sur les troupes royales. Turenne, étonné, recula. Mais Condé ne put demeurer longtemps à Paris, où sa gloire fut tachée par un massacre des Mazarins, qu'il laissa faire, s'il ne l'ordonna pas. Il sortit de la ville le 18 octobre, et se retira en Flandre, au milieu des Espagnols.

Pour accélérer le mouvement de l'opinion publique qui revenait au roi, Mazarin s'était éloigné une seconde fois. Alors le parlement et les bourgeois supplièrent la reine-mère de rentrer dans la capitale pacifiée, d'où Condé était sorti trois jours auparavant. Quelques magistrats furent destitués ou emprisonnés ; le cardinal de Retz fut enfermé à Vincennes ; le prince de Condé condamné à mort par contumace, et Gaston, exilé à Blois. Trois mois après, Mazarin revenait tout-puissant (1653). Ce fut la fin de la Fronde. Mais ces temps, où le roi et sa mère fuyaient en désordre devant quelques brouillons et couchaient presque sur la paille à Saint-Germain, laissèrent dans l'esprit de Louis XIV une impression qui ne s'effaça jamais ; ce souvenir contribua à le pousser dans les voies du gouvernement le plus absolu. En rentrant à Paris, il fit enregistrer d'autorité une déclaration portant « très-expresse défense aux gens du parlement de prendre ci-après aucune connaissance des affaires générales de l'État et de la direction des finances. »

Ainsi avorta cette tentative d'une révolution par l'aristocratie parlementaire. Un siècle plus tard, quand le parlement essaya d'une nouvelle lutte contre l'omnipotence de la royauté, lord Chesterfield donna la vraie mesure des forces de cette opposition en disant à Montesquieu : « Votre parlement peut faire des barricades, mais il n'élèvera jamais des barrières. »

La guerre de la Fronde était terminée. Il restait à finir la guerre avec l'Espagne, qui avait repris, pendant ces troubles, Dunkerque, Barcelone, et Casal en Italie. Condé était venu offrir aux ennemis son épée, qui leur avait été si fatale, mais il sembla perdre son bonheur en quittant la France. Il alla d'abord, avec l'archiduc Léopold, assiéger Arras, non loin de ces plaines de Lens où il avait remporté sa plus belle victoire. Turenne les attaqua dans leur camp et força leurs lignes. Condé ne put qu'opérer la retraite en bon ordre. « J'ai su, lui écrivait le roi d'Espagne, Philippe IV, que tout était perdu et que vous avez tout conservé. »

Les années 1656 et 1657 ne virent que des sièges de places sur la frontière : Valenciennes, Cambrai, Rocroy, et d'habiles manœuvres de Turenne et de Condé ; mais ces deux généraux, n'ayant que de petites armées sous la main, ne pouvaient frapper des coups décisifs. Mazarin n'eut pas plus de scrupules royalistes que Richelieu n'avait eu de scrupules religieux. Son prédécesseur s'était allié avec les protestants contre l'Autriche ; il s'allia contre l'Espagne avec Cromwell, qui avait fait tomber sur un échafaud la tête du gendre de Henri IV (1657). Alors l'Espagne n'éprouva plus que des revers. Tandis que les Anglais s'emparaient de la Jamaïque et brûlaient les galions de Cadix, la ville de Dunkerque, la clef des Flandres, fut assiégée par terre et par mer. Les Espagnols s'avancèrent le long des dunes qui bordent la mer pour la secourir. « Avez-vous jamais vu une bataille ? demanda Condé au jeune duc de Glocester, placé près de lui. — Non, répondit le jeune prince. — Eh bien ! dans une demi-heure, vous verrez comment on en perd une. »

La victoire de Turenne fut complète. Le cabinet de Madrid n'avait plus d'armée, il demanda la paix. Les négociations, commencées à Paris par les ambassadeurs, furent achevées par les deux ministres Mazarin et don Louis de Haro, dans l'île de la conférence, sur la Bidassoa, au pied des montagnes qui séparent les deux pays. Ce fut le traité des Pyrénées (1659). La France gardait, outre l'Alsace, l'Artois et le Roussillon ; Louis XIV épousait l'infante Marie-Thérèse, qui dut lui apporter une dot de 500,000 écus d'or, en considération de laquelle elle renonçait à toute prétention sur l'héritage de son père.

La conclusion de ce mariage était la pensée et l'espérance de Mazarin depuis quinze années. Dès 1645 il écrivait à ses plénipotentiaires au congrès de Westphalie : « Si le roi très-chrétien épousait l'infante, alors nous pourrions aspirer à la succession d'Espagne, quelque renonciation qu'on fît faire à l'infante, et ce ne serait pas une attente fort éloignée, puisqu'il n'y a que la vie du prince son frère qui l'en peut exclure. » En 1659, il s'arrangea de manière que les renonciations fussent nulles ; il en subordonna, d'une façon expresse, la validité au paiement exact de la dot qu'il savait que l'Espagne ne pourrait jamais payer.

En même temps que le cardinal méditait la réunion de l'Espagne à la France, il avait un moment pensé à faire Louis XIV empereur, à la mort de Ferdinand III (1657). Léopold Ier avait été élu ; il conclut du moins la ligue du Rhin, qui, renouvelée et étendue plus tard, par Napoléon, sous le nom de confédération du Rhin, assurait à la France la prépondérance de l'Empire.

Après l'achèvement de ces grandes choses, Mazarin pouvait dire « que si son langage n'était pas français, son cœur l'était. »

Le prince de Condé, par ce même traité, avait été reçu en grâce et rétabli dans ses principales charges.

« Que s'il fut entraîné dans ces guerres infortunées, dit Bossuet, après avoir abordé franchement cette seconde partie de la vie de Condé, cet endroit qui fait trembler, que tout le monde évite, qui fait qu'on tire les rideaux, qu'on passe les éponges, il y aura eu du moins cette gloire de n'avoir pas laissé avilir la grandeur de sa maison chez les étrangers. Malgré la majesté de l'Empire, malgré la fierté de l'Autriche, et les couronnes héréditaires attachées à cette maison, même dans la branche qui domine en Allemagne, réfugié à Namur, soutenu de son seul courage et de sa seule réputation; il porta si loin les avantages d'un prince de France et de la première maison de l'univers, que tout ce qu'on put obtenir de lui fut qu'il consentît de traiter d'égal avec l'archiduc, quoique frère de l'Empereur et fils de tant d'empereurs, à condition qu'en lieu tiers ce prince ferait les honneurs des Pays-Bas. »

En effet, les Espagnols, voyant Condé malade, sans argent, sans troupes, sans secours et presque sans espérance, tentèrent de profiter d'une situation si accablante pour l'obliger à céder la préséance à l'archiduc Léopold. Condé répondit que les princes du sang ne le cédaient qu'aux rois, que tout ce qu'il pouvait faire en faveur de l'archiduc, fils et frère d'empereurs, était de consentir à l'égalité, à condition toutefois que ce prince lui ferait les honneurs des Pays-Bas, et lui céderait la préséance dans un lieu tiers. « Au reste, ajouta-t-il, je donne au ministre d'Espagne vingt-quatre heures pour se décider; si je ne reçois pas, avant qu'elles soient écoulées, une réponse telle que je l'exige, je sortirai de Namur et des Pays-Bas, je m'exposerai à tout, plutôt que de consentir que les droits que je tiens de ma naissance soient avilis et dégradés. » La fierté de l'Espagne céda devant la fermeté du prince.

Telle est la vérité de l'histoire, qui est d'accord, comme on le voit, avec la vérité d'éloquence; ce qui, avec Bossuet, arrive toujours.

« Pendant que le prince se soutenait si hautement avec l'archiduc qui dominait, il rendait au roi d'Angleterre et au duc d'York, maintenant un roi si fameux, malheureux alors, tous les honneurs qui leur étaient dus ; et il apprit enfin à l'Espagne trop dédaigneuse quelle était cette majesté que la mauvaise fortune ne pouvait ravir à de si grands princes. »

Écoutons maintenant Saint-Simon. « Peu de jours après que monsieur le prince fut arrivé à Bruxelles, et qu'il eut remarqué la familiarité peu décente que don Juan s'avisait de prendre avec le roi d'Angleterre, il les pria l'un et l'autre à dîner avec tout ce qui était de plus considérable à Bruxelles. Tous s'y trouvèrent, et quand il fut servi, monsieur le prince le dit au roi d'Angleterre, et le suivit à la salle du repas. Qui en fut bien étonné ? Ce fut don Juan, quand, arrivé en même temps avec la compagnie qui suivait le roi d'Angleterre et monsieur le prince, il ne vit sur une très-grande table qu'un unique couvert avec un cadenas, un fauteuil et pas un autre siége. Sa surprise augmenta, si elle put, quand il vit monsieur le prince présenter à laver au roi d'Angleterre, puis prendre une serviette pour servir. Dès qu'il fut à table, il pria monsieur le prince de s'y mettre avec la compagnie. Monsieur le prince répondit qu'ils auraient à dîner dans une autre pièce, et ne se rendit que sur ce que le roi d'Angleterre le commanda absolument. Alors monsieur le prince dit que le roi commandait qu'on apportât des couverts. Il se mit à distance, mais à la droite du roi d'Angletere, don Juan à sa gauche, et tous les invités ensuite. Don Juan sentit toute l'amertume de la leçon et en fut outré de dépit ; mais après cet exemple, il n'osa plus vivre avec le roi d'Angleterre comme il avait osé commencer. »

« Le reste de sa conduite, dit encore Bossuet, ne fut pas moins grand. Parmi les difficultés que ses intérêts apportaient au traité des Pyrénées, écoutez quels furent ses ordres, et voyez si jamais un particulier traita si noblement ses intérêts. Il mande à ses agents dans la conférence qu'il n'est pas juste que la paix de la chrétienté soit retardée davantage à sa considération, qu'on ait soin de ses amis; et pour lui, qu'on lui laisse suivre sa fortune. Ah ! quelle grande victime se sacrifie au bien public ! »

A côté des paroles de Bossuet, voici celles de Condé lui-même, qui sont peut-être plus belles encore. « Vous avez principalement mes intérêts et ceux de mes amis à ménager. Vous trouverez sans doute de grands obstacles au succès, mais si vous êtes dans la nécessité d'abandonner l'un ou l'autre de ces objets, ne balancez point, *sacrifiez-moi*. N'allez pas croire que je vous écrive ceci pour tromper l'ambassadeur; c'est ma dernière volonté. Préférez les intérêts de mes amis aux miens; je veux absolument qu'ils soient satisfaits; sans cela, rien ne peut me plaire, et avec cela tout me plaira. Pour moi, je saurai bien suivre ma destinée jusqu'au bout. »

Condé est plus grand ici moralement qu'à Rocroy; c'est à ce goût de se sacrifier soi-même que je reconnais le héros.

A partir de ce moment, commence pour lui et pour sa sœur une nouvelle existence. Lui désormais, en présence de

Louis XIV, tiendra une conduite à la fois indépendante et prudente. Là, en effet, s'achève l'ère des grands vassaux ou des princes du sang qui étaient voisins du trône, non plus les grands vassaux comme ceux de l'ancienne féodalité, mais ceux qui étaient soutenus dans leur résistance à l'autorité royale par l'éclat et la force qu'ils empruntaient à leur titre de princes du sang. Alors commence une autre ère pour ces princes, celle de la soumission et de la dépendance. Cette notion de soumission, d'obéissance et de nationalité, qui s'est développée tant chez nous, ne s'est guère fait sentir dans la famille royale qu'à cette époque.

Quant à Mme de Longueville, revenue aussi des erreurs de la Fronde et de ses égarements à la suite de la Rochefoucauld, elle commence aussi une existence toute nouvelle.

Dès sa jeunesse, dans ses jours d'innocent éclat, elle avait songé très-sérieusement à quitter le monde et à se faire carmélite dans le grand couvent de la rue Saint-Jacques.

C'était le temps où l'esprit religieux, après avoir débordé dans les guerres civiles et enfanté les grands crimes et les grandes vertus de la Ligue, épuré, mais non affaibli, par l'édit de Nantes et la politique de Henri IV, puisait dans la paix des forces nouvelles, et couvrait la France non plus de partis ennemis, armés les uns contre les autres, mais de pieuses institutions, où les âmes fatiguées s'empressaient de chercher un asile, et, blessées et vides, se tournaient du seul côté qui ne trompe point, le devoir et Dieu. Partout on reformait les ordres anciens ou on en fondait de nouveaux. Richelieu entreprenait courageusement la réforme du clergé, créait les séminaires, et au-dessus d'eux, comme leur modèle et leur tribunal, élevait la Sorbonne. Bérulle instituait l'Oratoire ; César de Bus, la Doctrine chrétienne. Les jésuites, nés au milieu du xvie siècle et qui s'étaient répandus en France, reprenaient faveur sous la protection des immenses services que leur héroïque habileté rendait chaque jour, au delà de l'Océan, au christianisme et à la civilisation. L'ordre de Saint-Benoît se retrempait dans une réforme salutaire, et les bénédictins de Saint-Maur préludaient à leurs gigantesques travaux. Mais qui pourrait compter les belles institutions destinées aux femmes que fit éclore de toutes parts la passion chrétienne dans la première moitié du xviie siècle? Les deux plus illustres après Port-Royal réformé, sont les sœurs de la Charité (1640) et les Carmélites (1602).

Le premier couvent des Carmélites avait été établi à Paris, au faubourg Saint-Jacques, sous les auspices et par la munificence de cette maison de Longueville où Mlle de Bourbon devait entrer. Sa mère, madame la princesse, était une des bienfaitrices de l'institution naissante ; elle y avait un appartement où elle venait faire de longues retraites. De bonne heure elle y mena sa fille et y pénétra sa jeune âme des principes et des habitudes de la dévotion du temps. Mlle de Bourbon grandit à l'ombre du saint monastère ; elle y vit régner la vertu, la bonté, la concorde, la paix, le silence ; on l'y aimait et on l'y appelait. Aussi, à la première vue des tempêtes qui menacent toutes les grandeurs de la terre, elle avait songé à prévenir sa destinée et à chercher un asile sous l'humble et tranquille toit de ses chères Carmélites. Elle y avait de douces et nobles amitiés qu'elle n'abandonna jamais.

Sa mère l'y menait sans cesse. Elle destinait sa fille aux plus grands partis; mais la voyant déjà si belle et connaissant par sa propre expérience les périls de la beauté, elle était bien aise de l'armer contre ces périls en lui mettant dans le cœur une sérieuse piété et en l'entourant des exemples les plus édifiants. Non contente d'aller souvent au couvent des Carmélites, elle voulut pouvoir y venir à toute heure, y demeurer, elle et sa fille, aussi longtemps qu'il lui plairait, y avoir un appartement comme la reine elle-même.

En conséquence elle donna plus de 120,000 livres à différentes reprises, quantité de pierreries, d'ornements pour l'église, de reliques qu'elle fit enchâsser avec une magnificence qui répondait à sa piété et à sa grandeur. En même temps elle s'empressa de jouir de ses droits, et, en attendant que le bâtiment nouveau où elle devait loger fût achevé, elle prit au couvent avec sa fille un appartement qu'elle meubla en quelque sorte à la carmélite. Son lit et tous ses meubles étaient en serge brune. Elle passait des huit ou quinze jours de suite dans ce désert, s'y trouvant mieux, disait-elle, qu'au milieu des plus grands divertissements de la cour. Jamais une simple particulière n'aurait pu pousser plus loin le respect pour la règle de la maison. Elle s'assujettissait aux plus longs silences, dans la crainte de troubler celui qui était prescrit. Quelquefois, se voyant seule dans sa chambre avec les deux religieuses qui lui tenaient compagnie, elle avouait qu'elle avait peur et que le soir elle les prenait pour des fantômes, parce qu'elles ne lui parlaient que par signes et pour les choses absolument nécessaires. Plus tard elle voulut avoir dans le dortoir une cellule aussi simple que toutes les autres. « Elle eût volontiers employé tous ses biens pour l'utilité ou l'embellissement du couvent, si l'on n'eût usé d'adresse pour lui dérober la connaissance des besoins les plus légitimes. Quelquefois elle s'en plaignait avec des grâces infinies : « Si « vos mères voulaient, je ferais ici mille choses ; mais elles ne « peuvent pas ceci, elles ne veulent pas cela, et je ne puis rien « faire. » Cette grande princesse, qu'une fierté naturelle rendait quelquefois si redoutable, devenait ici l'amie, la compagne, la mère de quiconque s'adressait à elle. Jamais on n'y sentit son autorité que par ses bienfaits. La volonté de la mère prieure était sa loi ; elle la nommait notre mère, se levait dès qu'elle l'apercevait, se soumettait à ses commandements avec une douceur charmante, et on la voyait au chœur, à l'oraison du matin, à tout l'office, au réfectoire, pratiquer les mortifications ordinaires, et abattre sa grandeur naturelle aux pieds des épouses de Jésus-Christ avec une humilité qui la leur rendait encore plus respectable. »

Admise avec sa mère dans l'intérieur du monastère, Anne-Geneviève y remplissait son âme des plus édifiantes conversations, des plus graves et des plus touchants spectacles. Partout elle ne rencontrait que des vivantes déjà mortes et agenouillées sur des tombeaux. Ici c'était le tombeau du garde des sceaux Michel de Marillac, mort dans l'exil, à Châteaudun, dans cette même année (1632) où Richelieu fit trancher la tête à son frère, le maréchal de Marillac, et à l'oncle de Mlle de Bourbon, le duc de Montmorency; là, c'étaient les monuments funèbres de deux femmes de la maison de Longueville, Marguerite et Catherine d'Orléans. Elle ne se doutait pas alors qu'un jour, dans ce même lieu, elle verrait ensevelir sa brillante amie, la fameuse Julie, Mlle de Rambouillet, devenue duchesse de Montausier; qu'elle y verrait apporter le cœur de Turenne, ce cœur qu'elle devait troubler et disputer un moment au devoir et au roi; que plusieurs de ses propres enfants y auraient aussi leur tombe, et qu'elle-même y reposerait à côté de sa mère, madame la princesse, et de sa belle-sœur, la douce, pure et gracieuse Anne-Marie Martinozzi, princesse de Conti.

Mlle de Bourbon voulut, à son tour, être une des bienfaitrices des Carmélites et leur faire les présents qui leur pouvaient agréer le plus. Elle obtint du pape Urbain VIII les reliques de sept vierges martyres, avec un bref du saint-père attestant leur authenticité, et que les noms de chacune de ces victimes de la foi avaient été trouvés entiers ou abrégés sur la pierre qui tenait leurs corps enfermés dans les catacombes. Reportons-nous au temps; plaçons-nous dans un couvent de Carmélites, et nous nous ferons une idée de la sainte allégresse qui dut remplir toute la maison en voyant arriver ce magnifique et austère présent. La reine Anne, touchée d'une pieuse émulation, joignit à ces reliques celles de sainte

Paule, dame romaine, l'illustre amie de saint Jérôme. On venait de retrouver à Palerme le corps de sainte Rosalie, petite fille de France. M. d'Alincourt l'obtint et l'offrit. Mlle de Bourbon fit placer toutes ces reliques dans une châsse d'argent en forme de dôme surmonté d'une lanterne, et autour furent mises quatre figures représentant les évangélistes. C'est alors que Condé lui-même voulut faire ce cadeau dont nous avons parlé.

Ainsi s'étaient écoulées l'enfance et l'adolescence de Mlle de Bourbon au milieu des spectacles et dans les pratiques d'une piété vraie et profonde. C'est là qu'elle avait voulu commencer sa vie, c'est là qu'elle vint la finir. Après la Fronde, elle ne songea plus qu'à son salut éternel. Si elle met d'abord dans ses sentiments nouveaux un peu de mesure, c'est pour complaire à son mari et remplir ses devoirs d'épouse. Aussitôt que M. de Longueville a fermé les yeux, maîtresse d'elle-même, elle se donne à Dieu sans réserve; elle quitte le monde, elle va retrouver Mlle de Saugeon et Mlle du Vigean aux Carmélites, elle entraîne Mlle de Vertus à Port-Royal; elle s'enfonce de jour en jour davantage dans les pratiques les plus austères; elle punit, elle afflige de toutes les manières, elle prend à tâche de dégrader ce corps jadis adoré, cette beauté qui l'a perdue; surtout elle humilie cette passion de l'éclat et de la gloire qui conduisit son frère à Rocroy et à Lens et qui la poussa elle-même à l'hôtel de ville de Paris, à Stenay et à Bordeaux; elle frappe à coups redoublés sur cette sensibilité qui la rendait si charmante;

elle s'applique enfin à mourir à tout autre sentiment que la haine d'elle-même et la crainte des jugements de Dieu. C'est ainsi que finissaient et que mouraient dans le grand siècle des femmes entraînées un instant par les plaisirs du monde.

« L'altière héroïne, dit le dernier auteur de la Vie de Mme de Longueville, qui, pour faire la guerre à Mazarin, avait vendu ses pierreries, engagé sa fortune, traversé la mer dans une barque et pensé s'y noyer, soulevé le Midi et tenu en échec la puissance royale, dès qu'il ne s'agit plus que d'elle, se retire de la scène, rentre dans l'ombre, se voue à la solitude à trente-cinq ans, et dans toute sa beauté, ne retenant du passé de sa vie que le souvenir de ses fautes, comme Mlle de la Vallière. »

Condé aussi comprit, de son côté, qu'il fallait faire oublier au roi le frondeur et même peut-être le victorieux de 1645. Ayant affaire au roi le plus majestueux et le plus personnel de tous les rois, à celui qui avait dit : « L'État, c'est moi, » il lui fallait ménager pour ainsi dire son héroïsme.

« La France, dit Bossuet, avec ce sentiment de la vérité historique qui ne lui fait jamais défaut, le vit alors accompli par ces derniers traits, et avec ce je ne sais quoi d'achevé que les malheurs ajoutent aux grandes vertus; elle le revit dévoué plus que jamais à l'État et à son roi. »

« Environ ce même temps, dit la véridique Mme de Motteville, le prince de Condé revint en France. Il alla trouver le roi dans cette même province où il attendait qu'il fût temps d'aller recevoir l'infante des mains du roi d'Espagne, son père, qui la devait amener. Je n'étais pas alors à la cour, c'est pourquoi je ne puis rien dire de particulier de cette entrevue. Les deux ministres qui étaient sur la frontière avaient été longtemps occupés à l'accommodement de ce prince. Celui du roi voulait le traiter comme un ennemi qui avait fait la guerre au roi, et ne désirait point que la protection des étrangers lui donnât les avantages qu'il demandait. Eux, au contraire, le voulurent soutenir jusqu'au bout. Don Louis de Haro ne se voulut jamais rendre sur cet article; et enfin la protection du roi d'Espagne lui fut si favorable, qu'avec elle il fit son accommodement de la manière qu'il le pouvait souhaiter; il revint donc glorieusement se jeter aux pieds du roi, qui, à ce qu'on m'a dit depuis, le reçut avec beaucoup de douceur et de gravité. Monsieur le prince le trouva si grand en toutes choses, que, dès le premier moment qu'il put l'approcher, il comprit, à ce qu'il parut, qu'il était temps de s'humilier. L'éclat de la jeunesse du roi, et ce génie de souverain et de maître que Dieu lui avait donné, qui commençait à se faire voir par tout ce qui paraissait extérieurement de lui, persuada au prince de Condé que tout ce qui restait du règne passé allait être anéanti, et, devenant sage et modéré par sa propre expérience, il fit voir, par ses sentiments et sa conduite, qu'il avait pris un autre esprit et de nouvelles résolutions. »

Aussi, lorsque, dans toute la pompe du nouveau règne, Louis XIV entre en Flandre, suivi de toute sa cour, il l'accompagne en sujet fidèle dans une première campagne, qui est plutôt une promenade militaire qu'une invasion, puis le sert avec éclat dans une seconde.

On était plongé dans les divertissements à Saint-Germain, lorsqu'au cœur de l'hiver, au mois de janvier 1668, on fut étonné de voir des troupes marcher de tous côtés, aller et revenir sur les chemins de Champagne, dans les Trois-Évêchés; des trains d'artillerie, des chariots de munitions s'arrêtaient, sous divers prétextes, dans la route qui mène de Champagne en Bourgogne. Cette partie de la France était remplie de mouvements dont on ignorait la cause. Les étrangers, par intérêt, et les courtisans, par curiosité, s'épuisaient en conjectures; l'Allemagne était alarmée; l'objet de ces préparatifs et de ces marches irrégulières était inconnu à tout le monde. Le secret dans les conspirations n'a jamais été mieux gardé qu'il le fut dans cette entreprise. Enfin, le 2 février, Louis XIV part de Saint-Germain avec le jeune duc d'Enghien, fils du grand Condé, et quelques courtisans; les autres officiers étaient au rendez-vous des troupes. Il va à cheval à grandes journées, et arrive à Dijon. Vingt mille hommes, assemblés de vingt routes différentes, se trouvent le même jour en Franche-Comté, à quelques lieues de Besançon, et le grand Condé paraît à leur tête.

Besançon, Salins et Dole capitulent; la Franche-Comté est soumise en trois semaines; et le conseil d'Espagne écrit au gouverneur « que le roi de France aurait dû envoyer ses laquais prendre possession de ce pays, au lieu d'y aller en personne. »

Enfin, dans la guerre de Hollande, Condé couronne toutes ses victoires par cette furieuse bataille de Sénef. Il s'était placé entre Charleroi et Fontaine-l'Évêque, appuyé sur la petite rivière du Piéton et sur la Sambre, et il observait les alliés sans vouloir combattre. Il avait 45,000 hommes, et le prince d'Orange 60,000. Il attendit que l'armée ennemie passât un défilé à Sénef, près de Mons. Il attaqua une partie de l'arrière-garde, composée d'Espagnols, et y eut un grand avantage. On se battit à trois reprises. De tous les combats que donna le grand Condé, ce fut celui où il prodigua le plus sa vie et celle de ses soldats. Ce que cette action eut de singulier, c'est que les troupes de part et d'autre, après les mêlées les plus sanglantes et les plus acharnées, prirent la fuite, le soir, par une terreur panique. Les Français y perdirent 1,000 officiers et plus de 6,000 soldats. Aussi Mme de Sévigné écrivait-elle au comte de Bussy, son cousin (1674) : « Nous avons tant perdu à cette victoire, que, sans le *Te Deum* et quelques drapeaux portés à Notre-Dame, nous croirions avoir perdu le combat. » Le prince d'Orange, de son côté, pour faire croire qu'il avait eu la victoire, assiégea Oudenarde; mais Condé prouva qu'il n'avait pas perdu la bataille, en faisant aussitôt lever le siége et en poursuivant le prince d'Orange.

Ainsi parle l'histoire. Écoutons maintenant Bossuet, et, de ce rapprochement, tirons de nouveau cette conclusion, qu'il n'y a de vraie et belle éloquence que celle qui a pour elle la vérité. « A Piéton, près de ce corps redoutable que trois puissances réunies avaient assemblé, c'étaient dans nos troupes de continuels divertissements; toute l'armée était en joie, et jamais elle ne sentit qu'elle fût plus faible que celle des ennemis. Le prince, par son campement, avait mis en sûreté non-seulement toute notre frontière et toutes nos places, mais encore tous nos soldats; il veille, c'est assez. Enfin l'ennemi décampe; c'est ce que le prince attendait. Il part à ce premier mouvement; déjà l'armée hollandaise, avec ses superbes étendards, ne lui échappera pas; tout nage dans le sang, tout est en proie; mais Dieu sait donner des bornes aux plus beaux desseins. Cependant les ennemis sont poussés partout. Oudenarde est délivrée de leurs mains; pour les tirer eux-mêmes de celles du prince, le ciel les couvre d'un brouillard épais; la terreur et la désertion se mettent dans leurs troupes; on ne sait plus ce qu'est devenue cette formidable armée. Ce fut alors que Louis, qui, après avoir achevé le rude siége de Besançon, et avoir encore une fois réduit la Franche-Comté avec une rapidité inouïe, était revenu, tout brillant de gloire, pour profiter de l'action de ses armées de Flandre et d'Allemagne, commanda ce détachement qui fit en Alsace les merveilles que vous savez, et parut le plus grand de tous les hommes, tant par les prodiges qu'il avait faits en personne que par ceux qu'il fit faire à ses généraux. »

Que Condé, comme nous l'avons dit, fut un grand général, autant par la science et le calcul que par la bravoure, c'est ce dont Bossuet témoigne encore, quand il ajoute :

« Quoiqu'une heureuse naissance eût apporté de si grands dons à notre prince, il ne cessait de l'enrichir par ses réflexions. Les campements de César firent son étude. Je me souviens qu'il nous ravissait en nous racontant comme en Catalogne, dans les lieux où ce fameux capitaine, par l'avantage des postes, contraignit cinq légions romaines et deux chefs expérimentés à poser les armes sans combat, lui-même il avait été reconnaître les rivières et les montagnes qui servirent à ce grand dessein ; et jamais un si digne maître n'avait expliqué par de si doctes leçons les Commentaires de César. Les capitaines des siècles futurs lui rendront un honneur semblable. On viendra étudier sur les lieux ce que l'histoire racontera du campement de Piéton, et des merveilles dont il fut suivi. On remarquera dans celui de Chatenoy l'éminence qu'occupa ce grand capitaine, et le ruisseau dont il se couvrit sous le canon du retranchement de Schélestadt. Là, on lui verra mépriser l'Allemagne conjurée, suivre à son tour les ennemis, quoique plus forts, rendre leurs projets inutiles, et leur faire lever le siège de Saverne, comme il avait fait un peu auparavant celui de Hagueneau. C'est par de semblables coups, dont sa vie est pleine, qu'il a porté si haut sa réputation, que ce sera dans nos jours s'être fait un nom parmi les hommes, et s'être acquis un mérite dans les troupes, d'avoir servi sous le prince de Condé, et comme un titre pour commander, de l'avoir vu faire. »

Sénef était sa dernière bataille, c'est-à-dire sa dernière

victoire ; nous ne le retrouverons plus dès lors que dans sa retraite de Chantilly, et là nous apprendrons à connaître de plus en plus l'homme sous le héros.

Comment ne pas nous écrier encore avec Bossuet : « Qu'il est beau, après les combats et le tumulte des armes, de savoir encore goûter ces vertus paisibles et cette gloire tranquille qu'on n'a point à partager avec le soldat, non plus qu'avec la fortune ; où tout charme et rien n'éblouit ; qu'on regarde sans être étourdi ni par le son des trompettes, ni par le bruit des canons, ni par les cris des blessés ; où tout l'homme paraît tout seul aussi grand, aussi respecté que lorsqu'il donne des ordres et que tout marche à sa parole. Sans envie, sans fard, sans ostentation, il parut à Chantilly comme à la tête des troupes. Qu'il embellît cette magnifique et délicieuse maison, ou bien qu'il munît un camp au milieu du pays ennemi, et qu'il fortifiât une place ; qu'il marchât avec une armée parmi les périls ou qu'il conduisît ses amis dans ces superbes allées, au bruit de tant de jets d'eau qui ne se taisaient ni jour ni nuit, c'était toujours le même homme, et sa gloire le suivait partout. »

« Il faut voir dans du Cerceau et dans Perelle ce qu'était Chantilly au commencement et à la fin du XVIIe siècle, dit l'auteur de la Vie de Mme de Longueville. Ce vaste et beau domaine était depuis longtemps aux Montmorencys, et il était venu aux Condés en 1632, par madame la princesse, à la mort de son frère, décapité à Toulouse. Il rassemblait donc les souvenirs des deux plus grandes familles militaires de l'ancienne France. Le connétable Anne et Louis de Bourbon y sont partout, et ces deux ombres couvriront et protégeront à jamais Chantilly, tant qu'il restera parmi nous quelque piété patriotique et quelque orgueil national. » Les Montmorencys ont transmis aux Condés le charmant château, un peu antérieur à la renaissance, que du Cerceau a fait connaître dans tous ses détails. C'est le grand Condé, dans les quinze dernières années de sa vie, qui, trouvant alentour les plus beaux bois, une vraie forêt avec un grand canal semblable à une rivière, des eaux abondantes et de vastes jardins, en a tiré les merveilles que le burin de Perelle nous a conservées, et que Bossuet n'a pu s'empêcher de louer, lui qui s'était promené tant de fois dans ces superbes allées, et ces jets d'eau qui ne se taisaient ni jour ni nuit. Madame la princesse s'y plaisait beaucoup, et y passait, on le sait, avec ses enfants, presque tous les étés. Elle y emmenait avec elle une petite cour, composée des amis de son fils et des amies de sa fille, avec quelques beaux esprits, et particulièrement Voiture, qui nous en a laissé une description charmante que nous avons déjà citée.

Ainsi Condé, comme sa sœur, revenait finir sa vie là où il l'avait commencée, et se reposer de sa gloire dans ces lieux témoins des jeux de son enfance et des plaisirs de son adolescence, alors qu'il était, lui aussi, bel esprit dans une société de beaux esprits, et qu'il allait même jusqu'à écrire des vers de cette même main qui devait tenir l'épée de Rocroy. Dès 1643, l'Académie avait voulu le prendre pour protecteur;

c'était avant Rocroy, et nous le remarquons à l'honneur de l'Académie ; car il vaut toujours mieux saluer les puissants la veille que le lendemain. « Il avait beaucoup d'esprit et beaucoup d'inclination aux belles-lettres, dit Pellisson. » En 1673, étant malade à Utrecht, il voulut voir Spinosa, dont la gloire était pour beaucoup une sorte de scandale, et s'entretint avec lui.

Quel plus fidèle commentaire de ces faits que ces paroles de Bossuet :

« Ce n'était pas seulement la guerre qui lui donnait de l'éclat; son grand génie embrassait tout, l'antique comme le moderne, l'histoire, la philosophie, la théologie la plus sublime, et les arts avec les sciences. Il n'y avait livre qu'il ne lût, il n'y avait homme excellent, ou dans quelque spéculation, ou dans quelque ouvrage, qu'il n'entretînt ; tous sortaient plus éclairés d'avec lui, et rectifiaient leurs pensées, ou par ses pénétrantes questions, ou par ses réflexions judicieuses. Aussi, sa conversation était un charme, parce qu'il savait parler à chacun selon ses talents ; et non-seulement aux gens de guerre, de leurs entreprises ; aux courtisans, de leurs intérêts ; aux politiques, de leurs négociations ; mais encore aux voyageurs et aux curieux, de ce qu'ils avaient découvert ou dans la nature, ou dans le gouvernement, ou dans le commerce ; à l'artisan, de ses inventions, et enfin, aux savants de toutes les sortes, de ce qu'ils avaient trouvé de plus merveilleux. »

Telle était cette cour de Chantilly, rivale et imitatrice de la cour de Versailles et de Saint-Germain, mais sans être une cour d'opposition. Condé, en effet, avec la double popularité de la guerre et de l'amour des lettres, avait à se tenir en garde. Louis XIV, en effet, sentait toujours en lui le grand homme qui se soumettait, mais qui pouvait se relever; et nous retrouvons quelque chose de ces sentiments et de cette situation jusque dans certaines pièces de Corneille, qui sont de cette époque. Dans *Nicomède*, par exemple, Prusias redoute Nicomède, qui est trop puissant; dans *Suréna*, Orodes, qui doit tout à ce général, dit aussi que la supériorité d'un sujet

> A droit d'inquiéter,
> Un roi qui lui doit tout et ne peut s'acquitter.

Enfin, l'*Agésilas* nous offre aussi la lutte d'Agésilas, le roi, et de Lysandre, l'homme important. C'est Agésilas qui l'emporte; dans *Suréna*, au contraire, c'est Suréna, c'est-à-dire le général, et cela même témoigne de la parfaite sincérité de Corneille et de la liberté de son inspiration. Il ne soupçonnait pas que Lysandre et Nicomède pussent ressembler à Louis XIV, il ne faisait pas d'allusions, et il avait raison; mais comme malgré lui, il s'inspirait de son temps; un reflet du prince de Condé se retrouve dans *Nicomède*, dans *Agésilas* et dans *Suréna*.

Dans l'histoire, c'est le roi qui l'emporte comme dans *Agésilas*. Condé avait, comme nous l'apprend Bossuet, de ces promptes saillies qu'il savait vite et agréablement réparer; et il eut beaucoup à réparer en ce genre. On sait avec quelle hauteur il traitait le cardinal Mazarin et la régente elle-même. Cependant cette âpreté d'humeur s'adoucit avec l'âge, et souvent on le vit réparer, en effet, ses brusqueries avec la simplicité d'une grande âme.

Un jour qu'il avait piqué par quelques propos très-vifs le comte de Palluau, depuis maréchal de Clérambault, le voyant triste et morne, il s'approcha de lui : « Palluau, lui dit-il, attache-moi, je te prie, ma casaque. » Le comte, qui connaissait son caractère, lui répondit : « Je vous entends, vous voudriez bien vous réconcilier avec moi. » Condé éclata de rire et l'embrassa tendrement. Mais la vanité et la sottise le trouvaient sans pitié. Le duc de Candale, étant chez lui, affectait de ne jamais parler du duc d'Épernon, son père, sans ajouter le mot de Monsieur, que l'usage semblait avoir réservé aux princes du sang. Impatient de l'orgueil du duc, qui était à peine gentilhomme, Condé se mit à crier devant lui : « Monsieur mon écuyer, dites à monsieur mon cocher de mettre messieurs mes chevaux à mon carrosse. »

Il n'en fut pas moins, dans ses dernières années, un courtisan délicat et respectueux, et Louis XIV sut s'en servir sans l'humilier. Dans ce temps de bonne compagnie, de grands sentiments, de nobles et hautes pensées, le grand roi et le grand homme se comprirent. D'un côté la grandeur du trône, de l'autre la grandeur de la personne, tel est le drame, tel est l'intérêt si vif encore de la dernière partie de la vie de Condé.

« Pendant qu'il passait sa vie dans ces occupations, et qu'il portait au-dessus de ses actions les plus renommées la gloire d'une si belle et si pieuse retraite, la nouvelle de la maladie de la duchesse de Bourbon, femme de son petit-fils, le duc de Bourbon, vint à Chantilly comme un coup de foudre. Qui ne fut frappé de la crainte de voir éteindre cette lumière naissante? On appréhenda qu'elle n'eût le sort des choses avancées. Quels furent les sentiments du prince de Condé, lorsqu'il se vit menacé de perdre ce nouveau lien de sa famille avec la personne du roi? C'est donc dans cette occasion que devait mourir ce héros! Celui que tant de siéges et tant de batailles n'ont pu emporter, va périr par sa tendresse! Pénétré de toutes les inquiétudes que donne un mal affreux; son cœur, qui le soutient seul depuis si longtemps, achève à ce coup de l'accabler; les forces qu'il lui fait trouver l'épuisent. S'il oublie toute sa faiblesse à la vue du roi qui approche de la princesse malade, si, transporté de son zèle, et sans avoir besoin de secours à cette fois, il accourt pour l'avertir de tous les périls que ce grand roi ne craignait pas, et qu'il l'empêche enfin d'avancer, il va tomber évanoui à quatre pas; et l'on admire cette nouvelle manière de s'exposer pour son roi. Quoique la duchesse d'Enghien, sa belle-fille, princesse dont la vertu ne craignait jamais que de manquer à sa famille et à ses devoirs, eût obtenu de demeurer auprès de lui pour le soulager, la vigilance de cette princesse ne calme pas les soucis qui le travaillent; et après que la jeune princesse est hors de péril, la maladie du roi va bien causer d'autres troubles à notre prince. »

Louis XIV, en effet, fut, à cette époque, attaqué de la fistule, et nous lisons dans les Mémoires du temps qu'il supporta l'opération avec un courage héroïque, et donna à son chirurgien Félix une terre qui valait alors plus de 50,000 écus.

« Parmi toutes ses douleurs, reprend Bossuet, il s'informait avec soin de l'état du prince de Condé. Il s'affaiblissait, ce grand prince, mais la mort cachait ses approches. »

« Quelque peu de santé qu'il eût depuis quelques mois, dit un des journaux du temps, il ne put apprendre le danger où la petite vérole avait mis Mme la duchesse de Bourbon sans se faire porter à Fontainebleau; et les accidents qui avaient fait craindre pour la vie de cette jeune princesse ayant cessé peu de jours après, il avait donné ses ordres pour partir le lendemain, lorsque tout à coup il se sentit affaibli d'une manière qui lui fit connaître qu'il ne devait plus songer à la vie. Il dit aussitôt qu'il voyait bien qu'il fallait songer à un voyage plus important. Il eut le soin d'ordonner qu'on récompensât tous ses domestiques, et, sa faiblesse continuant d'heure en heure à s'augmenter, il envisagea la mort avec toute la résignation d'un bon chrétien, et, en même temps, avec la fermeté d'un héros. Il mourut le mercredi onzième de ce mois (décembre 1686), âgé de soixante-cinq ans trois mois et trois jours. Son corps fut ouvert. On lui trouva le poumon flétri, nageant dans l'eau dont la poitrine était en partie remplie; dans le bas-ventre, l'estomac et le foie en fort bon état, et la rate commençant à se corrompre; la vessie du fiel fort grande et fort pleine; la vessie dans son état naturel; dans la tête, le plus beau cerveau du monde, soit dans la couleur, soit dans la consistance, et le cœur fort sain, fort gros et d'une couleur naturelle. Il ne faut pas s'étonner si son cœur a toujours été grand, aussi bien que son esprit. »

Mais comment était-il mort? Apprenons-le encore de Bossuet lui-même, qui l'assista à ses derniers moments; aussi bien lui-même nous y convie. « Chrétiens, soyez attentifs et venez apprendre à mourir, ou plutôt venez apprendre à n'attendre pas la dernière heure pour commencer à bien vivre. Quoi! attendre à commencer une vie nouvelle, lorsque, entre les mains de la mort, glacés sous ses froides mains, vous ne saurez si vous êtes avec les morts ou encore avec les vivants! Ah! prévenez par la pénitence cette heure de troubles et de ténèbres. Par là, sans être étonné de cette dernière sentence qu'on lui prononça, le prince demeure un moment dans le silence, et tout à coup : « O mon Dieu, dit-il, vous le voulez, votre volonté « soit faite; je me jette entre vos bras, donnez-moi la grâce « de bien mourir.... » Dès lors aussi, tel qu'on l'avait vu dans tous ses combats, résolu, paisible, occupé sans inquiétude de ce qu'il fallait faire pour les soutenir, tel fut-il à ce dernier choc; et la mort ne lui parut pas plus affreuse, pâle et languissante, que lorsqu'elle se présenta au milieu du feu, sous l'éclat de la victoire, qu'elle montre seule. Pendant que les sanglots éclataient de toutes parts, comme si un autre que lui en eût été le sujet, il continuait à donner ses ordres; et s'il défendait les pleurs, ce n'était pas comme un objet dont il fût troublé, mais comme un empêchement qui le retardait.

A ce moment, il étend ses soins jusqu'aux moindres de ses domestiques. Avec une libéralité digne de sa naissance et de leurs services, il les laisse comblés de ses dons, mais encore plus honorés des marques de son souvenir.... Ce que le prince commença ensuite pour s'acquitter des devoirs de la religion, mériterait d'être raconté à toute la terre, non à cause qu'il est remarquable, mais à cause, pour ainsi dire, qu'il ne l'est pas, et qu'un prince si exposé à tout l'univers ne donne rien aux spectateurs. N'attendez donc pas de ces magnifiques paroles qui ne servent qu'à faire connaître, sinon un orgueil caché, du moins les efforts d'une âme agitée qui combat ou qui dissimule son mal secret. Le prince de Condé ne sait ce que c'est que de prononcer de ces pompeuses sentences ; et dans la mort comme dans la vie, la vérité fit toujours toute sa grandeur. Sa confession fut humble, pleine de componction et de confiance. Il ne lui fallut pas longtemps pour la préparer : la meilleure préparation pour celle des derniers temps, c'est de ne les attendre pas. Mais prêtez l'oreille à ce qui va suivre. A la vue du saint viatique, qu'il avait tant désiré, voyez comme il s'arrête sur ce doux objet.... Il se ressouvint de toutes les fautes qu'il avait commises ; et trop faible pour expliquer avec force ce qu'il en sentait, il emprunta la voix de son confesseur pour en demander pardon au monde, à ses domestiques et à ses amis. On lui répondit par des sanglots.... Les autres devoirs de la religion furent accomplis avec la même piété et la même présence d'esprit. Avec quelle foi, et combien de fois pria-t-il le Sauveur des âmes, en baisant sa croix, que son sang répandu pour lui ne le fût pas inutilement...... Il se fit répéter trois fois les prières des agonisants, et il y trouva toujours de nouvelles consolations. En remerciant ses médecins : « Voilà, dit-il, maintenant mes vrais médecins; » il montrait les ecclésiastiques dont il écoutait les avis, dont il continuait les prières, les psaumes toujours à la bouche, la confiance toujours dans le cœur.

« ...... Puis-je taire, durant ce temps, ce qui se faisait à la cour et en la présence du roi? Lorsqu'il y fit lire la dernière lettre que lui écrivit ce grand homme, et qu'on y vit, dans les trois temps que marquait le prince, ses services, qu'il y passait si légèrement au commencement et à la fin de sa vie, et, dans le milieu, ses fautes, dont il faisait une si sincère reconnaissance, il n'y eut cœur qui ne s'attendrît à l'entendre parler de lui-même avec tant de modestie; et cette lecture, suivie des larmes du roi, fit voir ce que les héros sentent les uns pour les autres. Mais lorsqu'on vint à l'endroit du remercîment, où le prince marquait qu'il mourait content et trop heureux d'avoir encore assez de vie pour témoigner au roi sa reconnaissance, son dévouement, et, s'il l'osait dire, sa tendresse, tout le monde rendit témoignage à la vérité de ses sentiments; et ceux qui l'avaient ouï parler si souvent de ce grand roi dans ses entretiens familiers, pouvaient assurer que jamais ils n'avaient rien entendu ni de plus respectueux et de plus tendre pour sa personne sacrée, ni de plus fort pour célébrer ses vertus royales, sa piété, son courage, son grand génie, principalement à la guerre, que ce qu'en disait ce grand prince, avec aussi peu d'exagération que de flatterie. Pendant qu'on lui rendait ce beau témoignage, ce grand homme n'était plus. Tranquille entre les bras de son Dieu, où il s'était une fois jeté, il attendait sa miséricorde et implorait son secours, jusquà ce qu'il cessât enfin de respirer et de vivre..... Averti par son confesseur que si notre cœur n'était pas encore entièrement selon Dieu, il fallait, en s'adressant à Dieu même, obtenir qu'il nous fît un cœur comme il le voulait et lui dire avec David ces tendres paroles : « O Dieu ! créez en moi un « cœur pur; » à ces mots, il s'arrête, comme occupé de quelque grande pensée ; puis, appelant le saint religieux qui lui avait inspiré ce beau sentiment : « Je n'ai jamais douté, dit-il, « des mystères de la religion, quoi qu'on en ait dit... Mais, « poursuivit-il, j'en doute moins que jamais. Que ces vérités, « continuait-il avec une douceur ravissante, se démêlent et « s'éclaircissent dans mon esprit! Oui, dit-il, nous verrons « Dieu comme il est, face à face. » Il répétait en latin, avec un goût merveilleux, ces grands mots : *Sicuti est, facie ad faciem;* et on ne se lassait point de le voir dans ce doux transport. »

Ces éloquentes paroles de Bossuet ne sont encore que le commentaire, pour ainsi dire, inspiré de l'histoire d'ailleurs la plus scrupuleuse et la plus fidèle.

« La lettre qu'il a écrite au roi, dit Mme de Sévigné en parlant du prince de Condé, est la plus belle chose du monde, et le roi s'interrompit trois ou quatre fois par l'abondance de ses larmes. C'était un adieu et une assurance d'une parfaite félicité, demandant un pardon noble des égarements passés, ayant été forcé par le malheur des temps; un remercîment du retour du prince de Conti, et beaucoup de bien de ce prince; ensuite une recommandation à sa famille d'être unie : il les embrassa tous, et les fit embrasser devant lui et promettre de s'aimer comme frères; une récompense à tous ses gens, demandant pardon des mauvais exemples; et un christianisme partout dans la réception des sacrements, qui donne une consolation et une admiration éternelles. »

Enfin, Désormeaux nous donne la lettre suivante dans la *Vie du prince de Condé:*

« Sire,

« Je supplie très-humblement Votre Majesté de trouver bon que je lui écrive pour la dernière fois de ma vie; je suis dans un état où je ne serai pas longtemps sans aller rendre compte à Dieu de toutes mes actions; je souhaiterais de tout mon cœur que celles qui le regardent fussent ainsi que presque toutes celles qui regardent Votre Majesté. J'ai tâché de remplir tous les devoirs auxquels ma naissance et le zèle sincère que j'avais pour Votre Majesté m'obligeaient; il est vrai que, dans le milieu de ma vie, j'ai eu une conduite que j'ai condamnée le premier, et que vous avez eu la bonté de me pardonner. J'ai ensuite tâché de réparer ma faute par un attachement inviolable à Votre Majesté; et mon déplaisir a toujours été, depuis ce temps-là, de n'avoir pu faire d'assez grandes choses qui méritassent les bontés que vous avez eues pour moi ; j'ai au moins cette satisfaction de n'avoir rien oublié de ce que j'avais de plus cher et de plus précieux pour marquer à Votre Majesté que j'avais pour elle et pour son État tous les sentiments que je devais avoir. Après toutes les bontés dont vous m'avez comblé, oserai-je encore vous demander une grâce, laquelle, dans l'état où je me vois réduit, me serait d'une consolation très-sensible? C'est en faveur du prince de Conti ; il y a un an que je le conduis, et j'ai la satisfaction de l'avoir mis dans des sentiments tels que Votre Majesté peut les souhaiter. Ce prince a assurément du mérite, et si je ne lui avais pas reconnu pour vous toute la soumission imaginable et une envie très-sincère de n'avoir point d'autre règle de sa conduite que la volonté de Votre Majesté, je ne la prierai point, comme je fais très-humblement, de vouloir bien lui rendre ce qu'il estime plus que toutes choses au monde, l'honneur de ses bonnes grâces; il y a plus d'un an qu'il soupire et qu'il se regarde, en l'état où il est, comme s'il était en purgatoire; je conjure Votre Majesté de l'en vouloir tirer, et de lui accorder un pardon général. Je me flatte peut-être un peu trop; mais que ne peut-on pas espérer du plus grand roi de la terre, de qui je meurs, comme j'ai vécu, très-humble et très-obéissant serviteur et sujet.

« Louis DE BOURBON. »

Cette lettre était à peine terminée, quand le fils de Condé arriva, annonçant que la bonté de Louis XIV avait prévenu les désirs du prince. Condé mourant voulut témoigner au roi sa reconnaissance ; il dicta les quelques lignes qui suivent :

« Mon fils vient de m'apprendre, en arrivant, la grâce que Votre Majesté a eu la bonté de me faire en pardonnant à monsieur le prince de Conti. Je suis bien heureux qu'il me reste assez de vie pour en faire mes très-humbles remercîments à Votre Majesté. Je meurs content, si elle veut bien me faire la justice de croire que personne n'a eu pour elle des sentiments si remplis de respect et de dévouement, et, si j'ose le dire, de tendresse.

« Louis DE BOURBON. »

Bossuet, comme on le voit, n'a fait qu'analyser.

Puis, jetant les yeux autour de lui, le grand orateur, comme on sait, appelle tous ceux qui sont présents à contempler un grand spectacle. « Jetez les yeux de toutes parts : voilà tout ce qu'a pu faire la magnificence et la piété pour honorer un héros ; des titres, des inscriptions, vaines marques de ce qui n'est plus ; des figures qui semblent pleurer autour d'un tombeau, et des fragiles images d'une douleur que le temps emporte avec tout le reste ; des colonnes qui semblent vouloir porter jusqu'au ciel le magnifique témoignage de notre néant ; et rien enfin ne manque dans tous ces honneurs que celui à qui on les rend. »

« Voici encore de la mort et de la tristesse, mon cher cousin, écrit Mme de Sévigné (10 mars 1687) ; mais le moyen de ne pas vous parler de la plus belle, de la plus magnifique et de la plus triomphante pompe funèbre qui ait jamais été faite depuis qu'il y a des mortels; c'est celle de feu monsieur le prince, qu'on a faite aujourd'hui à Notre-Dame. Tous les beaux esprits se sont épuisés à faire valoir tout ce qu'a fait ce grand prince, et tout ce qu'il a été. Ses pères sont représentés par des médailles jusqu'à saint Louis; toutes ses victoires, par des *basses-tailles* (ou bas-reliefs), couvertes comme sous des tentes dont les coins sont ouverts, et portées par des squelettes dont les attitudes sont admirables. Le mausolée, jusque près de la voûte, est couvert d'un dais en manière de pavillon encore plus haut, dont les quatre coins retombent en guise de tente. Toute la place du chœur est ornée de ces basses-tailles et de devises au-dessous, qui parlent de tous les temps de sa vie. Celui de sa liaison avec les Espagnols est exprimé par une nuit obscure, où trois mots latins disent : *Ce qui s'est fait loin du soleil doit être caché.* Tout est semé de fleurs de lis d'une couleur sombre, et au-dessous une petite lampe qui fait dix mille petites étoiles. Tout le monde a été voir cette pompeuse décoration. Elle coûte 100,000 fr. à monsieur le prince d'aujourd'hui; mais cette dépense lui fait bien de l'honneur. » Les inscriptions étaient du père Ménestrier, qui avait un talent particulier pour ce genre de composition; le texte de l'inscription citée par Mme de Sévigné est celui-ci : *Lateant quæ sine sole.*

Enfin, Bossuet vient lui-même à la suite du grand cortége, comme autrefois saint Grégoire de Nazianze dans l'oraison funèbre de saint Basile. « Pour moi, s'il m'est permis, après tous les autres, de venir rendre les derniers devoirs à ce tombeau, ô prince, le digne sujet de nos louanges et de nos regrets, vous vivrez éternellement dans ma mémoire; votre image y sera tracée, non point avec cette audace qui promettait la victoire; non, je ne veux rien voir en vous de ce que la mort y efface. Vous aurez dans cette image des traits immortels; je vous y verrai tel que vous étiez à ce dernier jour sous la main de Dieu, lorsque sa gloire sembla commencer à vous apparaître. C'est là que je vous verrai plus triomphant qu'à Fribourg et à Rocroy; et ravi d'un si beau triomphe, je dirai en action de grâces ces belles paroles du bien-aimé disciple. *Et hœc est victoria quæ vincit mundum, fides nostra* (la véritable victoire est celle qui met sous nos pieds le monde entier, c'est notre foi). Jouissez, prince, de cette victoire; jouissez-en éternellement par l'immortelle vertu de ce sacrifice. Agréez ces derniers efforts d'une voix qui vous fut connue. Vous mettrez fin à tous ces discours. Au lieu de déplorer la mort des autres, grand prince, dorénavant je veux apprendre de vous à rendre la mienne sainte; heureux si, averti par ces cheveux blancs du compte que je dois rendre de mon administration, je réserve au troupeau que je dois nourrir de la parole de vie les restes d'une voix qui tombe et d'une ardeur qui s'éteint. »

« Nous avions cru pendant quelque temps, dit Chateaubriand dans le *Génie du Christianisme*, que l'oraison funèbre du prince de Condé était généralement trop louée; nous pensions qu'il était plus aisé, comme il l'est, en effet, d'arriver aux formes d'éloquence du commencement de cet éloge qu'à celles de l'oraison de Madame Henriette; mais quand nous avons lu ce discours avec attention; quand nous avons vu l'orateur emboucher la trompette épique pendant une moitié de son récit et donner, comme en se jouant, un chant d'Homère; quand, se retirant à Chantilly avec Achille en repos, il rentre dans le ton évangélique, et retrouve les grandes pensées, les vues chrétiennes qui remplissent les premières oraisons funèbres; lorsque, après avoir mis Condé au cercueil, il appelle les peuples, les princes, les prélats, les guerriers au catafalque du héros; lorsqu'enfin, s'avançant lui-même avec ses cheveux blancs, il fait entendre les accents du cygne, montre Bossuet un pied dans la tombe, et le siècle de Louis, dont il a l'air de faire les funérailles, prêt à s'abîmer dans l'éternité, à ce dernier effort de l'éloquence humaine, les larmes de l'admiration ont coulé de nos yeux, et le livre est tombé de nos mains. »

Enfin, pour nous fixer dans l'esprit un portrait du grand Condé, retraçons-nous, en finissant, celui que nous en a donné la Bruyère. « Émile était né ce que les plus grands hommes ne deviennent qu'à force de règles, de méditations et d'exercice. Il n'a eu dans ses premières années qu'à remplir des talents qui étaient naturels, et qu'à se livrer à son génie. Il a fait, il a agi avant que de savoir, ou plutôt il a su ce qu'il n'avait jamais appris. Dirai-je que les jeux de son enfance ont été plusieurs victoires? Une vie accompagnée d'un extrême bonheur, joint à une longue expérience, serait illustre par les seules actions qu'il avait achevées dès sa jeunesse. Toutes les occasions de vaincre qui se sont depuis offertes, il les a embrassées; et celles qui n'étaient pas, sa vertu et son étoile les ont fait naître; admirable même et par les choses qu'il a faites et par celles qu'il aurait pu faire. On l'a regardé comme un homme incapable de céder à l'ennemi, de plier sous le nombre ou sous les obstacles, comme une âme du premier ordre, pleine de ressources et de lumières, qui voyait encore où personne ne voyait plus; comme celui qui, à la tête des légions, était pour elles un présage de la victoire et qui valait seul plusieurs légions; qui était grand dans la prospérité, plus grand quand la fortune lui a été contraire; la levée d'un siége, une retraite l'ont ennobli plus que ses triomphes; qui était rempli de gloire et de modestie. On lui a entendu dire : « Je fuyais, » avec la même grâce qu'il disait : « Nous les battîmes. » Un homme dévoué à l'État, à sa famille, au chef de la famille, sincère pour Dieu et pour les hommes; autant admirateur du mérite que s'il lui eût été moins propre et moins familier; un homme vrai, simple, magnanime. »

BATAILLE DE FRIBOURG.

(Le grand Condé lance son bâton de commandant dans les rangs ennemis.)

CHAPITRE V.

Henri III, Jules de Bourbon (1643-1709). — Louis III de Bourbon (1668-1710). — La duchesse du Maine, fille de Henri III de Bourbon.

Rivalité du duc du Maine et du Régent. — Saint-Simon partisan du Régent. — Mlle de Launay partisan de la duchesse du Maine. — Ses *Mémoires*, sa Captivité à la Bastille, son Retour à Sceaux, son Mariage.

Condé laissait un fils, Henri-Jules de Bourbon (1643-1709). Il l'avait emmené avec lui en Espagne, et, ne pouvant s'occuper de son éducation dans ces circonstances critiques et malheureuses, placé chez les jésuites de Namur. Mais, à son retour en France, il ne cessa de l'accompagner. « Non content de lui enseigner la guerre, comme il a fait jusqu'à la fin, par ses discours, nous dit encore Bossuet, le prince le mène aux leçons vivantes et à la pratique. A la journée de Sénef, le jeune duc, quoiqu'il commandât, comme il avait déjà fait en d'autres campagnes, vient, dans les plus rudes épreuves, apprendre la guerre aux côtés du prince son père. Au milieu de tant de périls, il voit ce grand prince renversé dans un fossé, sous un cheval tout en sang. Pendant qu'il lui offre le sien et s'occupe à relever le prince abattu, il est blessé entre les bras d'un père si tendre, sans interrompre ses soins, ravi de satisfaire à la fois à la piété et à la gloire. Que pouvait penser le prince, si ce n'est que, pour accomplir les plus grandes choses, rien ne manquerait à ce digne fils que les occasions ? Et ses tendresses se redoublaient avec son estime. »

Plus loin, Bossuet nous montre de nouveau ce digne fils recevant de Condé mourant un dernier éloge. « Quand je devrais, Monseigneur, renouveler vos douleurs et rouvrir toutes les plaies de votre cœur, je ne tairai pas ces paroles qu'il répéta si souvent : Qu'il vous connaissait ; qu'il n'y avait sans formalités qu'à vous dire ses intentions ; que vous iriez encore au delà, et suppléeriez de vous-même à tout ce qu'il pourrait avoir oublié. Qu'un père vous ait aimé, je ne m'en étonne pas, c'est un sentiment que la nature inspire ; mais qu'un père si éclairé vous ait témoigné cette confiance jusqu'au dernier soupir, qu'il se soit reposé sur vous de choses si importantes et qu'il meure tranquillement sur cette assurance, c'est le plus beau témoignage que votre vertu pouvait remporter ; et, malgré tout votre mérite, Votre Altesse n'aura de moi aujourd'hui que cette louange. »

Ici nous devons convenir que l'histoire n'est plus d'accord avec l'oraison funèbre. Saint-Simon juge beaucoup plus sévèrement le fils de Condé; mais on sait, du reste, qu'il n'aimait pas les Condés, il avait eu à défendre contre eux une partie de l'héritage de son père, et le souvenir de ces démêlés lui tenait au cœur.

« C'était, dit-il, un petit homme très-mince et très-maigre, dont le visage, d'assez petite mine, ne laissait pas d'imposer par le feu et l'audace de ses yeux, et un composé des plus rares qui se soit guère rencontré. Personne n'a eu plus d'esprit, et toute sorte d'esprits, ni rarement tant de savoir en presque tous les genres, et pour la plupart à fond, jusqu'aux arts et aux mécaniques, avec un goût exquis et universel. Jamais encore une valeur plus franche et plus naturelle, ni une plus grande envie de faire; et, quand il voulait plaire, jamais tant de discernement, de grâces, de gentillesse, de politesse, de noblesse, tant d'art caché coulant comme de source. Personne aussi n'a jamais porté si loin l'invention, l'exécution, l'industrie, les agréments ni la magnificence des fêtes, dont il savait surprendre et enchanter, et dans toutes les espèces imaginables. Jamais aussi tant de talents inutiles, tant de génie sans usage, tant et une si continuelle et si vive agitation, uniquement propre à le rendre son bourreau et le fléau des autres; jamais tant d'épines et de danger dans le commerce, tant et de si sordide avarice, et de manége bas et honteux, d'injustice, de rapines, de violences; jamais encore tant de hauteur, de prétentions sourdes, nouvelles, adroitement conduites, de subtilités d'usage, d'artifices à les introduire imperceptiblement, puis à s'en avantager, d'entreprises hardies et inouïes, de conquêtes à force ouverte... Fils dénaturé, cruel père, mari terrible, maître détestable, pernicieux voisin, sans amitié, sans amis, incapable d'en avoir, jaloux, soupçonneux, inquiet, sans aucun relâche, plein de manéges et d'artifices à découvrir et à scruter tout, colère, et d'un emportement à se porter aux derniers excès, même sur des bagatelles, difficile en tout; jamais d'accord lui-même, et tenant tout dans le tremblement; à tout prendre, la fougue et l'avarice étaient ses maîtres, qui le gourmandaient toujours. Avec cela, c'était un homme dont on avait peine à se défendre quand il avait entrepris d'obtenir par les grâces, le tour, la délicatesse de l'insinuation et de la flatterie, et par l'éloquence naturelle qu'il employait; mais parfaitement ingrat des plus grands services, si la reconnaissance ne lui était utile à mieux. »

Il mourut en 1709, laissant une fille, qui fut la duchesse du Maine, et un fils, Louis III de Bourbon (1668-1710). Celui-ci avait eu les meilleurs précepteurs, et d'abord son grand-père, le grand Condé lui-même, comme nous l'apprend Bossuet. « Sérieux autant qu'agréable père de famille, dans les douceurs qu'il goûtait avec ses enfants, le prince ne cessait de leur inspirer les sentiments de la véritable vertu; et ce jeune prince, son petit-fils, se sentira éternellement d'avoir été cultivé par de telles mains. »

Bossuet lui-même, qui lui témoignait une affection toute particulière, avait surveillé son éducation et lui avait donné, pour lui apprendre l'histoire, la Bruyère, l'auteur du livre classique des *Caractères*.

Saint-Simon le juge pourtant encore bien défavorablement. « Sa férocité était extrême, dit-il, et se montrait en tout ; c'était une meule toujours en l'air, et dont ses amis n'étaient jamais en sûreté, tantôt par des insultes extrêmes, tantôt par des plaisanteries cruelles en face, et des chansons, qu'il savait faire sur-le-champ, qui emportaient la pièce. »

Le don de l'esprit était donc héréditaire dans la famille des Condés, et aussi le courage militaire ; car monsieur le duc prit une glorieuse part aux victoires de Steinkerque et de Nerwinden, et, bien qu'il n'eût jamais exercé le commandement en chef, il montra bien souvent une bravoure à toute épreuve, et entre autres, lors de cette prise de Namur, si peu heureusement célébrée par Boileau dans une ode plus régulière qu'inspirée. Il mourut subitement d'apoplexie en 1710.

Sa sœur, la duchesse du Maine, était réservée à une vie et plus orageuse et plus longue. Avec elle, nous entrons dans une ère nouvelle.

Louis XIV, cruellement ébranlé dès 1712, dépérit peu à peu depuis l'été de 1714 ; à partir du 11 août 1715, il ne sortit plus du château de Versailles. La fièvre augmenta, le sommeil disparut. Le 25, il reçut les sacrements avec beaucoup de calme et de fermeté. Le 26, il fit ses adieux en termes attendrissants aux principaux de la cour, les pria de contribuer tous à l'union et de se souvenir quelquefois de lui. Il fit également ses adieux aux princes et aux princesses, adressa des paroles bienveillantes au duc d'Orléans, puis se fit amener le Dauphin, bel enfant de cinq ans, seul reste de toute sa lignée légitime en France. « Mon enfant, lui dit-il, vous allez être bientôt roi d'un grand royaume. N'oubliez jamais les obligations que vous avez à Dieu; souvenez-vous que vous lui devez tout ce que vous êtes. Tâchez de conserver la paix avec vos voisins. J'ai trop aimé la guerre, ne m'imitez pas en cela, non plus que dans les trop grandes dépenses que j'ai faites. Prenez conseil en toutes choses. Soulagez vos peuples le plus tôt que vous le pourrez, et faites ce que j'ai eu le malheur de ne pouvoir faire moi-même. »

Touchantes mais vaines paroles. Le successeur de Louis XIV n'était pas réservé à une œuvre de réparation, mais à une œuvre de dissolution et de ruine.

Le roi régla ensuite ce qu'on aurait à faire après sa mort, avec la précision et le détail où il s'était complu dans toute la suite de sa vie. Il lui arriva plus d'une fois de dire : « Du temps que j'étais roi. » Il montrait une sérénité merveilleuse chez un homme qu'on croyait si fortement enraciné sur cette terre. « J'avais cru plus difficile de mourir », disait-il à Mme de Maintenon. Et comme deux de ses valets pleuraient au pied de son lit : « Pourquoi pleurez-vous? M'avez-vous cru immortel? » Le 28, au matin, il dit à Mme de Maintenon que ce qui le consolait de la quitter, c'était l'espoir qu'ils se rejoindraient bientôt. Le 31 août, il se ranima dans la nuit pour réciter avec le clergé la prière des agonisants. Il répéta plusieurs fois d'une voix forte : « *Nunc et in horâ mortis...* mon Dieu, venez à mon aide »; puis il entra dans une longue agonie. Le 1er septembre, à huit heures et un quart du matin, il rendait le dernier soupir.

Il avait vécu soixante-dix-sept ans, régné soixante-douze, gouverné cinquante-quatre. C'était le plus long comme le plus grand règne de notre histoire.

Mais ce n'est pas un homme, c'est un monde qui finit. Le poids de son autorité avait été accablant dans les dernières années; son cercueil même fut insulté. « J'ai vu, dit Voltaire, de petites tentes dressées sur le chemin de Saint-Denis. On y buvait, on y chantait, on y riait. Le jésuite Letellier était la principale cause de cette joie universelle. J'entendis plusieurs spectateurs dire qu'il fallait mettre le feu aux maisons des jésuites avec les flambeaux qui éclairaient la pompe funèbre. »

Ainsi s'ouvrait le xviiie siècle. Le roi avait cinq ans. Qui allait gouverner? Louis XIV avait fait un testament. Lorsqu'il eut perdu son fils unique, le grand Dauphin, le 14 avril 1711; la seconde Dauphine, le 12 février 1712, et son mari, le duc de Bourgogne, le 18; leur fils aîné, le duc de Bretagne, le 8 mars; le duc de Berry, fils du grand Dauphin, en 1714, et que de sa nombreuse famille, il ne lui resta plus que son petit-fils Philippe V, roi d'Espagne, et son arrière-petit-fils le duc d'Anjou, qui fut depuis Louis XV, il songea à assurer sa succession.

Ses fils légitimés, le duc du Maine et le comte de Toulouse, furent déclarés héritiers de la couronne, à défaut de princes du sang. Il les appela, par son testament, à faire partie du conseil de régence dont le duc d'Orléans, son neveu, n'eut que la présidence ; le duc du Maine obtint en outre la tutelle, avec la surintendance de l'éducation du jeune roi, dont le maréchal de Villeroi fut nommé gouverneur.

Mais lui-même ne s'était pas abusé sur la valeur de ses dernières dispositions. « Dès que je serai mort, dit-il, on n'en fera ni plus ni moins. Je sais trop bien ce qu'est devenu le testament du roi mon père. »

Et, en effet, comme à la mort de Henri IV et de Louis XIII, il y eut un instant de réaction féodale. Le pouvoir, échappé de la main glacée du grand roi, parut devoir être disputé entre deux rivaux, le neveu et le fils naturel de Louis XIV. Le parlement décida.

Le 2 septembre, au matin, le duc d'Orléans, les princes du sang, les légitimés, les ducs et pairs se transportèrent au palais ; tout Paris s'y pressait. Villeroi n'y mena pas le jeune roi, et cette première infraction aux dernières volontés de Louis XIV en présageait bien d'autres. Philippe, accueilli avec beaucoup de faveur et de marques de respect par le parlement, débuta par un discours habile, où il prêtait au roi ces paroles : « Je vous recommande le Dauphin ; servez-le aussi fidèlement que vous m'avez servi, et travaillez à lui conserver son royaume. S'il vient à manquer, vous serez le maître, et la couronne vous appartient. J'ai fait les dispositions que j'ai cru les plus sages ;

mais comme on ne saurait tout prévoir, s'il y a quelque chose qui ne soit pas bien, on le changera. » Puis, pour achever de se concilier les esprits, il demanda par avance « les sages remontrances de cette auguste assemblée » pour l'aider à atteindre ce but.

Au premier mot qui annonça la restitution du droit de remontrances, tout le parlement fut gagné. L'avocat général Joly de Fleury donna des conclusions conformes aux prétentions du prince; on alla aussitôt extraire de sa cassette le testament de Louis XIV; la lecture fut écoutée dans un silence désapprobateur. Le duc d'Orléans réclama vivement contre un acte extorqué, dit-il, au feu roi, et contraire à ses intentions véritables; il demanda, au lieu d'un vain titre, la régence entière et indépendante, avec le choix du conseil de régence. Le duc du Maine voulut parler; Philippe lui ferma la bouche d'autorité, et l'assemblée, sans même aller régulièrement aux voix, proclama Philippe régent par acclamation. Celui-ci alors attaqua vivement l'article du testament qui mettait la personne du jeune roi Louis XV à la discrétion du duc du Maine, et déclara cette disposition incompatible avec l'autorité et la sûreté du régent.

Le duc du Maine essaya enfin de se défendre, et il s'éleva entre le régent et lui une altercation prolongée, opiniâtre et peu digne de part et d'autre. Philippe retombait ainsi au niveau de son rival et reperdait une partie du terrain gagné. Bien des gens qui avaient voté la régence pouvaient hésiter à briser les dispositions prises par Louis XIV pour l'éducation et la sûreté de son héritier. Les amis du régent l'avertirent que la position se gâtait, et l'engagèrent à suspendre la séance. Quand on revint l'après-midi, le temps avait été bien employé; le parlement convint tout d'une voix que le commandement des forces militaires ne pouvait se partager et devait appartenir sans réserve au régent. Le duc du Maine s'écria que, puisqu'on lui enlevait l'autorité que lui avait assignée le testament de Louis XIV, il ne pouvait plus répondre de la personne du roi, et demandait à être déchargé de sa garde. « Très-volontiers, Monsieur », répondit le régent; et il lui fit donner acte de son désistement. Philippe, sentant la veine heureuse, poussa son succès jusqu'au bout. Le matin, on avait arrêté qu'au conseil de régence tout se déciderait à la pluralité des voix; Philippe fit observer que cela se pouvait pratiquer pour la décision des affaires, mais non pour la collation des grâces, des charges et des bénéfices; qu'en cette matière, il avait besoin d'une entière liberté. « Je veux être libre de récompenser, dit-il; quand il s'agira de punir, j'en reviendrai à la pluralité des voix. Je veux, ajouta-t-il en rappelant adroitement une phrase de Télémaque, je veux être libre pour le bien et avoir les mains liées pour le mal. »

On lui accorda la disposition des charges et le droit de révoquer les membres du conseil de régence, comme celui de les nommer. C'était lui donner un pouvoir à peu près absolu. La séance fut levée au bruit des acclamations, et il ne resta plus d'autre vestige des dernières volontés de Louis XIV qu'un parchemin rejeté au fond des archives, où l'histoire seule devait désormais aller l'interroger. Tout avait disparu du grand roi, ses passions, ses erreurs et aussi ses grandes pensées.

Depuis la fameuse séance du parlement où le testament du feu roi avait été cassé, monsieur le duc du Maine, déchu de tout pouvoir et de toute autorité dans l'État, ne cessait de trembler pour le rang qu'il tenait de l'aveugle tendresse de son père et de Mme de Maintenon. Semblable à ces tyrans qui ont usurpé par leurs crimes le souverain pouvoir, et qui craignent, comme autant d'ennemis conjurés pour leur perte, tous leurs concitoyens, qu'ils ont asservis, il se considérait assis sous cette épée que Denys, tyran de Syracuse, fit suspendre par un cheveu au-dessus de sa table sur la tête d'un homme qu'il y fit asseoir et qui le croyait heureux, auquel il voulut faire sentir par là ce qui se passait sans cesse en lui-même. Monsieur le duc, qui exprimait si volontiers les choses les plus sérieuses en plaisanteries, disait franchement à ses familiers qu'il était comme un pou entre deux ongles, des princes du sang et des pairs, dont il ne pouvait manquer d'être écrasé, s'il n'y prenait garde. Cette réflexion troublait l'excès de son contentement et celui des grandeurs et de la puissance où tant de machines l'avaient élevé.

Ce n'était pas tout d'avoir enlevé la régence au duc du Maine, après l'avoir privé de la dignité de prince du sang; on le réduisit au rang d'ancienneté de sa pairie en même temps que son frère, le comte de Toulouse, était au contraire conservé dans son rang et ses honneurs. « Or, cette séparation du crime et de la vertu, observe Saint-Simon, l'ami du régent, marquait plus profondément la chute du Maine, en la rendant personnelle. »

« Du reste, il faut voir comme le duc et pair, heureux de reprendre le pas sur les légitimés, triomphe et s'exalte. Le garde des sceaux ouvrit la bouche, et, dès la première période, il annonça la chute d'un des frères et la conservation de l'autre. L'effet de cette période sur tous les visages fut inexprimable. Quelque occupé que je fusse à contenir le mien, je n'en perdis pourtant aucune chose. L'étonnement prévalut aux autres passions. Beaucoup parurent aises, soit équité, soit haine pour le duc du Maine, soit affection pour le comte de Toulouse; plusieurs consternés. Le premier président perdit toute contenance; son visage, si suffisant et si audacieux, fut saisi d'un mouvement convulsif; l'excès seul de sa rage le préserva de l'évanouissement. Ce fut bien pis à la lecture de la déclaration. Chaque mot était législatif et portait une chute nouvelle. L'attention était générale, tenait chacun immobile pour n'en pas perdre un mot et les yeux sur le greffier qui lisait. Vers le tiers de cette lecture, le premier président, grinçant le peu de dents qui lui restaient, se laissa tomber le front sur son bâton, qu'il tenait à deux mains, et, en cette singulière posture et si marquée, acheva d'entendre cette lecture si accablante pour lui, si résurrective pour nous.

« Moi cependant je me mourais de joie. J'en étais à craindre la défaillance; mon cœur, dilaté à l'excès, ne trouvait plus d'espace à s'étendre. La violence que je me faisais pour ne rien laisser échapper, était infinie, et néanmoins ce tourment était délicieux. Je comparais les années et les temps de servitude, les jours funestes où, traîné au parlement en voiture, j'y avais servi de triomphe aux bâtards à plusieurs fois; les degrés divers par lesquels ils étaient montés à ce comble sur nos têtes; je les comparais, dis-je, à ce jour de justice et de règle, à cette chute épouvantable qui, du même coup, nous relevait par la force du ressort. Je repassais avec le plus puissant charme ce que j'avais osé annoncer au duc du Maine, sous le despotisme de son père. Mes yeux voyaient enfin l'effet et l'accomplissement de cette menace. Je me devais, je me remerciais de ce que c'était par moi qu'elle s'effectuait. J'en considérais la rayonnante splendeur, en présence du roi et d'une assemblée si auguste. Je triomphais, je me vengeais, je nageais dans ma vengeance; je jouissais du plein accomplissement des désirs les plus véhéments et les plus continus de toute ma vie. J'étais tenté de ne me plus soucier de rien. Toutefois je ne me lassais pas d'entendre cette vivifiante lecture, dont tous les mots résonnaient sur mon cœur comme l'archet sur un instrument, et d'examiner en même temps les impressions différentes qu'elle faisait sur chacun.

« . . . Cette lecture achevée, l'autre déclaration en faveur du comte de Toulouse fut commencée tout de suite par le greffier. Elle sembla achever de confondre le premier président et les amis du duc du Maine, par le contraste des deux frères. Celle-ci surprit plus que pas une, et à qui n'était pas au fait, la différence était inintelligible; les amis du comte de Toulouse, ravis; les indifférents, bien aises de son exception, mais la trouvant sans fondement et sans justice. Je remarquai des mouvements très-divers et plus d'aisance à se parler les uns aux autres pendant cette lecture, à laquelle néanmoins on fut très-attentif.

« La prononciation faite, le garde des sceaux appela le greffier en chef, lui ordonna d'apporter ses papiers et son petit bureau près du sien, pour faire tout présentement et tout de suite, et en présence du roi, les enregistrements de tout ce qui venait d'être lu et ordonné, et les signer. Cela se fit sans difficulté aucune, dans toutes les formes, sous les yeux du garde des sceaux, qui ne les levait pas de dessus; mais comme il y avait cinq ou six pièces à enregistrer, cela fut long à faire.

« J'avais fort observé le roi lorsqu'il fut question de son éducation; je ne remarquai en lui aucune sorte d'altération, de changement, pas même de contrainte; c'avait été le dernier acte du spectacle, il en était tout frais lorsque les enregistrements s'écrivirent. Cependant, comme il n'y avait plus de discours qui occupassent, il se mit à rire avec ceux qui se trouvèrent à portée de lui, à s'amuser de tout, jusqu'à remarquer que le duc de Louvigny, quoique assez éloigné de son trône, avait un habit de velours, à se moquer de la chaleur qu'il en avait, et tout cela avec grâce. Cette indifférence pour monsieur du Maine frappa tout le monde et démentit publiquement ce que ses partisans essayèrent de répandre, que les yeux lui avaient rougi, mais que ni au lit de justice ni depuis il n'en avait osé rien témoigner. Or, dans la vérité, il eut toujours les yeux secs et sereins, et il ne prononça le nom du duc du Maine qu'une seule fois depuis, qui fut l'après-dînée du même jour, qu'il demanda où il allait d'un air très-indifférent, sans en rien dire davantage, ni depuis, ni nommer ses enfants ; aussi ceux-ci ne prenaient guère la peine de le voir, et quand ils y allaient, c'était pour avoir jusqu'en sa présence leur petite cour à part et se divertir entre eux. Pour le duc du Maine, soit politique, soit qu'il crût qu'il n'en était pas temps encore, il ne le voyait que les matins, quelque temps, à son lit, et plus du tout de la journée, hors les fonctions d'apparat.

« Pendant l'enregistrement, je promenais mes yeux doucement de toutes parts ; et si je les contraignis avec constance, je ne pus résister à la tentation de m'en dédommager sur le premier président : je l'accablai donc à cent reprises, dans la séance, de mes regards assénés et forlongés avec persévérance. L'insulte, le mépris, le dédain, le triomphe, lui furent lancés de mes yeux jusqu'en ses moelles ; souvent il baissait la vue quand il attrapait mes regards ; une fois ou deux, il fixa le sien sur moi, et je me plus à l'outrager par des sourires dérobés, mais noirs, qui achevèrent de le confondre. Je me baignais dans sa rage et je me délectais à le lui faire sentir. Je me jouais de lui quelques fois avec mes deux voisins, en le leur montrant d'un clin d'œil quand il pouvait s'en apercevoir ; en un mot, je m'espaçai sur lui sans ménagement aucun, autant qu'il me fut possible.

« Enfin, les enregistrements achevés, le roi descendit de son trône et dans les bas siéges par son petit degré, derrière la chaire du garde des sceaux, suivi du régent et des deux princes du sang, et des seigneurs de suite nécessaire. En même temps, les maréchaux de France descendirent par le bout de leurs hauts siéges, et, tandis que le roi traversait le parquet, accompagné de la députation qui avait été le recevoir, ils passèrent entre les bancs des conseillers vis-à-vis de nous, pour se mettre à la suite du roi, à la porte de la séance, par laquelle Sa Majesté sortit, comme elle y était entrée ; en même temps aussi, les deux évêques pairs, passant devant le trône, vinrent se mettre à notre tête et me serrèrent les mains et la tête, en passant devant moi, avec une vive conjouissance. Nous les suivîmes, reployant deux à deux le long de bancs, les anciens les premiers, et descendus des hauts siéges par le degré du bout. Nous continuâmes tout droit et sortîmes par la porte vis-à-vis. Le parlement se mit après en marche, et sortit par l'autre porte, qui était celle par où nous étions entrés séparément et par où le roi était entré et sorti. On nous fit faire place jusqu'au degré. La foule, le monde, le spectacle, resserrèrent nos discours et notre joie. J'en étais navré. Je gagnai aussitôt mon carrosse, que je trouvai sous ma main, et qui me sortit très-heureusement de la cour, en sorte que je n'eus point d'embarras et que de la séance chez moi je ne mis qu'un quart d'heure. »

Si Saint-Simon éprouvait toute cette joie qui déborde dans ces pages si vives et si animées, c'est que les légitimés, et entre autres la duchesse du Maine, l'avaient d'abord emporté sur lui dans l'affaire du *bonnet*, qui, déjà engagée dans les derniers temps de Louis XIV, avait grossi et fait grand fracas au commencement de la régence. Les ducs et pairs prétendaient que, lorsqu'ils siégeaient au parlement, le premier président leur ôtât son *bonnet*, en prenant leur avis; ils voulaient de plus recouvrer leur ancienne prérogative d'opiner avant les présidents à mortier. La lutte fut très-chaude, et Saint-Simon fut l'Achille de cette burlesque Iliade, épisode tragi-comique de la vieille rivalité entre la robe magistrale et l'épée féodale. Les parlementaires employèrent d'autres armes que les arrêts : un pamphlet, attribué au président de Novion, fouilla les origines de ces fières maisons ducales qui réclamaient l'héritage des pairs de Charlemagne et de Hugues Capet, et voulut établir que les Crussol d'Uzès descendaient d'un apothicaire; les Villeroi, d'un marchand de poisson; les la Rochefoucauld, d'un boucher, etc. Les Saint-Simon, au moins, étaient gentilshommes de race, postérité d'un hobereau appelé le sire de Rouvroy, et non des comtes de Vermandois. Cette contre-partie de d'Hozier et du père Anselme, mêlée de vrai et de faux, exaspéra tellement les ducs, qu'ils projetèrent de se transporter au palais et d'y imposer leurs prétentions, l'épée à la main. Le régent arrêta l'explosion en faisant droit à la requête des ducs; mais le parlement, à son retour, se déchaîna de telle sorte, que le régent recula, révoqua l'arrêt, et renvoya la décision du procès à la majorité du roi.

Qu'était-ce donc que ce duc de Saint-Simon lui-même ? Il nous faut en dire au moins quelques mots. Il était né en 1675 et mourut en 1755. Très-assidu, pendant sa jeunesse, à la cour de Louis XIV, mêlé sous la régence à toutes les grandes affaires, il n'a vu que de loin, et dans la retraite, le ministère du cardinal de Fleury. Ses *Mémoires* embrassent la seconde moitié du règne de Louis XIV, l'époque entière de la régence, et finissent en 1723 avec le duc d'Orléans.

Son père était le frère puîné du marquis de Saint-Simon. Il fut page de la chambre sous Louis XIII, succéda à Barradas dans la faveur du roi, devint premier écuyer, duc et pair reçu au parlement, et gouverneur de Blaye et de Senlis. Il avait même été nommé grand écuyer, et il en fit les fonctions aux funérailles de Louis XIII ; mais, comme ses provisions n'avaient pas été régulièrement expédiées, une intrigue de cour le priva de cette charge, qui fut donnée, sous la régence d'Anne d'Autriche, au comte d'Harcourt.

Ce premier duc de Saint-Simon, comme tous les favoris qui ne se font pas pardonner leur fortune par de grands talents et d'éclatants services, a été fort décrié par ses contemporains. Bassompierre, surtout, parle de lui d'une façon méprisante. Tallemant des Réaux, qui n'épargne personne, explique ainsi son élévation : « Le roi prit amitié pour Saint-Simon, à cause, disait-il, que ce garçon lui apportait toujours des nouvelles certaines de la chasse, qu'il ne tourmen-

tait pas trop ses chevaux, et que, quand il portait en un cor,
il ne bavait pas dedans. »

Quoi qu'il en soit de la capacité du duc de Saint-Simon,
ce n'était pas une âme vulgaire, et nous n'en voulons pour
preuve que son fils. L'auteur des *Mémoires* avait au plus haut
degré les qualités que peut donner la plus excellente éducation ; il suffit de le lire pour être convaincu qu'il n'avait
reçu que de bons exemples dans sa famille, et que l'honneur,
la bonne foi, l'austérité des mœurs, la reconnaissance pour
Louis XIII, étaient les vertus qu'il avait sucées avec le lait.
Il ne faut pas perdre de vue, en le jugeant, ce premier fonds
de vertus solides et respectables, qui a tant influé sur toute sa
vie et sur son talent même.

L'amitié du duc de Beauvilliers l'avait désigné au duc de
Bourgogne. Une certaine analogie de caractère contribua
encore plus à les réunir. Pendant les dernières années de la
vie de ce prince, Saint-Simon eut avec lui des conférences
secrètes, dans lesquelles il lui déroula ses vues sur la pairie,
sur les parlements, sur les ministères, sur la juste part qu'il
convenait de faire à la liberté, et sur les questions religieuses.
L'âge du roi, celui du Dauphin, lui permettaient de concevoir les plus flatteuses espérances, quand la mort du duc de
Bourgogne vint le replonger dans l'inaction. Il en sortit à la
mort du roi pour faire partie du conseil de régence.

A partir de ce moment, et presque jusqu'à la mort du régent, il ne cessa de jouer un rôle considérable. Il avait été
élevé avec le duc d'Orléans ; depuis, il n'avait cessé de le

fréquenter, de le servir de ses conseils, de le consoler et de le soutenir dans ses disgrâces. Il lui avait rendu, à diverses reprises, de ces services qu'on ne peut attendre que d'un ami véritable; ainsi, quand madame d'Orléans entreprit de marier sa fille au duc de Berry, frère du duc de Bourgogne, ce fut lui qui conduisit toute l'affaire et qui la fit réussir; quand la mort des jeunes princes jeta dans le public des soupçons d'empoisonnement, et que toute la cour affecta d'accuser le duc d'Orléans, il eut seul le courage de rester ostensiblement fidèle à son amitié. Ce passé le désignait pour exercer une part considérable d'autorité sous la régence. Non-seulement il fut l'un des membres les plus écoutés et les plus autorisés du conseil, mais il eut son heure, chaque jour, pour travailler avec le régent. Son influence ne commença à décroître que quand l'abbé Dubois, depuis archevêque de Cambrai, s'empara de l'esprit de son maître, et, de degré en degré, parvint à la toute-puissance. Quoique protecteur de Law, il vit tout le monde s'enrichir sans être tenté de suivre le torrent, et repoussa toujours la fortune que la reconnaissance du contrôleur général lui offrait. Il consentit seulement à se rendre à Madrid, comme ambassadeur extraordinaire, pour demander officiellement la main de l'infante, au nom de Louis XV. Il en revint appauvri, mais avec la Toison pour son fils aîné, et une grandesse pour son second fils. Avec cette ambassade finit son rôle politique. Une très-ancienne et assez intime liaison avec l'évêque de Fréjus, depuis cardinal de Fleury, ne lui rapporta d'autre avantage que des conversations familières et à cœur ouvert avec ce tout-puissant ministre.

Il nous apprend lui-même que ses *Mémoires* furent commencés dès 1694, lorsqu'il n'avait encore que dix-neuf ans. Il les a ainsi écrits, pour ainsi dire, jour par jour, et chaque événement, chaque portrait a été tracé dans toute la fraîcheur et dans toute la vivacité de ses souvenirs. Il eut soin de ne révéler à personne la tâche qu'il s'était donnée. On savait qu'il était studieux et qu'il aimait à écrire ; on comptait trouver après lui, dans ses papiers, des notes précieuses, et ce fut une histoire complète de son temps qu'on y découvrit. Il avait ordonné par testament de ne la publier que cinquante ans après sa mort ; mais le gouvernement, sous prétexte qu'il y était question d'affaires d'État et de négociations diplomatiques, fit déposer le manuscrit aux archives et en interdit la publication. Ce ne fut qu'en 1788 que l'abbé Soulavie obtint la permission d'en donner des extraits, auxquels il ajouta encore un supplément l'année suivante. Enfin, les *Mémoires* complets et authentiques virent le jour en 1829 : l'héritier du nom de Saint-Simon se chargea lui-même de collationner les manuscrits et de présider à la publication.

Le reproche le plus sérieux qu'on puisse faire à ces *Mémoires*, c'est d'être fortement empreints de la personnalité de leur auteur, et par conséquent, dans toutes les matières qui excitent ses passions, de soutenir ardemment et quelquefois obstinément la cause qu'il avait choisie. Son style est parfois incorrect ; mais, s'il se présente une grande scène ou un grand caractère à dessiner, il recueille ses forces, lutte contre la réalité et la rend avec une précision, un relief, une énergie, une fermeté de style, une richesse et une puissance de couleurs qui ne permettent pas à l'âme la plus endormie de rester indifférente. Il a, comme Tacite, de ces traits qui saisissent l'esprit et qu'on n'oublie plus. Après ces grands coups de pinceau, il revient sans effort à des sujets plus humbles, et l'esprit et les grâces coulent de source dans toutes ses pages, comme s'il n'était fait que pour se jouer à des peintures aimables.

On a répété, à propos d'un certain mépris qu'il affecte quelquefois pour les lois de la grammaire, qu'il écrivait en grand seigneur. Ce singulier éloge l'aurait peu flatté. Il était fait pour goûter la beauté du style, et il savait qu'on ne peut arriver à bien écrire sans y donner tous ses soins. Ses négligences doivent être expliquées par la loi qu'il s'était faite de tenir toujours son manuscrit au courant. Il laissait courir sa plume sur les choses indifférentes ; mais il s'y prenait à deux fois quand arrivaient les faits et les personnages historiques, comme, par exemple, ce duc du Maine auquel nous l'avons vu s'attacher avec tant d'acharnement.

Le duc du Maine, par faiblesse de caractère, et son frère, le comte de Toulouse, par une espèce d'indifférence philosophique, se fussent laissé abattre sans beaucoup de résistance ; mais la duchesse du Maine soutint vaillamment le choc. Cette étrange personne, qui avait dans le corps d'une naine un esprit d'une vivacité, d'une turbulence infatigables, quitta ses divertissements de Sceaux, où elle trônait en reine de théâtre au milieu des beaux esprits et des comédiens, pour se lancer à corps perdu dans la polémique, à la tête d'un bataillon de jurisconsultes et d'érudits, surtout d'érudits jésuites. Les nombreux écrits des deux partis s'accordèrent à invoquer l'autorité de la nation comme le seul juge de la succession au trône. L'autorité royale y était représentée comme un dépôt et un mandat, la monarchie comme un simple contrat civil, et la nation comme la maîtresse et l'arbitre de ses droits. Madame du Maine sut trouver des alliés et susciter la jalousie de la noblesse non-titrée contre les ducs : nombre de gentilshommes, dans de bruyantes réunions, signèrent un mémoire contre la prétention des ducs et pairs à faire un corps séparé de la noblesse. Une démocratie et une aristocratie relatives furent ainsi aux prises dans le sein de l'ordre aristocratique. Le régent, inquiet, défendit à la noblesse de s'assembler et de rédiger des actes collectifs. Trente-neuf gentilshommes protestèrent, soutenant que le jugement de ce qui regardait les princes n'appartenait qu'au roi majeur ou aux états généraux ; les légitimés firent une protestation semblable ; le parlement n'accueillit ni l'une ni l'autre. Six des meneurs de la noblesse furent embastillés durant quelques semaines. Le conseil de régence passa outre aux protestations, prononça contre les légitimés, et révoqua les édits de Louis XIV en leur faveur ; on leur laissa seulement à vie les honneurs de princes du sang, comme nous l'avons vu.

Les considérants de l'édit étaient dans le même esprit que

les écrits des deux partis; on y faisait dire au roi que « si les princes du sang venaient à manquer, ce serait à la nation à réparer ce malheur par la sagesse de son choix, et que le roi n'était pas libre de disposer de la couronne. »

La duchesse du Maine s'était écriée, dit-on, que « quand on a été une fois habile à succéder au trône, il faut, plutôt que de se laisser arracher ce droit, mettre le feu au milieu et aux quatre coins du royaume. » Elle fit de son mieux pour tenir parole.

« Les menées de monsieur le duc du Maine après sa disgrâce, raconte Saint-Simon, ou plutôt celles de madame sa femme, aboutirent à la conspiration de Cellamare, et vinrent encore approfondir sa chute. Le prince de Cellamare, attentif à tout ce qui se passait à Paris et en Bretagne, cherchait à faire des créatures au roi son maître, et beaucoup d'officiers prirent des engagements avec lui. Le projet était de faire révolter tout le royaume contre le régent, de mettre le roi d'Espagne à la tête du gouvernement de France, et, sous lui, le duc du Maine. On comptait sur l'union des parlements; tout s'était traité assez énigmatiquement dans des lettres qui pouvaient être surprises; mais Albéroni voulut, avant d'éclater, voir les plans arrêtés et les noms de ceux dont on devait se servir. Il était très-dangereux de confier de pareils détails à un courrier, que l'abbé Dubois n'aurait pas manqué de faire arrêter. Cellamare imagina qu'il n'y aurait rien de moins suspect que le jeune abbé Porto-Carrero, neveu du cardinal de ce nom; ce jeune homme était depuis quelque temps à Paris. Monteleone, fils de l'ambassadeur d'Espagne en Angleterre, était aussi venu de Hollande, et ces deux jeunes gens, se rencontrant ensemble à Paris, se lièrent naturellement, cherchaient les mêmes plaisirs, s'embarrassaient peu des affaires, et firent partie de s'en retourner ensemble.

Cellamare crut que de pareils courriers seraient à l'abri de tout soupçon. L'abbé Dubois n'en prenait point, en effet ; et cependant tout fut découvert.

Un secrétaire de Cellamare se laissa dérober le secret des dépêches. Aussitôt on expédia un courrier muni des ordres nécessaires pour avoir main-forte. Il joignit les voyageurs à Poitiers, les fit arrêter ; tous les papiers furent saisis et rapportés à Paris, le jeudi 8 décembre ; ce courrier arriva chez l'abbé Dubois précisément à l'heure où le régent entrait à l'Opéra ; l'abbé joignit le régent, lui rendit compte de la capture. Tout autre prince aurait été pressé de s'éclaircir ; mais c'était la précieuse heure du souper, et rien ne l'emportait là-dessus. L'abbé eut jusqu'au lendemain assez tard pour prendre ses mesures, avant d'en conférer avec le régent, qui, dans les premières heures de la matinée, avait encore la tête offusquée des fumées de la digestion, n'était pas en état d'entendre affaires, et signait machinalement ce qu'on lui présentait.

L'abbé Dubois, en aspirant à tout, sentait pourtant qu'il n'était rien par lui-même, prévoyait les révolutions qui pouvaient arriver par la mort de son maître, et voulait se ménager des protecteurs en cas d'événements.

Il résolut de s'emparer tellement de l'affaire, qu'il pût sacrifier ceux dont la perte serait sans conséquence, et sauver ceux auprès de qui il s'en ferait un mérite. Le régent ne vit rien dans cette affaire que par les yeux de l'abbé. Le garde des sceaux et Leblanc en furent les seuls confidents; et l'abbé, saisi des pièces du procès, se trouva maître de la condamnation ou de l'absolution des coupables.

Le prince de Cellamare, instruit par un courrier particulier de ce qui était arrivé à Poitiers, et se flattant que ses deux Espagnols n'avaient été arrêtés que parce qu'ils voyageaient avec un banquier fugitif pour une banqueroute, prit un air d'assurance, et alla, le vendredi 9, sur le midi, chez Leblanc, réclamer le paquet de lettres dont il avait, dit-il, chargé par occasion l'abbé Porto-Carrero. L'abbé Dubois était déjà chez Leblanc. L'un et l'autre répondirent à l'ambassadeur que ces lettres avaient été lues, et que, loin de les lui rendre, ils avaient ordre de faire, en sa présence, la visite des papiers de son cabinet; et tout de suite le prièrent de monter avec eux en carrosse, pour se trouver tous trois ensemble à cet inventaire.

Cellamare, jugeant que les mesures étaient prises en cas de résistance, ne fit aucune difficulté, et fut ramené à son hôtel, dont un détachement de mousquetaires avait déjà pris possession. On ouvrit les bureaux et les cassettes. Le scellé du roi et le cachet de l'ambassadeur furent mis sur tous les papiers, à mesure qu'on en faisait l'examen et le triage. Après cette opération, les deux ministres se retirèrent, laissant l'ambassadeur à la garde de Dulibois, gentilhomme ordinaire du roi.

Durant la visite des papiers, Cellamare, d'un air libre, affecta de traiter Leblanc avec politesse, et l'abbé avec un mépris froid. Cela fut au point que Leblanc, allant ouvrir une cassette : « Monsieur Leblanc, dit l'ambassadeur, cela n'est pas de votre ressort; ce sont des lettres de femmes. Laissez cela à l'abbé... » Dubois sourit et feignit d'entendre plaisanterie.

Le soir, il y eut conseil, où l'on rendit un compte sommaire de la conspiration. On y lut des lettres de Cellamare au cardinal Albéroni, et le régent y justifia très-bien son procédé à l'égard de l'ambassadeur, qui, ayant violé lui-même le droit des gens, avait perdu les priviléges de son titre. Les lettres furent imprimées, répandues partout; aucun des ministres étrangers ne prit la défense de Cellamare, qui partit de Paris, accompagné de Dulibois et de deux capitaines de cavalerie. Ils s'arrêtèrent à Blois, où Cellamare fut gardé jusqu'à l'arrivée en France du duc de Saint-Aignan, notre ambassadeur à Madrid; après quoi on le laissa continuer librement sa route.

Le matin du samedi 10, le marquis de Pompadour, dernier de son nom, père de la belle Courcillon et aïeul de la princesse de Rohan, fut mis à la Bastille.

Le comte d'Aydie, cousin, beau-frère et du même nom que Riom, prit la fuite et se retira en Espagne, où il est mort, longtemps après, assez bien établi. Le soir même que

Cellamare fut arrêté, d'Aydie était dans une maison où il devait souper, et voyait jouer une partie d'échecs. On vint dire que Cellamare était arrêté. D'Aydie, très-attentif à une nouvelle si intéressante pour lui, ne montra pas la moindre émotion. Un des joueurs ayant dit qu'il ne pouvait plus gagner la partie, d'Aydie offrit de prendre le jeu, fut accepté, joua tranquillement, et gagna. Quand on servit le souper, il sortit, sous prétexte d'incommodité, prit la poste et partit.

Foucault de Magny, introducteur des ambassadeurs et fils du conseiller d'État, se sauva aussi. C'était un fou qui n'avait jamais rien fait de sage, que de s'enfuir. Un abbé Brigaut, fort enfoncé dans cette affaire, fut arrêté à Montargis, sur son signalement; amené à la Bastille, il ne se fit pas presser pour déclarer tout ce qu'il savait, ajoutant qu'on en verrait les preuves dans les papiers qu'il avait laissés au chevalier de Ménil, qui fut arrêté, mais il avait déjà brûlé les papiers que le régent regretta fort.

On arrêta successivement beaucoup de personnes avant d'en venir au duc et à la duchesse du Maine. Mais cela ne tarda pas.

« A la fin du conseil de régence qui suivit ces événements, dit Saint-Simon, comme je m'ébranlais pour sortir comme les autres, monsieur le duc d'Orléans m'appela; cependant les autres sortirent, et je me trouvai seul avec monsieur le duc d'Orléans et monsieur le duc. Nous nous rassîmes. C'était dans le petit cabinet d'hiver, au bout de la petite galerie.

Après un moment de silence, il me dit de regarder s'il n'était demeuré personne dans cette petite galerie, et si la porte du bout, par où on y entrait de l'appartement où il couchait, était fermée. J'y allai voir; elle l'était, et personne dans la galerie.

« Cela constaté, monsieur le duc d'Orléans nous dit que nous ne serions pas surpris d'apprendre que monsieur et madame du Maine se trouvaient tout de leur long dans l'affaire de l'ambassadeur d'Espagne, qu'il en avait les preuves par écrit, qu'il ne s'agissait pas de moins dans leur projet que ce que j'en ai expliqué plus haut. Il ajouta qu'il avait bien défendu au garde des sceaux, et à l'abbé Dubois et à Leblanc, qui seuls le savaient, de faire le plus léger semblant de cette connaissance, nous recommanda à tous deux le même secret et la même précaution, et ajouta qu'il avait voulu, avant de se déterminer à rien, consulter avec monsieur le duc et avec moi seuls le parti qu'il avait à prendre. Je pensai bien en moi-même que, puisque ces trois autres hommes savaient la chose, il n'était pas sans en avoir raisonné avec eux, et peut-être déjà pris son parti avec l'abbé Dubois, qui voulait flatter monsieur le duc de la confiance et le mettre de moitié de tout ce qu'il ferait là-dessus; à mon égard, débattre réellement avec moi ce qu'il y avait à faire, pour ne pas s'en tenir à ces trois autres seuls, et parce qu'il avait toujours accoutumé, comme on l'a vu toujours jusqu'ici, de me faire part des choses secrètes les plus importantes qui l'embarrassaient le plus. Monsieur le duc, sur-le-champ, alla droit au fait, et dit qu'il fallait les arrêter tous deux et les mettre en lieu dont on ne pût rien craindre. J'appuyai cet avis et les périlleux inconvénients de ne le pas exécuter incessamment, tant pour étourdir et mettre en confusion tout le complot, en lui ôtant ses chefs, tels que ces deux-là, et Cellamare, déjà arrêté et parti, et se parer des coups précipités et de désespoir qu'il y avait lieu de craindre de gens si appuyés, qui se voyaient découverts, et qui, en quelque état que fussent leurs mesures, sentaient qu'on en arrêterait et qu'on en découvrirait les complices tous les jours, et que conséquemment ils n'avaient pas un instant à perdre pour exécuter tout ce qui pouvait être en leur possibilité, et tenter même l'impossible, qui réussit quelquefois, et qu'il faut toujours hasarder dans des cas désespérés, tels que celui dans lequel ils se rencontraient.

« Monsieur le duc d'Orléans trouva que ce serait, en effet, tout le meilleur parti; mais il insista sur la qualité de madame du Maine, moins, je pense, en effet, que pour faire parler le fils de son frère. Ce doute réussit fort bien par la haine qu'il portait personnellement à sa tante et à son mari, et qu'il faut avouer que tous deux avaient largement méritée, et par la nature aussi de l'affaire, qui allait à bouleverser l'État et les renonciations qui délivraient sa branche, à son tour, de l'aînesse de celle de l'Espagne. Monsieur le duc répondit à l'objection proposée que ce serait à lui à la faire, mais que, loin de trouver qu'elle dût arrêter, c'était une raison de plus pour se hâter d'exécuter; que ce ne serait pas la première ni peut-être la vingtième fois qu'on eût arrêté des princes du sang; que plus ils étaient grands et naturellement attachés à l'État par leur naissance, plus ils étaient coupables quand ils s'en prévalaient pour le troubler, et qu'il n'y avait, à son sens, rien de plus pressé que d'étourdir leurs complices par un coup de cet éclat, et les priver subitement de toutes les machines que la rage et l'esprit du mari et de sa femme savaient remuer. Je louai fort la droiture, l'attachement et le grand sens de l'avis de monsieur le duc; je l'entendis, j'insistai sur le courage et la fermeté que le régent devait montrer dans une occasion si critique, et où on en voulait à lui si personnellement, et sur la nécessité d'effrayer par là toute cette pernicieuse cabale, de leur ôter leur grand appui, et de nom, et d'intrigue, et de moyens, et les rendre par ce grand coup pour ainsi dire orphelins, sans chef, et sans point de réunion et de subordination, avant qu'ils eussent le temps d'aviser aux remèdes, si ce mal leur arrivait comme ils le devaient désormais craindre continuellement; monsieur le duc d'Orléans regarda monsieur le duc, qui reprit la parole et insista de nouveau sur son avis et le mien. Le régent alors se rendit et n'y eut pas de peine.

« Le lendemain, sur les dix heures du matin, ayant fait filer des gardes du corps tout alentour de Sceaux, sans bruit et sans paraître, la Billarderie, lieutenant des gardes du corps, y alla et arrêta le duc du Maine comme il sortait d'entendre la messe dans sa chapelle, et fort respectueusement le pria de ne pas rentrer chez lui, et de monter tout de suite dans un carrosse qui l'avait amené. Monsieur du Maine, qui avait mis bon ordre qu'on ne trouvât rien chez lui ni chez pas un de ses gens, et qui était seul à Sceaux avec ses domestiques, ne fit pas la moindre résistance. Il répondit qu'il s'attendait depuis quelques jours à ce compliment, et monta sur-le-champ dans le carrosse. La Billarderie s'y mit à côté de lui, et, sur le devant, un exempt des gardes du corps et Favancourt, brigadier dans la première compagnie des mousquetaires, destiné à le garder dans sa prison.

« Comme ils ne parurent devant le duc du Maine que dans le moment qu'ils montèrent en carrosse, le duc du Maine parut surpris et ému de voir Favancourt. Il ne l'aurait pas été de l'exempt des gardes, mais la vue de l'autre l'abattit. Il demanda à la Billarderie ce que cela voulait dire, qui alors ne put lui dissimuler que Favancourt avait ordre de l'accompagner et de rester avec lui dans le lieu où ils allaient. Favancourt prit ce moment pour faire son compliment comme il put, auquel le duc du Maine ne répondit presque rien, mais d'une manière civile et craintive. Ces propos les conduisirent au bout de l'avenue de Sceaux, où les gardes du corps parurent. L'aspect en fit changer de couleur le duc du Maine.

« Le silence fut peu interrompu dans le carrosse. Par-ci par-là, monsieur le duc du Maine disait qu'il était très-innocent des soupçons qu'on avait contre lui, qu'il était très-attaché au roi, qu'il ne l'était pas moins au duc d'Orléans, qui ne pourrait s'empêcher de le reconnaître, et qu'il était bien malheureux que Son Altesse Royale donnât créance à ses ennemis, mais sans jamais nommer personne; tout par hoquets et parmi force soupirs; de temps en temps des signes de croix et marmottages bas comme des prières, et des plongeons de sa part à chaque église ou à chaque lieu par où ils passaient. Il mangea avec eux dans le carrosse, assez peu, tout le soir; force précautions à la couchée. Il ne sut que le lendemain qu'il allait à Doullens. Il ne témoigna rien là-dessus. J'ai su toutes ces circonstances et celles de sa prison, après qu'il en fut sorti, par ce même Favancourt, que je connaissais fort, parce que c'était lui qui m'avait appris l'exercice, et qui était sous-brigadier de la brigade de Cresnay, dans la première compagnie des mousquetaires, dans le temps que j'étais dans cette même brigade, et qui m'avait toujours courtisé depuis. Monsieur le duc du Maine eut deux valets avec lui et fut presque toujours gardé à vue.

« Au même instant qu'il fut arrêté, Acenis, qui venait d'avoir la survivance de la charge de capitaine des gardes du corps du duc de Charost, son père, alla arrêter la duchesse du Maine dans sa maison, rue Saint-Honoré. Un lieutenant et un exempt des gardes du corps à pied et une troupe de gardes du corps parurent en même temps et se saisirent de la maison et des portes. Le compliment du duc d'Acenis fut aigrement reçu. Madame du Maine voulut prendre des cassettes. Acenis s'y opposa. Elle réclama au moins ses pierreries; altercation fort haute d'une part, fort modeste de l'autre; mais il fallut céder. Elle s'emporta contre la violence faite à une personne de son rang, sans rien dire de trop désobligeant à M. d'Acenis, et sans nommer personne. Elle différa de partir tant qu'elle put, malgré les instances d'Acenis, qui, à la fin, lui présenta la main, et lui dit poliment, mais fermement, qu'il fallait partir. Elle trouva à sa porte deux carrosses de remises, tous deux à six chevaux, dont la vue la scandalisa fort; il fallut pourtant y monter. Acenis se mit à côté d'elle, le lieutenant et l'exempt des gardes sur le devant; deux femmes de chambre qu'elle choisit, avec ses hardes, qu'on visita, dans l'autre carrosse. On prit le rempart, on évita les grandes rues; qui que ce soit n'y branla, dont elle ne put s'empêcher de marquer sa surprise et son dépit; elle ne jeta pas une larme, et déclama en général par hoquets la violence qui lui était faite. Elle se plaignait souvent de la rudesse et de l'indignité de la voiture, et demanda de fois à autre où on la menait. On se contenta de lui dire qu'elle coucherait à Essonne, sans lui rien dire de plus. Ses trois gardiens gardèrent un profond silence. On prit à la couchée toutes les précautions nécessaires. Lorsqu'elle partit le lendemain, le duc d'Acenis prit congé d'elle et la laissa au lieutenant et à l'exempt des gardes du corps pour la conduire. Elle lui demanda où on la menait; il répondit simplement : « A Fontainebleau, » et vint rendre compte au régent. L'inquiétude de madame du Maine augmenta à mesure qu'elle s'éloignait de Paris; mais quand elle se vit en Bourgogne et qu'elle sut enfin qu'on la menait à Dijon, elle déclama beaucoup.

« Ce fut bien pis quand il fallut entrer dans le château, et qu'elle s'y vit prisonnière sous la clef de monsieur le duc. La fureur la suffoqua. Néanmoins, après ces premiers transports, elle revint à elle et à comprendre qu'elle n'était ni en lieu ni en situation de faire tant l'enragée. Sa rage extrême se renferma en elle-même; elle n'affecta plus que de l'indifférence pour tout et une dédaigneuse sécurité. Le lieutenant du roi du château, absolument à monsieur le duc, la tint fort serrée et la veilla, et ses deux femmes de chambre, de fort près. Le prince de Dombes et le comte d'Eu furent en même temps exilés à Eu, où ils eurent un gentilhomme ordinaire auprès d'eux, et mademoiselle du Maine envoyée à Maubuisson.

« Le bon ami de madame du Maine, le cardinal de Polignac, qu'on crut être de tout avec elle, eut ordre, le même matin, de partir sur-le-champ pour son abbaye d'Achin, accompagné d'un des gentilshommes ordinaires du roi, qui demeura auprès de lui tant qu'il fut en Flandre; le cardinal partit sur la fin de la matinée même. Dans le même moment, Davisard, avocat général du parlement de Toulouse, qui s'était signalé par ses factums pour le duc du Maine contre les princes du sang; deux fameux avocats de Paris, dont l'un se nommait Bergetton, qui y avaient fort travaillé avec lui; une Mlle de Mautauban, attachée à madame du Maine en manière de fille d'honneur, et une principale femme de chambre, favorite, confidente, et sur le pied de bel esprit, avec quelques autres domestiques de monsieur et de madame du Maine, furent aussi menés à la Bastille. »

Cette femme de chambre dont Saint-Simon parle avec tant de dédain aristocratique, était pourtant, dans son humble condition, une des femmes les plus distinguées de son temps, et elle nous a laissé dans des Mémoires, modestes comme sa vie et d'un style simple et plein de charme, de nouveaux détails sur l'arrestation et surtout sur le séjour à la Bastille de 1718 à 1720.

C'est d'elle, par exemple, que nous tenons le récit de cette scène : « On venait d'apprendre que les papiers mis dans la chaise à double fond de l'abbé Porto-Carrero avaient été pris, et que ceux de l'ambassadeur arrêté à cette occasion étaient pareillement saisis. C'est alors que nous nous vîmes plongés dans l'abîme, dont il n'y avait pas moyen de se tirer; jusqu'alors la duchesse du Maine ne cessait de se prendre à tout comme on fait aux brins de paille qui flottent sur l'eau quand on se noie, mais un dernier espoir lui était maintenant enlevé. Un jour qu'elle jouait au biribi comme à son ordinaire (car elle n'avait garde de rien changer dans sa façon de vivre), un M. de Châtillon, qui tenait la Banque, homme froid, qui ne s'avisait jamais de parler, dit : « Vraiment, il y a une nouvelle fort
« plaisante : on a arrêté et mis à la Bastille, pour cette af-
« faire de l'ambassadeur d'Espagne, un certain abbé Bri....
« Bri... » Il ne pouvait retrouver son nom. Ceux qui le savaient n'avaient pas envie de l'aider. Enfin il acheva et ajouta :
« Ce qui en fait le plaisant, c'est qu'il a tout dit; et voilà
« bien des gens fort embarrassés. » Alors il éclata de rire pour la première fois de sa vie.

« Madame la duchesse du Maine, qui n'en avait pas la moindre envie, dit : « Oui, cela est fort plaisant. — Oh!
« cela est à faire mourir de rire, reprit-il. Figurez-vous ces
« gens qui croyaient leur affaire bien secrète ; en voilà un
« qui dit plus qu'on ne lui en demande, et nomme chacun
« par son nom. » Ce dernier trait jeta notre princesse dans la plus cruelle inquiétude, et la moins attendue; car le comte de L... lui avait fait dire que l'abbé était évadé, et les mesures si bien prises à cet égard, qu'il n'y avait rien à craindre. Elle soutint jusqu'au bout la pénible conversation de M. de Châtillon sans donner aucun signe des divers mouvements dont elle fut agitée. Elle m'en fit le récit la nuit, quand je me trouvai avec elle, et me montra ses frayeurs, que je ne pus dissiper, trop persuadée moi-même du triste sort qu'elle allait subir. On arrêtait tous les jours quelqu'un; et nous ne faisions qu'attendre notre tour.

« On en avait, d'ailleurs, plusieurs notions. Madame la duchesse du Maine fut positivement avertie, par plus d'une voie, qu'on songeait à l'arrêter. Elle m'entretenait souvent les nuits et me disait qu'en quelque lieu qu'on la conduisît, elle demanderait que j'allasse avec elle. Je le souhaitais passionnément. Nous croyions alors qu'eu égard à son rang, on la mettrait dans quelque maison royale avec une suite convenable. Il n'était pas possible d'imaginer la dureté du traitement qu'elle essuya. Cette idée de prison ne l'effrayait pas trop, et même elle en plaisantait avec moi, faisant des projets pour sa retraite, sinon agréable, du moins facile à supporter.

« J'étais dans cette triste attente, lorsqu'un soir, plus fatiguée qu'à l'ordinaire, je me jetai sur un lit de repos dans ma chambre, et m'endormis. Au fort de mon sommeil, je me sentis tirée par le bras ; j'ouvris les yeux à moitié, et, au travers de l'obscurité, j'entrevis une femme mal mise, que je ne reconnus point. Elle me dit que sa maîtresse m'envoyait donner avis que madame la duchesse du Maine allait être arrêtée cette nuit; qu'elle le savait par une voie si sûre, qu'on n'en pouvait douter. Ce discours me réveilla tout à fait; je lui fis plusieurs questions sur des particularités qu'elle ignorait. Je n'en tirai rien de plus ; je sus seulement qu'elle était envoyée par la marquise de Lambert, à qui j'étais fort attachée, et qui l'était infiniment aux intérêts de madame la duchesse du Maine, quoiqu'elle ne fût pas dans sa confidence sur cette affaire.

« Je fus aussitôt trouver la princesse, et lui dis l'avis que j'avais reçu ; il ne faisait que confirmer avec plus de précision ceux qui lui étaient venus d'ailleurs. Elle en fit part aux gens les plus familiers auprès d'elle et les plus initiés à ses mystères, et les retint pour passer la nuit dans sa chambre, en attendant le moment de cette catastrophe dont elle était si peu troublée, qu'elle fit beaucoup de plaisanteries tirées du sujet, où chacun se prêta ; et cette nuit d'alarmes se passa fort gaîment. Je pris un livre que je trouvai sous ma main, pour lui insinuer de dormir : c'étaient les *Décades* de Machiavel, marquées au chapitre des Conjurations. Je le lui montrai ;

elle me dit en éclatant de rire : « Otez vite cet indice contre
« nous ; ce serait un des plus forts. »

« Quatre ou cinq jours s'étaient écoulés assez tranquillement, lorsqu'après avoir passé une partie de la nuit à faire cet écrit et à m'en entretenir, elle s'endormit sur les six heures du matin, et je me retirai. Je commençais à m'assoupir, quand j'entendis ouvrir ma porte, où je laissais la clef. Je crus que madame la duchesse du Maine me renvoyait chercher. Je dis à moitié éveillée : « Qui es-tu ? » Une voix inconnue me répondit : « C'est de la part du roi. » Je me doutai d'abord de ce qu'il me voulait. On me dit tout de suite assez civilement de me lever : j'obéis sans réplique.

« C'était le 29 décembre, le jour ne paraissait pas encore. Les gens qui étaient entrés dans ma chambre y étaient venus sans lumière : ils en allèrent chercher ; et je vis un officier des gardes et deux mousquetaires. L'officier me lut un ordre qu'il avait de me garder à vue. Cependant, je continuai de me lever. Je demandai ma femme de chambre, qui logeait un peu plus loin ; on ne voulut pas la laisser venir. Toute la maison était pleine de gardes et de mousquetaires ; et on ne pouvait aborder d'aucun côté. Elle tenta inutilement le passage et fut toujours repoussée.

« Je restai seule avec mes trois gardes depuis sept heures du matin jusqu'à onze, sans rien savoir de ce qui se passait. Je demandai à l'un d'eux, avec qui je ne laissai pas de m'entretenir assez légèrement, si je ne suivrais pas madame en cas qu'on la transférât en quelque lieu. Il m'assura qu'on ne lui refuserait rien de ce qu'elle demanderait. Cette espérance me tranquillisa ; mais je n'en jouis pas longtemps, car un autre garde vint dire au mien que la princesse était partie, et qu'ils pouvaient me laisser avec un seul mousquetaire ; ce qu'ils firent.

« L'après-dîner, MM. Fagon et Parisot, maîtres des requêtes, vinrent prendre mes papiers. Ces messieurs examinèrent mes livres, où ils ne trouvèrent rien à reprendre ; fouillèrent partout, jusque sous mes matelas. Ils voulurent visiter un coffre dont ma femme de chambre avait la clef ; cela les obligea à la faire venir, et on la laissa ensuite avec moi, ce qui me fut d'une grande consolation. Une heure ou deux après, un officier des mousquetaires me vint dire que je me disposasse à partir, sans m'apprendre où l'on allait me mener. Je lui demandai si la fille qui me servait ne viendrait pas avec moi. Il me dit qu'il n'avait nul ordre sur cela, et ne pouvait le permettre sans savoir la volonté du régent. Je le priai instamment de m'obtenir cette grâce, qui serait la seule que je demanderais. Il m'assura qu'elle me serait accordée, et que cette fille me suivrait de fort près. Il emmena son mousquetaire, me renferma dans ma chambre, seule avec elle, et me dit que dans une demi-heure on viendrait me chercher.

« Cette pauvre Rondel, quoiqu'il n'y eût qu'un an qu'elle fût auprès de moi, et qu'on lui eût officiellement conseillé de ne pas me suivre, m'assura que, quelque chose qui pût m'arriver, elle ne me quitterait point ; j'eus lieu d'être aussi contente de son bon sens que de son affection. On vint aussitôt me prendre et on me mit dans un carrosse avec trois mousquetaires.

« Il était sept heures du soir. Je me doutai alors que la route ne serait pas longue et qu'on me menait à la Bastille. J'y arrivai, en effet. On me fit descendre au bout d'un petit pont, où le gouverneur me vint prendre. Après que je fus entrée, on me tint quelque temps derrière une porte, parce qu'il arrivait quelqu'un des nôtres, qu'on ne voulait pas me laisser voir. Je ne comprenais rien à toutes ces rubriques. Ceux-ci placés dans leurs niches, le gouverneur vint me chercher et me mena dans la mienne. Je passai encore des ponts où l'on entendait des bruits de chaînes dont l'harmonie est désagréable. Enfin, j'arrivai dans une grande chambre où il n'y avait que les quatre murailles, fort sales et toutes charbonnées par le désœuvrement de mes prédécesseurs. Elle était si dégarnie de meubles, qu'on alla chercher une petite chaise de paille pour m'asseoir, deux pierres pour soutenir un fagot qu'on alluma, et on attacha proprement un petit bout de chandelle au mur pour m'éclairer. Toutes ces commodités m'ayant été procurées, le gouverneur se retira, et j'entendis refermer sur moi cinq ou six serrures, et le double de verrous.

« Me voilà donc seule vis-à-vis de mon fagot, incertaine si j'aurais cette fille, qui devait m'être une société et un grand secours. Je passai environ une heure dans cette inquiétude, et ce fut la plus pénible de toutes celles qui s'écoulèrent pendant ma prison.

« Enfin, je vis reparaître le gouverneur, qui m'amenait Mlle Rondel. Elle lui demanda, d'un air fort délibéré, si nous coucherions sur le plancher. Il lui répondit d'un ton goguenard assez déplacé, et nous laissa. Nous nous entretenions paisiblement lorsque nous entendîmes rouvrir nos portes avec fracas : cela ne se peut faire autrement. On nous fit passer dans une chambre vis-à-vis de la nôtre, sans nous en rendre raison. On ne s'explique point en ce lieu-là, et tous les gens qui vous abordent ont une physionomie si resserrée, qu'on ne s'avise pas de leur faire la moindre question.

« Nous fûmes barricadées dans cette chambre aussi soigneusement que nous l'avions été dans l'autre. A peine y étions-nous enfermées, que je fus frappée d'un bruit qui me sembla tout à fait inouï. J'écoutai assez longtemps pour démêler ce que ce pouvait être. N'y comprenant rien, et voyant qu'il continuait sans interruption, je demandai à Rondel ce qu'elle en pensait. Elle ne savait que répondre ; mais s'apercevant que j'en étais inquiète, elle me dit que cela venait de l'Arsenal, dont nous n'étions pas loin ; que c'était peut-être quelque machine pour préparer le salpêtre. Je l'assurai qu'elle se trompait, que ce bruit était plus près qu'elle ne croyait, et très-extraordinaire. Rien pourtant de plus commun. Je découvris par la suite que cette machine, que j'avais apparemment cru destinée à nous mettre en poussière, n'était autre que le tourne-broche, que nous entendions d'autant mieux que la chambre où l'on venait de nous transférer était au-dessus de la cuisine.

« La nuit s'avançait, et nous ne voyions ni lit ni souper. On vint nous retirer de cette chambre, où je me déplaisais fort, n'étant pas sortie de mon erreur sur le bruit qui continuait toujours. Nous retournâmes dans la première. J'y trouvai un petit lit assez propre, un fauteuil, deux chaises, une table, une jatte, un pot à l'eau, et une espèce de grabat pour coucher Rondel. Elle le trouva maussade et s'en plaignit. On lui dit que c'étaient les lits du roi, et qu'il fallait s'en contenter. Point de réplique. On s'en va, on nous enferme.

« Ce simple nécessaire, quand on a craint de ne l'avoir pas, cause plus de joie que n'en peut donner la plus somptueuse magnificence à ceux qui ne manquent de rien. J'étais donc fort aise de me voir un lit. Je n'aurais pas été fâchée d'avoir aussi un souper. Il était onze heures du soir, et rien ne paraissait. La faim, qui chasse le loup hors du bois, me pressait; mais je ne voyais pas d'issue. Enfin, le souper arriva, mais fort tard. Les embarras du jour avaient causé ce dérangement, et je ne fus pas moins surprise le lendemain de le voir arriver à six heures du soir, que je l'avais été ce jour-là de l'attendre si longtemps.

« Je soupai, je me couchai; l'accablement m'aurait fait dormir, si la petite cloche que la sentinelle sonne à tous les quarts d'heure pour faire voir qu'elle ne dort pas, n'avait interrompu mon sommeil chaque fois. Je trouvai cette règle cruelle, d'éveiller à tous moments de pauvres prisonniers pour les assurer qu'on veille, non pas à leur sûreté, mais à leur captivité, et c'est ce à quoi j'eus plus de peine à m'accoutumer.

« . . . . , . . MM. d'Argenson et Leblanc, chargés de notre affaire, venaient interroger les prisonniers. Nous les voyions passer la cour et se rendre dans une salle au-dessous de ma chambre. Le feu qu'on y allumait lorsqu'ils devaient venir rendait de la fumée chez moi et me donnait d'avance un indice de leur arrivée. Il n'y a point d'observateurs plus attentifs que des gens en prison. Le grand loisir, le peu de distraction, le vif intérêt les livrent tout entiers à cet exercice. Rien qu'ils ne fassent pour découvrir la plus petite chose.

« Nos juges venaient souvent, accompagnés de l'abbé Dubois; et, pour lors, on croyait voir Minos, Éaque et Rhadamanthe. Nous observions ceux qu'on menait subir leur interrogatoire, où l'abbé ne se trouvait pas. Je me prosternais sur mon plancher pour tâcher d'en attraper quelques mots ; cela était pourtant impossible. Aucun son articulé n'arrivait jusqu'à nous. On pouvait tout au plus entendre un murmure confus, des éclats de voix, et discerner la chaleur ou la tranquillité du colloque. Malgré l'insuffisance de pareilles découvertes, nous nous y portions toujours avec la même ardeur.

« Cependant j'attendais avec inquiétude le moment où la scène me serait personnelle. Je préparais des réponses à tout ce que j'imaginais qu'on me pourrait dire. J'en avais rassemblé de quoi faire un volume. Aucune ne me servit, et j'aurais pu dire, quand on m'interrogea :

J'avais réponse à tout, hormis à qui va là ?

« Le peu de précautions que j'avais prises en partant fit qu'au bout de quelques jours, je me trouvai manquant de tout. Je n'avais que la cornette qui était sur ma tête, et pas plus de chemises qu'une héroïne de roman enlevée, sans avoir, comme elle, la cassette aux pierreries. Je ne trouvai de ressource que dans l'industrie de la pauvre Rondel, qui fit la lessive de tout mon linge dans une jatte à laver les mains. Je me coiffai, pendant cette expédition, d'un mouchoir blanc qui m'était resté. Ce fut dans cet extrême négligé que je reçus la visite du lieutenant du roi de notre château. Il n'y a point de situation où une femme ne sente le déplaisir de se présenter avec désavantage à quelqu'un qui ne l'a jamais vue.

« Ce lieutenant du roi, nommé M. de Maisonrouge, était un bon et franc militaire, plein de vertus naturelles, qu'un peu de brusquerie et de rusticité accompagnaient et ne défiguraient pas. Il n'avait voulu voir ni Mlle de Montauban ni moi, disant au gouverneur, quand il lui proposa de nous rendre visite : « Que voulez-vous que j'aille dire à ces péronnelles, qui ne « feront que crier et pleurer ? » Il l'assura que nous n'étions point si désolées. Il se résolut à nous voir. Il vint donc chez moi, et, pour me tenir un discours consolant, il me dit que je ne devais pas m'inquiéter de ma situation ; que si madame la duchesse du Maine avait eu des torts, je n'en serais jamais responsable ; qu'on m'excuserait sur la nécessité où j'avais été de lui obéir. Un tel propos me fut suspect, et je ne doutai presque point que cet homme, que je ne connaissais pas alors, ne vînt me tendre un piége. Je lui dis que je ne fondais pas ma sécurité sur ce qui m'était personnel, mais qu'étant persuadée qu'on ne trouverait rien contre madame la duchesse du Maine, je ne pouvais appréhender que ses fautes rejaillissent sur moi; que si elle en eût fait où j'eusse participé, je ne me croirais pas disculpée par des commandements auxquels on ne doit jamais se soumettre. Étonné d'entendre raisonner si tranquillement quelqu'un qu'il avait cru trouver dans les excès du désespoir, il se prit d'affection pour moi dès ce premier moment, et s'accoutuma à me voir très-souvent.

« ..... J'aurais goûté quelque repos s'il n'eût été troublé par une funeste pensée qui m'assiégeait continuellement. Quelques jours avant que je fusse à la Bastille, l'abbé de Chaulieu m'avait conté, à l'occasion de tous les gens qu'on y mettait, des histoires effrayantes de ce qui s'y passait; entre autres, celle d'une femme de condition à qui, autrefois, on avait donné la question sans lui faire son procès, et si rudement, qu'elle en était demeurée estropiée toute sa vie. Il prétendait que ce moyen y était souvent employé sans aucune formalité, et que l'exécution s'en faisait par les valets de la maison.

« Cette opinion, qu'il m'avait mise dans l'esprit, avait de quoi m'alarmer. Je passais pour instruite du secret de l'affaire. J'étais, sans doute, supposée aussi faible que les femmes ont coutume de l'être; d'ailleurs, un personnage peu important. Il y avait toute apparence que, si l'on tentait cette voie, le choix tomberait sur moi. Frappée de cette idée, j'avais un extrême désir d'en éclaircir les fondements; mais je ne savais comment m'y prendre. Je hasardai, un jour que j'étais avec notre lieutenant du roi, d'amener la conversation sur plusieurs choses que j'avais ouï dire, qui se faisaient à la Bastille. Il les traita la plupart de contes puérils. Enfin, baissant le ton, comme on fait ordinairement quand on est embarrassé, je lui dis qu'on prétendait qu'on y donnait quelquefois la question sans forme de procès. Il ne me répondit rien. Nous nous promenions dans ma chambre pendant cet entretien. Il fit encore un tour, et s'en alla assez brusquement. Je demeurai tout éperdue, et plus persuadée que jamais du sinistre traitement qu'on me destinait. Je crus que notre homme en était informé, et que cette connaissance lui avait fermé la bouche, ne voulant ni prévariquer dans son ministère ni avancer par la prévoyance le mal que je devais subir. Je continuai de me promener à grands pas, faisant sur ce sujet de profondes réflexions. Je n'avais à cœur que de bien faire; et je ne me souciais ni de souffrir ni de mourir; mais je craignais ce que peut, contre les résolutions les plus fortes, l'excès de la douleur, et je n'osais me répondre de moi dans un cas où je n'avais pas ma propre expérience pour garant. J'en appelai d'étrangères à mon secours. Pourquoi ne ferais-je pas, me disais-je, ce que d'autres ont fait ? On souffre des opérations affreuses pour sauver sa vie. Que fait la douleur ? Elle arrache des cris, et ne peut vous forcer d'articuler des paroles. Après cet examen, je me tranquillisai, et j'espérai de moi, soutenue par de puissants motifs, ce qui n'était pas au-dessus des forces de la nature. Je m'aperçus par la suite que notre lieutenant était sourd d'une oreille; et, me ressouvenant que j'avais adressé mon interrogation de ce mauvais côté, je ris de la vaine frayeur que son apparente circonspection m'avait causée.

« Je n'en étais pas encore délivrée, lorsque je fus appelée

pour être interrogée par nos commissaires. Je pris la précaution de mettre un peu de rouge que j'avais dans ma poche, quoique je ne m'en servisse jamais, pour dérober, autant qu'il me serait possible, l'altération de mon visage propre à me déceler. Il y avait déjà trois semaines que j'étais en prison quand ces messieurs me parlèrent. Le garde des sceaux, avec son air sévère, me dit de m'asseoir, ensuite d'ôter mon gant. J'ôtai celui de la main gauche, ne sachant de quoi il s'agissait. Il me dit de l'ôter de la droite, et de la lever. Je fis tout ce qu'il voulut, bien résolue de ne lui dire que ce qu'il me plairait.

« Il me demanda en quels lieux et de quelle manière j'avais passé ma vie. Je lui dis que j'avais été au couvent depuis ma naissance jusqu'à ce que je fusse chez madame la duchesse du Maine. Mon histoire fut courte. Ensuite il me dit que cette princesse avait une grande confiance en moi. Je répondis que mon sexe et la place que j'occupais auprès d'elle ne comportaient pas cette grande confiance. On me répliqua que j'étais une partie des nuits avec madame la duchesse du Maine, et l'on s'informa à quoi se passait ce temps-là. Je dis que c'était à faire une lecture pour l'endormir. M. Leblanc dit qu'il n'était pas vraisemblable que cette lecture ne fût interrompue ; j'en convins.

« Et par quels propos ? reprit-il. — C'était ordinairement,
« lui dis-je, sur le sujet de la lecture. — Madame la duchesse
« du Maine, reprit encore M. Leblanc, a l'esprit trop vif pour
« traiter longtemps la même matière, sans y en mêler

« d'autres. — Aussi le faisait-elle, répondis-je ; et ses dis-
« cours étaient si divers, qu'il ne me serait pas possible de
« m'en souvenir. » On ajouta : « Vous étiez secrétaire de ma-
« dame la duchesse du Maine? » Je dis que je n'en avais jamais
porté le titre, ni exercé la fonction ; qu'à la vérité, je prenais
soin de ses livres, et que je me mêlais de petites discussions
qui avaient rapport à cet emploi. On m'allégua que j'avais
souvent écrit au bibliothécaire de la bibliothèque du roi. Je
dis que madame la duchesse du Maine, dans le temps qu'elle
faisait des écrits sur son affaire des *rangs*, ayant eu besoin
de plusieurs livres qu'elle faisait demander à la bibliothèque,
m'avait chargée de ce soin. Après cela, il me fut dit
qu'on avait beaucoup de lettres que j'avais écrites à un abbé.
J'hésitai quelques moments à répondre, ne pouvant me remettre ce que c'était que ces lettres.

« Enfin, rappelant mon souvenir, je dis qu'apparemment
elles étaient à un abbé Le Camus, qui avait offert ses services
à madame la duchesse du Maine pour écrire sur la contesta-
tion des rangs ; que l'incapacité du personnage l'avait réduite
à n'accepter de sa part que des recherches qui avaient rapport à la matière dont il s'agissait ; qu'elle lui avait dit de
me les communiquer ; et que cette commission avait fourni,
pendant un temps, nouvelle occasion, chaque jour, à l'abbé
Le Camus de m'écrire, pour m'envoyer ses remarques ; que
madame la duchesse du Maine, touchée de ses soins, tout
inutiles qu'ils étaient, m'avait ordonné de lui témoigner de
fois à autre qu'elle lui en était obligée.

« Je croyais toujours qu'on m'allait dire des choses plus embarrassantes, et que c'était pour me dépayser qu'on m'entretenait de ces bagatelles. J'y fus trompée, on ne me dit pour lors rien de plus important.

« . . . . . Je fus assez contente de la façon dont je m'étais tirée de cette première occasion, sans paraître embarrassée ni intimidée, n'ayant dit que ce que je voulais dire et ne m'étant presque pas écartée du vrai, dans lequel il me semble que l'esprit forcé à quelque détour rentre aussi naturellement que le corps qui circule rattrape la ligne droite. »

Nous sommes obligé de laisser ici Mlle de Launay, sans pouvoir la suivre dans ses piquantes aventures avec le lieutenant du roi, qui, quoique jaloux, protége sa passion naissante pour le chevalier de Ménil. Si l'on voulait faire connaître les horreurs de la Bastille, on aurait tort de choisir ses *Mémoires;* car elle déclare elle-même que le temps qu'elle a passé sous les verrous est le temps le plus heureux, ou, pour mieux dire, le seul temps heureux de sa vie. Ces *Mémoires* n'en sont peut-être que plus curieux; on a tant parlé des cachots de la Bastille, qu'il n'est pas sans intérêt d'entendre parler un peu de ses salons.

« Madame la duchesse du Maine, qui avait été d'abord menée dans la citadelle de Dijon, quand elle apprit qu'on la conduisait dans le gouvernement de monsieur le duc, dit :

Aux fureurs de Junon Jupiter m'abandonne.

« Elle y passa cinq mois, au milieu de toutes les incommodités qu'elle avait ignorées jusqu'alors. Ne pouvant plus les supporter, elle engagea madame la princesse de lui obtenir, par ses sollicitations, un changement de demeure. Elle se flattait qu'en même temps on la rapprocherait, mais elle n'eut que le choix d'aller dans la citadelle de Châlons, un peu plus éloignée, ou de rester dans celle où elle était. Il y avait matière à délibérer. Elle avait établi en ce lieu des correspondances utiles, par des personnes qui, à leurs risques et périls, s'étaient entièrement dévouées à elle.

« Une princesse ornée de grandes qualités, accablée de grands malheurs, est un objet frappant, capable de remuer les âmes les moins sensibles. Elle pouvait retrouver partout des gens animés du même zèle par les mêmes motifs; mais, pour se faire connaître, il leur fallait des conjonctures qui ne se rencontrent pas toujours, et, pour servir, des moyens qui ne sont pas également en toutes mains. Malgré ces considérations, le désir si naturel de changer une situation pénible, même contre une qui ne vaut pas mieux, et qui peut être pire, l'envie d'aller quand on est retenu, l'occasion de revoir les gens qui devaient la conduire, déterminèrent madame la duchesse du Maine à accepter Châlons.

« Les ordres furent donnés d'y faire un bâtiment pour la loger. La Billarderie, qui avait commandé les troupes dont elle fut accompagnée dans son premier voyage, eut ordre de l'aller trouver avec un détachement des gardes du corps, pour la transférer dans cette nouvelle prison, où il resta quelques jours après.

« La confiance dont elle l'honora aussitôt qu'elle reconnut la bonté de son caractère, jointe à tout ce qui pouvait l'attacher à elle, l'y dévoua entièrement. Ses sentiments, cachés sous le plus profond respect, lui étaient peut-être inconnus à lui-même ; mais la retenue ne leur donnait que plus d'activité. Elle reçut de lui tous les services qu'un honnête homme, chargé de sa garde, pouvait lui rendre. Il les accompagnait de toutes les complaisances propres à déguiser la sévérité de sa commission, dont il n'entama jamais le fond ; quoiqu'il en altérât souvent la forme.

« Arrivée à Châlons, elle eut le triste spectacle d'y voir édifier sa prison ; ce qui lui était déjà arrivé dans la citadelle de Dijon, dont le logement était insoutenable. Celui qu'on y fit construire sous ses yeux se trouva encore plus impraticable, non-seulement par l'humidité des plâtres neufs, mais par sa situation, et elle n'y logea point. Je crois qu'elle n'habita point non plus celui qu'elle vit bâtir à Châlons, où elle ne demeura pas longtemps. Je n'ai su ces choses qu'après son retour et le mien ; mais je les ai consignées ici pour être à peu près dans leur lieu.

« Quoiqu'elle eût soutenu sa captivité avec courage, et que, pour en supporter l'ennui, elle se fût prêtée à tous les amusements que pouvaient fournir des lieux si arides de plaisir, les incommodités et les inquiétudes qu'elle ne put écarter altérèrent sa santé. Elle disait, à l'occasion de ces tristes divertissements, si différents de ceux auxquels elle était accou-

tumée : « Que monsieur le duc d'Orléans juge de mes
« peines par mes plaisirs. »

« Quelque observée qu'elle fût, elle avait trouvé moyen d'établir des correspondances, par lesquelles elle était à peu près informée de tout ce qui se passait, et même des bruits qui couraient; et c'était pour l'ordinaire un nouveau tourment. Les nouvelles dont les prisonniers sont si affamés leur servent de poison. Ils en apprennent une partie, ignorent l'autre, font et défont mille systèmes sur ces connaissances imparfaites, d'où naissent autant de chimères et d'inquiétudes qui les dévorent. Leur état le plus doux, selon l'expérience que j'en ai faite, est celui où rien ne transpire jusqu'à eux.

« Le bruit qui courut qu'on voulait mettre M. de Malesieu à la Conciergerie, lui faire son procès et traiter son affaire à la rigueur, parvint à madame la duchesse du Maine, et lui causa les plus vives alarmes. Il fut dit ensuite qu'il serait confiné à l'île Sainte-Marguerite. On avait pièces en main contre lui, et peu de bonne volonté pour sa personne ; ce qui le mettait plus en risque qu'aucun autre; aussi était-il dans de perpétuelles inquiétudes. Elles lui suggéraient des idées souvent mal digérées. Il me fit prier de rendre témoignage que cette lettre du roi d'Espagne qu'on avait trouvée dans ses papiers était une traduction de l'original espagnol. Je lui dis que je n'aurais vraisemblablement pas l'occasion d'en parler, et que, si je l'avais, je ne pourrais me résoudre à dire une chose si aisée à convaincre de faux.

« Madame la duchesse du Maine ayant été environ trois mois à Châlons, le duc d'Orléans, sur les représentations qu'on lui fit du mauvais état de la santé de cette princesse, ne voulant pas être accusé de la laisser périr par des traitements trop durs pour une personne comme elle, consentit qu'elle allât passer quelque temps dans une maison de campagne. On lui proposa Savigny, en Bourgogne, comme un lieu agréable. Elle fit demander au président de..., à qui cette maison appartenait, de la lui prêter. Il craignit de déplaire à monsieur le duc gouverneur de la province, et la lui refusa. On en indiqua une autre, nommée Sevigny, qui fut prêtée à madame la duchesse du Maine.

« M. de la Billarderie était revenu avec son détachement des gardes pour la conduire, et l'y mena. Cependant le président qui avait d'abord refusé sa maison, ayant su que monsieur le duc pensait, à cet égard, tout autrement qu'il n'avait supposé, revint en faire offre ; madame la duchesse du Maine ne voulait pas accepter ; mais la Billarderie lui représenta que ce serait prodiguer son ressentiment que d'en avoir contre un tel homme, et qu'elle serait plus commodément à Savigny. Elle y fut et y passa quelque temps. Enfin, par de nouvelles instances, on obtint de la rapprocher de Paris, et de lui donner pour prison Chanlay, belle et agréable maison qui n'en est qu'à trente lieues. Elle séjourna dans diverses maisons de campagne en y allant, et s'y rendit vers le milieu de l'automne. Madame la princesse de Condé, mère de la duchesse du Maine, eut la liberté de l'y aller voir, et y passa une quinzaine de jours. Tout occupée de mettre fin à la captivité de la princesse sa fille, elle la conjura de lui avouer sincèrement tout ce qui s'était passé dans son affaire. Madame la duchesse du Maine lui en rendit un compte exact, par lequel elle la convainquit qu'il n'y avait rien eu, dans tout ce qu'elle avait fait, ni contre le roi, ni contre l'État, ni rien même qui pût essentiellement préjudicier au régent.

« Madame la princesse, sur cet exposé, lui conseilla d'en faire l'aveu à ce prince avec la même vérité, comme le plus sûr et peut-être le seul moyen d'obtenir non-seulement sa liberté, mais celle de toutes les personnes engagées dans la même affaire qui souffraient pour elle. La nécessité de tirer de prison monsieur le duc du Maine, qui venait d'y être dangereusement malade sans qu'elle l'eût su, le risque de l'y voir périr, tout innocent qu'il était, lui furent principalement représentés par madame la princesse et par M. de la Billarderie.

« Malgré les puissantes considérations, elle insistait toujours sur les inconvénients d'une telle démarche, et protesta que son intérêt seul ne l'y résoudrait jamais, et que, quelque pressants que fussent les autres motifs qu'on lui présentait, elle ne pouvait faire cette confession, qu'elle ne sût si les personnes engagées avec elle s'étaient décelées elles-mêmes ; sans quoi elle risquerait leur perte et son propre honneur.

« .... Persuadée enfin, par des témoignages non suspects, qu'elle pouvait délivrer tous les gens de son parti, sans nuire à aucun, elle surmonta, en leur faveur, la répugnance qu'elle avait à donner la déclaration qu'on lui demandait. Elle la fit dans un grand détail pour donner preuve de sa sincérité. Quand cette pièce fut achevée, elle la mit entre les mains de la Billarderie, pour la porter à M. Leblanc, après qu'il l'aurait fait voir à madame la princesse, à qui elle écrivit en même temps une lettre, où elle lui marquait les motifs qui l'avaient déterminée à ce que monsieur le duc d'Orléans avait exigé d'elle. Elle la conjurait de tenir la main à la prompte et fidèle exécution des engagements qu'il avait pris en conséquence, et lui représentait qu'il s'agissait en cela non-seulement de ses intérêts, mais de son honneur, qui lui était infiniment plus cher, et qu'elle confiait à ses soins et à sa diligence.

« Madame la princesse lut la lettre et la déclaration avec l'abbé Maulevrier, qui dit à la Billarderie que la grande attention qu'on y voyait à justifier le cardinal de Polignac et M. de Malesieu, pourrait en rendre la vérité douteuse. Il n'y reprit nulle autre chose, ni madame la princesse non plus. La Billarderie la porta à M. Leblanc pour la remettre au régent. On expédia, pour le retour de madame la duchesse du Maine, la lettre de cachet qui lui fut envoyée. Elle y trouva, contre son attente, son séjour marqué à Sceaux. Cette première infraction aux paroles données lui en fit craindre d'autres.

« Nous ne savions rien dans notre prison de tout ce que je viens de rapporter, un bruit vague de dénoûment s'y faisait entendre. Il avait couru tant de fois, qu'on n'y donnait plus qu'une médiocre créance.

« Enfin, M. Leblanc, qui n'avait pas paru depuis longtemps, vint, les derniers jours de l'année, à la Bastille. Il me dit que je leur aurais épargné bien de la peine si, quand ils m'avaient parlé, M. d'Argenson et lui, j'avais voulu leur rendre compte de tout ce que je savais de l'affaire de madame la duchesse du Maine, dont j'étais parfaitement instruite ; qu'elle s'en était expliquée elle-même par une déclaration fort exacte, et que je n'avais plus de raison d'en vouloir garder le secret. Je répondis qu'il ne m'avait pas paru qu'on me crût si bien instruite. En effet, ils ne m'avaient interrogée qu'une fois et légèrement. « Au surplus, ajoutai-
« je, si madame la duchesse du Maine elle-même a parlé,
« que pourrais-je dire qui vous instruisît plus parfaitement ?
« Elle sait ce qui la regarde mieux que personne ne peut le
« savoir. Quand même elle m'aurait dit tout ce que j'ignore,
« je ne pourrais rien ajouter aux connaissances qu'elle a don-
« nées. — Vous ne pouvez nier, du moins, reprit-il, que vous
« n'ayez rendu à madame la duchesse du Maine des lettres
« d'Espagne. » Je répondis que les lettres que j'avais pu recevoir étaient pour moi ; qu'il m'en venait de divers pays, auxquelles madame la duchesse du Maine n'avait point de part. « Celles-là, dit-il, étaient du baron de Walef, et vous
« ont été remises par une fille d'Opéra. » Je lui dis (et cela était vrai) que je ne savais de quelle profession était la personne qui, en effet, m'avait apporté quelques lettres du baron de Walef, lesquelles étaient pour moi. M. Leblanc reprit : « Mais vous savez toute l'affaire, et l'on veut que vous

« parliez, ou vous resterez toute votre vie à la Bastille.
« — Eh bien ! Monsieur, lui dis-je, c'est un établissement
« pour une fille comme moi, qui n'a pas de bien. — Ce n'est
« pas, reprit-il, une situation bien agréable. — Je ne la
« choisirais pas non plus, lui dis-je ; mais je resterai plutôt
« que d'inventer des fictions pour m'en tirer. — Il faut
« avouer que madame la duchesse du Maine a eu d'étranges
« confidents. — Pour moi, Monsieur, repris-je, je vous dirai,
« sans vous amuser davantage, que, si je ne sais rien, je ne
« puis rien vous dire ; et que, si l'on m'avait confié quelque
« chose, je le dirais encore moins. »

« Il ne put s'empêcher de dire, quoique cela ne fût pas
dans son rôle, « que madame la duchesse du Maine aurait
« été heureuse de ne s'être pas confiée à d'autres qu'à moi. »
Il ajouta tout de suite que ses affaires étaient finies, qu'elle
allait revenir. « Me voilà donc tranquille, lui dis-je. — Et
« ce qui vous regarde ? reprit-il. — Cela, lui répondis-je,
« n'est pas assez important pour m'en inquiéter. — D'où
« vient cette assurance ? dit-il. Est-ce qu'on vous a fait votre
« horoscope ? — L'horoscope de quelqu'un qui naît dans
« une aussi mauvaise fortune que la mienne, se fait tout
« seul, lui répondis-je. On sait qu'on sera malheureux, n'im-
« porte de quelle façon. » M. Leblanc, voyant que je ne voulais que bavarder, me dit qu'il reviendrait avec M. d'Argenson, et qu'ils m'apporteraient des ordres par écrit de
madame la duchesse du Maine, de dire tout ce qu'on me
demanderait. Je lui dis que je les recevrais avec beaucoup de

respect, mais que je n'en dirais pas davantage. En effet, l'on se charge de tels secrets par dévouement pour ceux qui vous les confient, mais on les garde pour l'amour de soi. M. Leblanc, peu satisfait de mes réponses, me quitta, et depuis il ne voulut plus m'interroger, quelque instance qui lui en fût faite de la part de madame la duchesse du Maine après son retour, disant que cela était inutile, qu'il savait ce que je savais dire.

« Quelques jours après (5 janvier 1720), l'ordre arriva de faire sortir de notre château tous les domestiques de madame la duchesse du Maine, valets de chambre, valets de pied, frotteuses, à la réserve de monsieur de Malesieu et de moi.

« Cependant on avait fait partir, les derniers jours de l'année, les équipages de madame la duchesse du Maine pour l'aller chercher à Chanlay. La Billarderie, qui lui portait les ordres de la cour, les devait joindre en chemin et les devancer. M. de Sailly, écuyer de cette princesse, qui les conduisait, prit la poste à moitié chemin, et fut à Joigny, petite ville à deux lieues de Chanlay, pour y attendre le passage de M. de la Billarderie, et se rendre en même temps que lui auprès de madame la duchesse du Maine. Il y demeura deux jours sans vouloir se faire connaître. Les officiers de la bouche du roi, en service auprès de la princesse, venaient tous les jours en ce lieu-là chercher leurs provisions ; voyant un homme qui, par les questions qu'il leur fit, paraissait s'intéresser à elle, ils lui en rendirent compte. Elle les chargea de savoir qui c'était. Il n'osa refuser de l'en instruire. Dès qu'elle le sut, elle renvoya lui dire de venir la trouver. Quoiqu'il craignît d'outre-passer les ordres qu'il avait d'ailleurs, il lui obéit. Il fit pourtant demander à M. Desangles, lieutenant du roi de la citadelle de Châlons, qui avait suivi madame la duchesse du Maine à Chanlay et l'y gardait, la permission d'y venir. Il lui manda qu'il le pouvait, mais qu'il serait bien aise de lui parler avant qu'il parût devant la princesse. Il s'adressa donc d'abord à M. Desangles, qui lui recommanda vaguement de ne rien dire que conformément à la prudence requise dans l'état des choses. Il fut ensuite chez Son Altesse. Elle fut ravie de voir en lui un signal de son retour. Mais cette joie était troublée par le délai de celui de la Billarderie, dont elle ne pouvait pénétrer les raisons.

« On lui avait promis qu'en arrivant à Sceaux, elle y trouverait le duc du Maine, les princes ses fils et la princesse sa fille. Lorsque la Billarderie était prêt à partir, il apprit, par madame la duchesse d'Orléans, que monsieur le duc du Maine avait demandé d'aller à Clagny, près de Versailles, et non à Sceaux, où il avait réglé que ses enfants n'iraient pas non plus.

« La Billarderie, prévoyant que madame la duchesse du Maine serait au désespoir de ce changement, ne voulut l'aller trouver qu'après avoir tout mis en œuvre pour amener monsieur le duc du Maine à ce qu'elle désirait. Cette négociation retarda son voyage de plusieurs jours. Ne pouvant rien gagner, il partit enfin, bien résolu de lui cacher cette fâcheuse nouvelle, de peur qu'elle ne s'obstinât à rester où elle était, si on ne lui donnait satisfaction sur ce point.

« Son inquiétude de ne pas le voir arriver croissait à chaque moment, depuis celui où elle avait compté qu'il serait à Chanlay. Elle faisait mille questions à Sailly pour démêler la cause de ce retardement. Il savait la résolution qu'avait prise monsieur le duc du Maine de ne point retourner avec elle. Il se garda bien de lui en rien dire; mais son embarras, lorsqu'elle lui parla de la joie qu'elle aurait de se revoir à Sceaux avec ce prince et avec ses enfants, pensa le trahir. Elle s'en aperçut, et lui en demanda la raison. Il dissipa sa crainte par un tour ingénieux. Enfin, la Billarderie arriva, et elle fut entièrement rassurée, car il ne lui dit rien que de conforme à ses désirs, la résolution ayant été prise de ne l'instruire du véritable état des choses que lorsqu'elle serait à Petit-Bourg, où était sa dernière couchée. M. d'Antin, qui devait y être, était chargé de cette commission ; elle partit; et la Billarderie prit toutes ses mesures pour empêcher qu'elle n'eût connaissance de cet incident avant le temps marqué, afin que rien ne retardât son retour et ne troublât l'ordre de sa marche. Malgré le soin qu'on prenait, à cette intention, d'empêcher que personne ne lui parlât sur sa route, un concierge, à Fontainebleau, la mit sur la voie, et découvrit le mystère en lui disant que monsieur le duc du Maine était allé à Clagny. Elle fut saisie d'étonnement et de douleur à cette nouvelle, qu'elle voulut éclaircir sur-le-champ. La Billarderie fut obligé de la lui mettre au net, et s'y résolut d'autant plus volontiers qu'elle était trop avancée pour reculer. Quand elle sut que cette résidence de monsieur le duc du Maine à Clagny était de son propre choix, elle fut encore plus affligée. Cette disposition de la part du prince sembla lui présager de nouveaux malheurs. Cependant elle continua son chemin, fut à Petit-Bourg, où Mme de Chambonnas, sa dame d'honneur, la vint joindre. Elle s'y entretint avec M. d'Antin sur les choses présentes; et on lui fit espérer que, dès qu'elle serait sur les lieux, tout s'arrangerait à son gré.

« Elle arriva à Sceaux, et n'y trouva personne. Elle apprit qu'on n'y pouvait venir qu'avec une permission expresse de madame la princesse, qui croyait ne la devoir donner qu'à peu de gens. Elle sut que le duc d'Orléans avait fait lire, en plein conseil de régence, l'écrit qu'il lui avait promis de tenir secret. Quoiqu'il eût été mal lu, peu écouté, encore moins entendu, il ne laissa pas d'être jugé et condamné. Le public, qui ne l'avait pas vu et ne le vit point, se révolta contre, blâma madame la duchesse du Maine, sans savoir qu'elle eût été induite en erreur par les personnes dont elle devait le moins se défier; et sans examiner les motifs qui l'avaient déterminée au parti qu'elle avait pris. On supposa qu'elle avait livré les gens qui s'étaient dévoués à elle, quoiqu'elle n'eût porté préjudice à aucun d'eux, et qu'à dire vrai, elle se fût plutôt livrée elle-même, pour leur délivrance, à la censure du monde, aisée à prévoir dans une occasion si délicate.

« L'abbé de Maulevrier, entendant la clameur publique, ne songea qu'à sauver madame la princesse et lui du soupçon d'avoir participé à cette démarche. Dans cette vue, il cria plus haut que personne contre madame la duchesse du Maine, et il engagea madame la princesse à la désavouer en tout. Il l'accusa d'avoir sacrifié le cardinal de Polignac et Malesieu, dont il avait trouvé peu auparavant qu'elle prenait trop la défense. La Billarderie voulut l'en faire souvenir, en opposant tout ce qu'il lui avait dit et écrit à madame la duchesse du Maine à ce qu'il disait alors. Il le nia, soit qu'il en eût perdu le souvenir, soit qu'il préférât l'intérêt présent à la vérité, qu'il croyait destituée de preuves. Il vint voir madame la duchesse du Maine à Sceaux, et lui témoigna, sans ménagement, toute la désapprobation qu'il donnait au parti qu'elle avait pris. Elle demeura d'abord comme pétrifiée d'étonnement. Elle était dans son lit, et avait sous son chevet toutes ses lettres et celles de madame la princesse; il était facile de le confondre.

« Elle en fut tentée, et eut le courage d'y résister, voyant, dans la situation où elle était, le danger d'irriter un homme qui possédait la confiance de madame la princesse, seul soutien qu'elle eût encore, et qui pouvait l'aliéner d'elle, si elle le poussait à bout. Elle pressentit aussi que, s'il avait connaissance qu'elle eût conservé les lettres dont il s'agit, il engagerait madame la princesse à exiger qu'elle les lui rendît; qu'elle ne pourrait les refuser sans se brouiller avec elle, ni les lui remettre sans se priver pour toujours des preuves justificatives de sa conduite.

« Peu de jours après, madame la duchesse du Maine demanda et obtint la permission d'aller voir madame la princesse, qui était incommodée et ne pouvait venir à Sceaux. Elle en fut bien reçue; madame la princesse se garda de lui faire des reproches qu'elle sentait devoir retomber sur elle, et madame la duchesse du Maine ne lui parla que de la nécessité de presser l'exécution des paroles du régent pour la liberté des prisonniers, et de travailler à la réunir avec monsieur le duc du Maine.

« Ce prince, mécontent d'avoir essuyé pendant une année entière une rude captivité pour une affaire où il n'était point entré, était dans le désespoir de rester à Clagny et de ne pas voir madame la duchesse du Maine. On lui avait persuadé qu'en faisant éclater son ressentiment contre elle, on y verrait la preuve de sa propre innocence, qu'il avait grand intérêt d'établir, pour forcer le régent à lui rendre l'exercice de ses charges et le rang dont il avait été dégradé au lit de justice qui précéda sa prison. D'ailleurs, il était chagrin du dérangement de ses affaires et des dépenses qui y donnaient lieu; il pensait à régler une somme pour l'entretien de la maison de madame la duchesse du Maine, et à prendre des arrangements pour le paiement de ses dettes, et les moyens de n'en pas contracter de nouvelles.

« Ces projets de séparation affligeaient madame la duchesse du Maine plus encore que la censure publique et que la désertion de la plupart des gens qui, dans sa prospérité, avaient paru lui être fort attachés. Elle mit donc tout en œuvre pour ramener le duc du Maine à elle; mais cette négociation fut longue.

« Cependant, continue Mlle de Launay, pendant que ceci se passait, occupée de mes tristes rêveries, seule dans ma chambre, dont je ne sortais plus, j'y vis entrer un porte-clefs qui n'était pas celui qui me servait. Il me donna un gros paquet, me dit qu'il viendrait le reprendre, et s'en alla fort vite. Je l'ouvris avec empressement et j'y trouvai une lettre de madame la duchesse du Maine et sa déclaration. Elle me mandait qu'elle m'envoyait cette pièce afin que j'y pusse conformer ce que j'aurais à dire; sur quoi elle me laissait une entière liberté. Cette lettre était écrite de sa main ; j'en brûlai la partie qui traitait d'affaires, et je conservai les dernières lignes que voici :

« Je vous aime et vous estime plus que jamais, et tout ce
« que vous avez fait ne m'a pas surprise; votre esprit et votre
« fidélité m'étaient connus. Vous recevrez des marques de mon
« amitié, telles que vous les méritez, aussitôt que j'aurai le
« plaisir de vous voir.

« Adieu, ma chère L.... »

« Je fus extrêmement touchée de cette lettre et du plaisir de voir l'écriture de ma princesse..... Comme elle travaillait à ma délivrance depuis cinq mois qu'elle était de retour, elle pria madame la princesse de Conti, sa nièce, dont elle recevait beaucoup de marques d'amitié, d'engager M. Leblanc à

me voir une dernière fois pour terminer mon affaire. Cette princesse lui parla et ne put obtenir de lui que la permission de m'envoyer M. Bochet, secrétaire des commandements du prince de Conti, chargé des ordres de madame la duchesse du Maine. Elle ne voulut pas les écrire de sa main ; elle en choisit une qui m'était connue et non suspecte, par qui elle fit écrire sur une carte, que j'ai gardée : « Madame la duchesse
« du Maine vous ordonne d'écrire, et je suis chargé de vous
« le dire de sa part. »

« M. Bochet vint à la Bastille, me présenta cette carte, me fit comprendre qu'on me saurait mauvais gré de tous côtés d'une plus longue résistance, et qu'il fallait enfin céder à ce dernier ordre. J'écrivis donc, mais sans me piquer de sincérité, et je ne dis que les choses qu'on ne se souciait pas de savoir et celles qu'on n'avait nulle envie d'entendre... Je crois que le régent ne fut pas très-satisfait de cette pièce ; mais comme il ne voulait que l'exécution imposée pour obtenir notre liberté, il s'en contenta, et il n'en fut fait aucune mention ; de sorte qu'on ignora dans le public que j'eusse donné aucun écrit.

« Quelques jours après, je vis, étant à ma fenêtre, le lieutenant du roi traverser précipitamment la cour, tenant un papier qu'il me montrait. Il entra chez moi avec un saisissement qui m'étonna. Il n'y a que les peintres qui ont su unir l'expression de la joie à celle d'une vive douleur qui puissent bien rendre ce que je remarquai en lui, lorsqu'il me présenta le papier qu'il tenait. C'était la lettre de cachet pour me

faire sortir de la Bastille. « Vous voilà libre, me dit-il, et je
« vous perds. J'ai souhaité ardemment ce moment-ci ; j'aurais
« donné ma vie pour l'avancer. Mais je vais cesser de vous
« voir. Que deviendrai-je ? »

« . . . . . Je reçus avec ma liberté l'ordre de me rendre sur-
le-champ à Sceaux, où était madame la duchesse du Maine...
J'y arrivai sur le soir. Madame la duchesse était à la promenade. J'allai à sa rencontre dans le jardin ; elle me vit, fit
arrêter sa calèche et dit : « Ah ! voilà Mlle de Launay ; je suis
« bien aise de vous revoir !... » Je m'approchai, elle m'embrassa et poursuivit son chemin. Je rentrai dans la maison ;
on me mena dans la chambre qu'elle m'avait destinée. Je fus
ravie d'y trouver une fenêtre et une cheminée, et d'apprendre
qu'il y avait deux femmes de chambre nouvelles, une pour
remplacer la première qui était morte, l'autre pour occuper
ma place dont j'étais destituée... Il n'y avait presque personne
à Sceaux quand j'y retournai. La duchesse d'Estrées s'y était
rendue aussitôt qu'elle en avait pu obtenir la permission.
Madame la duchesse du Maine n'avait encore la liberté de
voir que fort peu de monde. Elle jouait au biribi avec les
gens de sa maison presque toute la nuit, et dormait la plus
grande partie du jour. On me fit veiller et lire comme auparavant. J'en étais fort désaccoutumée, et ces exercices pé-
nibles me firent bientôt regretter le repos de ma prison. »

Mlle de Launay n'était plus à Sceaux sur le pied d'une
femme de chambre, ou même d'une simple lectrice ; mais sa
position à la petite cour de madame du Maine était équivoque

et sans avenir. Elle songea à se retirer dans un couvent; madame du Maine songea à la marier. Cela devenait tous les jours plus difficile; et Mlle de Launay, à mesure qu'elle perdait ses charmes, devenait elle-même plus exigeante.

« Je fis comprendre à mes prétendants, dit-elle, que, dans ma situation, à l'âge où j'étais parvenue, on ne me pardonnerait de changer d'état que pour une fortune qui paraîtrait extrêmement avantageuse, et qu'enfin j'étais comme ces antiques qui augmentent le prix de leur ancienneté. »

On lui déterra, après beaucoup de recherches, le lieutenant d'une compagnie dans la garde suisse, qui était résolu de l'épouser, si, par la protection de monsieur du Maine, il devenait capitaine de sa compagnie. La dame qui avait fait cette découverte lui dépeignit M. de Staal comme une manière de patriarche.

« Pendant qu'elle me tenait ce discours, dit Mlle de Launay, il se présenta à mon esprit un tableau de la vie champêtre, dont le contraste avec la mienne relevait chaque objet et m'en faisait admirer les grâces douces et naïves. Je prenais alors du lait, et rien ne me parut plus satisfaisant que d'avoir des vaches sous sa main. L'orgueil des hommes prend soin de leur dérober les chétives circonstances qui ont aidé à les déterminer dans les occasions les plus importantes; et ce n'est que par une recherche exacte et difficile qu'on les retrouve. Me voilà donc toute passionnée pour le nouveau genre de vie que je croyais mener.

« L'entrevue se fit chez Mme de S.... Il fut plus content de moi qu'il n'y avait lieu de l'espérer. Je ne portai aucun jugement de lui à ce premier abord ; mais quelque temps après, je fus avec M. et Mme de S.... à sa maison de campagne, où nous dînâmes. Le lieu, le repas, la compagnie, tout rappelait la simplicité de l'âge d'or. Je trouvai une petite maison gaie et propre par la blancheur des murailles ; il lui seyait de n'être point meublée. Je n'ai pas fait tant de cas, par la suite, de cette espèce d'ornement. La volatille d'une basse-cour, la chair des troupeaux, les fruits du verger couvrirent la table. Nos jeunes hôtesses, comme au temps où l'on révérait Jupiter Hospitalier, préparèrent une partie des mets, nous régalèrent de gâteaux et de fromages façonnés et servis par leurs mains. Je considérai avec plaisir cette façon de vivre, si conforme à la nature, qui nous est devenue étrangère ; et je crus qu'elle me conviendrait.

« Je fus contente du maître de la maison, de son maintien, d'une certaine politesse, non étudiée, qui part du cœur et annonce un caractère doux et bienfaisant. En effet, c'est le sien. Son âme, exempte de toute passion, va vers le bien par une pente naturelle, sans être retenue ni détournée par rien. Il résulte de ce calme inaltérable une parfaite égalité d'humeur, des vues saines, parce qu'elles ne sont offusquées d'aucun trouble d'esprit, plus de justesse que d'abondance d'idées, peu de discours, mais sensés ; enfin, quelqu'un dont la société ne peut incommoder, aussi incapable de faire naître l'engouement que de donner du dégoût. Je sentis confusément tout ceci, que je démêlai par la suite ; et je trouvai un homme que la nature avait placé où la raison ne saurait. Nous eûmes une conversation après le dîner, dans laquelle on traita l'affaire dont il s'agissait. M. de Staal témoigna la désirer extrêmement, et néanmoins tint ferme à ne la conclure que lorsqu'il serait muni du titre qu'il demandait. J'approuvai cette sage précaution, et nous nous séparâmes contents l'un de l'autre. Quand je fus montée en carrosse, il mit à mes pieds un petit agneau, le plus gras de son troupeau, qu'il me pria d'emmener avec moi. Cette galanterie pastorale me sembla parfaitement assortie à tout le reste. »

La réflexion vint ensuite. Mlle de Launay découvrit que le bien de M. de Staal appartenait à ses enfants, et qu'une belle-mère serait mal reçue par deux filles accoutumées à être maîtresses de tout. Mais madame du Maine s'entêta à faire ce mariage, et il fallut obéir.

Mme de Staal mourut quinze ans après, en 1750, laissant un Recueil de lettres, deux comédies, et ses *Mémoires*, qui sont le premier de ses titres.

CHAPITRE VI.

Louis-Henri de Bourbon (1692-1740).

Le Régent et la Régence. — Law et son Système. — Le cardinal Dubois. — Changement dans les Idées et dans les Mœurs. — Monsieur le Duc chef du conseil de Régence, puis premier ministre de Louis XV.

Ainsi monsieur le duc d'Orléans l'emportait sur le duc du Maine.

« Il était, dit Saint-Simon, de taille médiocre au plus, fort plein sans être gros, l'air et le port aisé et fort noble, le visage large et agréable, fort haut en couleur, le poil noir et la perruque de même. Quoiqu'il eût fort mal dansé et médiocrement réussi à l'Académie, il avait dans le visage, dans le geste, dans toutes ses manières, une infinie et si naturelle franchise, qu'elle ornait jusqu'à ses moindres et plus communes actions. Avec beaucoup d'aisance, quand rien ne le contraignait, il était doux, ouvert, accueillant, d'un accès facile et charmant, le son de la voix agréable, et un don de la parole qui lui était tout particulier en quelque genre que ce pût être, avec une facilité, une netteté que rien ne surprenait, et qui surprenaient toujours. Son éloquence était naturelle jusque dans les discours les plus communs et les plus journaliers, dont la justesse était égale sur les sciences les plus abstraites, qu'il rendait claires, sur les affaires du gouvernement, de politique, de finances, de justice, de guerre, de cour, de conversation ordinaire, et de toutes sortes d'arts et de mécanique. Il ne se servait pas moins utilement des histoires et des mémoires, et connaissait fort les maisons. Les personnages de tous les temps et leurs vies lui étaient présents, et les intrigues des anciennes cours comme celles de son temps. A l'entendre, on lui aurait cru une vaste lecture. Rien moins; il parcourait légèrement, mais sa mémoire était si singulière, qu'il n'oubliait ni choses, ni noms, ni dates, qu'il rendait avec précision; et son appréhension était si forte, qu'en parcourant ainsi, c'était en lui comme s'il eût tout lu fort exactement. Il excellait à parler sur-le-champ et en justesse et en vivacité, soit de bons mots, soit de reparties; il m'a souvent reproché, et d'autres plus que lui, que je ne le gâtais pas; mais je lui ai souvent aussi donné une louange qui est méritée par bien peu de gens, et qui n'appartenait à personne si justement qu'à lui : c'est qu'outre qu'il avait infiniment d'esprit, et de plusieurs sortes, la perspicacité singulière du sien se trouvait jointe à une si grande justesse, qu'il ne se serait jamais trompé en aucune affaire, s'il avait suivi la première appréhension de son esprit sur chacune. Il prenait quelquefois cette louange de moi pour un reproche, et il n'avait pas toujours tort; mais elle n'en était pas moins vraie. Avec cela, nulle présomption, nulle trace de supériorité d'esprit ni de connaissances, raisonnant comme d'égal à égal avec tous, et donnant toujours de la surprise aux plus habiles. Rien de contraignant ni d'imposant dans sa société, et, quoiqu'il sentît bien ce qu'il était, et de la façon même de ne le pouvoir oublier en sa présence, il mettait tout le monde à l'aise, et lui-même comme au niveau des autres.

« Monsieur avait hérité en plein de la valeur des rois ses père et grand-père, et l'avait transmise tout entière à son fils. Quoiqu'il n'eût aucun penchant à la médisance, beaucoup moins à ce qu'on appelle être méchant, il ne cherchait jamais à en parler, modeste et silencieux même à cet égard sur ce qui lui était personnel, et racontait toujours les choses de cette nature où il avait eu le plus de part, donnant avec équité toute louange aux autres et ne parlant jamais de soi; mais il se passait difficilement de pincer ceux qu'il ne trouvait pas ce qu'il appelait « francs du collier », et on lui sentait un mépris et une répugnance naturelle à l'égard de ceux qu'il avait lieu de croire tels. Aussi avait-il le faible de croire ressembler en tout à Henri IV, de l'affecter dans ses façons, dans ses reparties, de se le persuader jusque dans sa taille et la forme de son visage, et de n'être touché d'aucune autre louange ni flatterie comme de celle-là, qui lui allait au cœur. C'est une complaisance à laquelle je n'ai jamais pu me ployer. Je sentais trop qu'il ne recherchait pas moins cette ressemblance dans les vices de ce grand prince que dans ses vertus, et que les uns ne faisaient pas moins son admiration que les autres. Comme Henri IV, il était naturellement bon, humain, compatissant, et cet homme, si cruellement accusé du crime le plus noir et le plus inhumain, je n'en ai point connu de plus naturellement opposé au crime de la destruction des autres, ni plus singulièrement éloigné de faire peine même à personne, jusque-là qu'il se peut dire que sa douceur, son humanité, sa facilité, avaient tourné en défaut, et lui ont causé bien des inconvénients fâcheux et des maux dont la suite fournira des exemples et des preuves.

« Je me souviens qu'un an peut-être avant la mort du roi, étant monté de bonne heure après dîner chez madame la duchesse d'Orléans, à Marly, je la trouvai au lit pour quelque migraine, et monsieur le duc d'Orléans seul dans la chambre, assis dans le fauteuil du chevet du lit. A peine fus-je assis, que madame la duchesse d'Orléans se mit à me raconter un fait du prince et du cardinal de Rohan, arrivé depuis peu de jours, et prouvé avec la plus claire évidence. Il roulait sur des mesures contre monsieur le duc d'Orléans pour le présent et l'avenir, et sur le fondement de ces exécrables imputations si à la mode par le crédit et le cours que Mme de

Maintenon et monsieur du Maine s'appliquaient sans cesse à leur donner. Je me récriai d'autant plus que monsieur le duc d'Orléans avait toujours distingué et recherché, je ne sais pourquoi, ces deux frères, et qu'il croyait pouvoir compter sur eux. « Et que dites-vous de monsieur le duc d'Orléans,
« ajouta-t-elle ensuite, qui, depuis qu'il le sait, qu'il n'en
« doute pas et qu'il n'en peut douter, leur fait tout aussi bien
« qu'à l'ordinaire? » A l'instant je regardai monsieur le duc d'Orléans, qui n'avait dit que quelques mots pour confirmer le récit de la chose, à mesure qu'il se faisait, et qui était couché négligemment dans sa chaise, et je lui dis avec feu :
« Pour cela, Monsieur, il faut dire la vérité; c'est que, de-
« puis Louis le Débonnaire, il n'y en eut jamais un si débon-
« naire que vous. » A ces mots, il se releva dans sa chaise, rouge de colère jusqu'au blanc des yeux, balbutiant de dépit contre moi, qui lui disais, prétendait-il, des choses fâcheuses, et contre madame la duchesse d'Orléans, qui les lui avait procurées, et qui riait. « Courage, Monsieur, ajoutai-je, traitez
« bien vos ennemis, et fâchez-vous contre vos serviteurs. Je
« suis ravi de vous voir en colère, c'est signe que j'ai mis le
« doigt sur l'apostume; quand on le presse, le malade crie.
« Je voudrais en faire sortir tout le pus, et après cela vous
« seriez tout un autre homme et tout autrement compté. » Il grommela encore un peu, et puis s'apaisa.

« Deux ou trois ans après la mort du roi, je causais à un coin de la longue et grande pièce de l'appartement des Tuileries, comme le conseil de régence allait commencer dans cette

même pièce où il se tenait toujours, tandis que monsieur le duc d'Orléans était tout à l'autre bout, parlant à quelqu'un, dans une fenêtre. Je m'entendis appeler comme de main en main; on me dit que monsieur le duc d'Orléans me voulait parler. Cela arrivait souvent en se mettant au conseil. J'allai donc à cette fenêtre où il était demeuré. Je lui trouvai un maintien sérieux, un air concentré, un visage fâché qui me surprit beaucoup. « Monsieur, me dit-il d'abordée, j'ai fort à
« me plaindre de vous, que j'ai toute ma vie compté pour le
« meilleur de mes amis. — Moi, Monsieur ! plus étonné en-
« core; qu'y a-t-il donc, lui dis-je, s'il vous plaît ? — Ce qu'il
« y a ? répond-il avec une mine encore plus colère; chose
« que vous ne sauriez nier, des vers que vous avez faits contre
« moi. — Moi, des vers ! répliquai-je; eh ! qui diable vous a conté
« de ces sottises-là ? Et depuis près de quarante ans que vous
« me connaissez, est-ce que vous ne savez pas que de ma vie je
« n'ai pu en faire, non pas deux vers, mais un seul ? — Non
« pas..., reprit-il, vous ne pouvez nier ceux-là. » Et tout de suite il me chanta un pont-neuf à sa louange, dont le refrain était : « Notre régent est débonnaire, là, là, il est débonnaire, » avec un grand éclat de rire. « Comment, lui dis-je, vous
« vous en souvenez encore ? et (en riant aussi) pour la ven-
« geance que vous en prenez, souvenez-vous-en du moins à bon
« escient. » Il demeura à rire longtemps, à ne s'en pouvoir empêcher avant de se mettre au conseil. Je n'ai pas craint d'écrire cette bagatelle, parce qu'il me semble qu'elle peint.

« Le rare était qu'incapable de se contraindre dans une cour qui suait l'hypocrisie, il mettait une sorte de déplorable vanité à afficher ses désordres. La réputation de débauché le touchait autant que la débauche même. C'était une bravade, une vengeance qu'il savourait avec délices. Je ne répondrais pas qu'accusé de vices qu'il n'avait pas, il n'en sentît comme une sorte d'orgueil. Le roi le voyait, quoique enclin pour mille raisons à le juger sévèrement, et il lui arriva de dire un jour : « Mon neveu est un fanfaron de crime. » Je frémis à ce grand coup de pinceau quand il me fut rapporté, et je ne pus m'en dissimuler ni la vérité ni l'horreur, par les suites que l'on a vues.

« On a peine à comprendre à quel point ce prince était incapable de se rassembler du monde, je dis avant que l'art infernal de Mme de Maintenon et du duc du Maine l'en eût totalement séparé, combien peu il était en lui de tenir une cour; combien, avec un air désinvolte, il se trouvait embarrassé et importuné du grand monde, et combien, dans son particulier, et, depuis, dans sa solitude au milieu de la cour, quand tout le monde l'eut déserté, il se trouva destitué de toute espèce de ressources avec tant de talents qui en devaient être une inépuisable source d'amusements pour lui. Il était né ennuyé, et il était si accoutumé à vivre hors de lui-même, qu'il lui était insupportable d'y rentrer, sans être capable de chercher même à s'occuper. Il ne pouvait vivre que dans le mouvement et le torrent des affaires, comme à la tête d'une armée, ou dans les soins d'y avoir tout ce dont il aurait besoin pour les exécutions et la campagne, ou dans le bruit et la vivacité de la débauche. Il y languissait dès qu'elle était sans bruit et sans une sorte d'excès et de tumulte, tellement que son temps lui était pénible à passer. Il se jeta dans la peinture, après que le grand goût de la chimie fut passé ou amorti par tout ce qui s'en était si cruellement publié. Il peignait presque toute l'après-dînée, à Versailles et à Marly. Il se connaissait fort en tableaux, il les aimait, il en ramassait, et il en fit une collection qui, en nombre et en perfection, ne le cédait pas aux tableaux de la couronne. Il s'amusa après à faire des compositions de pierres et de cachets à la merci du charbon, qui me chassait souvent d'avec lui, et des compositions de parfums les plus forts qu'il aima et dont je le détournais, parce que le roi les craignait et qu'il sentait presque toujours. Enfin, jamais homme né avec tant de talents de toutes sortes, tant d'ouverture et de facilité pour s'en servir, et jamais vie de particulier si désœuvrée ni si livrée au néant et à l'ennui. Aussi, Madame ne le peignit-elle pas moins heureusement qu'avait fait le roi par l'apophthegme qu'il répandit sur lui à Maréchal, et que j'ai rapporté.

« Madame était pleine de contes et de petits romans de fées. Elle disait qu'elles avaient toutes été conviées à ses couches, que toutes y étaient venues, et que chacune avait doué son fils d'un talent, de sorte qu'il les avait tous ; mais que, par malheur, on avait oublié une vieille fée, disparue depuis si longtemps, qu'on ne se souvenait plus d'elle, et qui, piquée de l'oubli, vint, appuyée sur son petit bâton, et n'arriva qu'après que toutes les fées eurent donné chacune leur don à l'enfant; que, dépitée de plus en plus, elle se vengea en le douant de rendre absolument inutiles tous les talents qu'il avait reçus de toutes les autres fées, d'aucun desquels, en les conservant tous, il n'avait jamais pu se servir. Il faut avouer qu'à prendre la chose en gros, le portrait est parlant.

« Un des malheurs de ce prince était d'être incapable de suite dans rien, jusqu'à ne pouvoir comprendre qu'on en pût avoir. Un autre, dont j'ai déjà parlé, fut une espèce d'insensibilité qui le rendait sans fiel dans les plus mortelles offenses et les plus dangereuses; et comme le nerf et le principe de la haine et de l'amitié, de la reconnaissance et de la vengeance, est le même, et qu'il manquait de ce ressort, les suites en étaient infinies et pernicieuses. Il était timide à l'excès, il le sentit et il en avait tant de honte, qu'il affectait tout le contraire, jusqu'à s'en piquer. Mais la vérité était, comme on le sentit enfin dans son autorité par une expérience plus développée, qu'on n'obtenait rien de lui, ni grâce ni justice; qu'en l'arrachant par crainte, dont il était infiniment susceptible, ou par une extrême importunité. Il tâchait de s'en délivrer par des paroles, puis par des promesses, dont sa facilité le rendait prodigue. Rien ne le trompa et ne lui nuisit davantage que cette opinion qu'il s'était faite de savoir tromper tout le monde. On ne le croyait plus, lors même qu'il parlait de la meilleure foi, et sa facilité diminua fort en lui le prix de toutes choses. Enfin, la compagnie obscure, et pour la plupart scélérate, dont il avait fait sa société de débauche, et que lui-même ne feignait pas de nommer publiquement ses roués, chassa la bonne jusque dans sa puissance, et lui fit un tort infini.

« Quoique nous nous soyons souvent parlé sur la religion, où, tant que j'ai pu me flatter de quelque espérance de le ramener, je me tournais de tous les sens avec lui, pour traiter cet important chapitre sans le rebuter, je n'ai jamais pu démêler le système qu'il pouvait s'être forgé, et j'ai fini par demeurer persuadé qu'il flottait sans cesse, sans s'en être jamais pu former. Son désir passionné, comme celui de ses pareils en mœurs, était qu'il n'y eût point de Dieu; mais il avait trop de lumière pour être athée, qui sont une espèce particulière d'insensés bien plus rare qu'on ne croit. Cette lumière l'importunait, il cherchait à l'éteindre et n'en put venir à bout. Une âme mortelle lui eût été une ressource; il ne réussit pas mieux dans les longs efforts qu'il fit pour se le persuader. Un Dieu existait et une âme immortelle le jetait en un fâcheux détroit, et il ne se pouvait aveugler sur la vérité de l'un et de l'autre. Mais son faible était néanmoins de se piquer d'impiété et d'y vouloir surpasser les plus hardis.

« Il était curieux de toutes sortes d'arts et de sciences, et, avec infiniment d'esprit, avait eu toute sa vie la faiblesse, si commune à la cour des enfants de Henri III, que Catherine de Médicis avait, entre autres maux, apportée d'Italie. Je me souviens aussi d'une chose qu'il me conta, dans le salon de Marly, sur le point de son départ pour l'Italie, dont la singularité, vérifiée par l'événement, m'engage à ne la point omettre. Il avait, tant qu'il avait pu, cherché à voir le diable, sans y avoir pu parvenir, à ce qu'il m'a souvent dit, et à voir des choses extraordinaires, et à savoir l'avenir. La Sery avait chez elle une petite fille de huit ou neuf ans, qui y était née et n'en était jamais sortie, et qui avait l'ignorance et la simplicité de cet âge et de cette éducation. Entre autres fripons de curiosités cachées, dont monsieur le duc d'Orléans avait beaucoup vu en sa vie, on lui en produisit un qui prétendait faire voir dans un verre rempli d'eau tout ce qu'on voudrait savoir. Il demanda quelqu'un de jeune et d'innocent pour y regarder, et cette petite fille s'y trouva propre ; ils s'amusèrent donc à vouloir savoir ce qui se passait alors, même dans les lieux éloignés, et la petite fille voyait et rendait ce qu'elle voyait à mesure. Cet homme prononçait tout bas quelque chose sur ce verre rempli d'eau, et aussitôt on y regardait avec succès.

« Les duperies que monsieur le duc d'Orléans avait souvent essuyées l'engagèrent à une épreuve qui pût le rassurer. Il ordonna tout bas à un de ses gens, à l'oreille, d'aller sur-le-champ, à quatre pas de là, chez Mme de Nancré, de bien examiner qui y était, ce qui s'y faisait, et la situation de tout ce qui s'y passait, et, sans perdre un moment ni parler à personne, de le lui venir dire à l'oreille. En un tourne-main la commission fut exécutée, sans que personne s'aperçût de ce que c'était, et la petite fille toujours dans la chambre. Dès que monsieur le duc d'Orléans fut instruit, il dit à la petite fille de regarder dans le verre qui était chez Mme de Nancré, et ce qui s'y passait. Aussitôt elle leur raconta mot pour mot tout ce qu'avait vu celui que monsieur le duc d'Orléans y avait envoyé : la description du visage, des figures, des vêtements, des gens qui y étaient, leur situation dans la chambre, les gens qui jouaient à deux tables différentes, ceux qui regardaient ou qui causaient assis ou debout, la disposition des meubles ; en un mot, tout. Dans l'instant, monsieur le duc d'Orléans y envoya Nancré, qui rapporta avoir tout trouvé comme la petite fille l'avait dit, et comme le valet qui y avait été d'abord l'avait rapporté à monsieur le duc d'Orléans.

« Il ne me parlait guère de ces choses-là, parce que je prenais la liberté de lui en faire honte. Je pris celle de pouiller à ce récit, et de lui dire ce que je crus le pouvoir détourner d'ajouter foi et de s'amuser à ces prestiges, dans un temps surtout où il devait avoir l'esprit occupé de tant de grandes choses. « Ce n'est pas tout, me dit-il ; et je ne vous « ai conté cela que pour venir au reste ; » et tout de suite il me conta que, encouragé par l'exactitude de ce que la petite fille avait vu dans la chambre de Mme de Nancré, il avait voulu voir quelque chose de plus important, et ce qui se passerait à la mort du roi, mais sans en rechercher le temps, qui ne se pouvait voir dans ce verre. Il le demanda donc tout de suite à la petite fille, qui n'avait jamais ouï parler de Versailles, ni vu personne que lui de la cour. Elle regarda et leur expliqua longuement tout ce qu'elle voyait. Elle fit avec justesse la description de la chambre du roi, à Versailles, et de l'ameublement qui s'y trouva, en effet, à sa mort. Elle dépeignit parfaitement donc, et ce qui était debout auprès du lit ou dans la chambre, un petit enfant avec l'ordre, tenu par Mme Ventadour, sur laquelle elle s'écria parce qu'elle l'avait chez Mlle de Sery. Elle leur fit connaître Mme de Maintenon, la figure singulière de Fagon, madame la duchesse, madame la princesse de Conti ; elle s'écria sur monsieur le duc d'Orléans ; en un mot, elle leur fit connaître ce qu'elle voyait là de princes, de seigneurs, de domestiques ou valets. Quand elle eut tout dit, monsieur le duc d'Orléans, surpris qu'elle ne leur eût point fait connaître Monseigneur, monsieur le duc de Bourgogne, madame la duchesse de Bourgogne, ni monsieur le duc de Berry, lui demanda si elle ne voyait de figures de telle et telle façon. Elle répondit constamment que non, et répéta celles qu'elle voyait. C'est ce que monsieur le duc d'Orléans ne pouvait comprendre et dont il s'étonna fort avec moi, et en rechercha vainement la raison. L'événement l'expliqua. On était alors en 1706. Tous quatre étaient alors pleins de vie et de santé, et tous quatre étaient morts avant le roi. Ce fut la même chose de monsieur le prince, de monsieur le duc et de monsieur le prince de Conti, qu'elle ne vit point, tandis qu'elle vit les enfants des deux derniers, monsieur du Maine, les siens, et monsieur le comte de Toulouse. Mais jusqu'à l'événement, cela demeura dans l'obscurité.

« Cette curiosité achevée, monsieur le duc d'Orléans voulut savoir ce qu'il deviendrait. Alors, ce ne fut plus dans le verre. L'homme qui était là lui offrit de le montrer comme peint sur la muraille de la chambre, pourvu qu'il n'eût point de peur de s'y voir ; et, au bout d'un quart d'heure de quelques simagrées devant eux tous, la figure de monsieur le duc d'Orléans, vêtu comme il l'était alors et dans sa grandeur naturelle, parut tout à coup sur la muraille comme en peinture avec une couronne fermée sur la tête. Elle n'était ni de France, ni d'Espagne, ni d'Angleterre, ni impériale. Monsieur le duc d'Orléans, qui la considéra de tous ses yeux, ne put jamais la deviner ; il n'en avait jamais vu de semblable ; elle n'avait que quatre cercles et rien au sommet. Cette couronne lui couvrait la tête.

« De l'obscurité précédente et de celle-ci, je saisis l'occasion de lui remontrer la vanité de ces sortes de curiosités, les justes tromperies du diable que Dieu permet pour punir les curiosités qu'il défend, le néant et les ténèbres qui en résultent, au lieu de la lumière et de la satisfaction qu'on y recherche. Il était assurément alors bien éloigné d'être régent du royaume et de l'imaginer. C'était peut-être ce que cette couronne singulière lui annonçait. Tout s'était passé à Paris la veille du jour qu'il me le raconta, et je l'ai trouvé si extraordinaire, que je lui ai donné place ici, non pour l'approuver, mais pour le rendre. »

Tel était le prince que la mort successive de trois fils de France appelait à gouverner l'État pendant la minorité de Louis XV. Il avait jusque-là vécu moins en prince qu'en particulier, et même en courtisan battu des orages de la cour. Il est incroyable, mais il est vrai qu'avec la perspective de puis longtemps ouverte de cette grande autorité à exercer, il n'avait concerté avec personne aucune mesure, et se trouva pris à l'improviste par l'événement.

Les premiers actes de la régence furent marqués d'un caractère de réaction décidée contre le règne passé. Des grandes réformes avaient été opérées dans la maison du roi, dans les bâtiments et dans les équipages de chasse, qu'on avait remis sur le pied où ils étaient à la mort de Louis XIII. Bientôt parut la déclaration qui établissait six conseils : « les conseils de conscience, des affaires étrangères, de la guerre, des finances, de la marine et du dedans du royaume, le tout sous l'autorité suprême du conseil général de régence. » Le préambule invoquait, pour couvrir cette nouveauté, le nom populaire du duc de Bourgogne, l'exemple d'autres royaumes, comme l'Espagne et l'Autriche, et même d'anciens précédents nationaux qu'on aurait eu grand'peine à spécifier. Il faut, faisait-on dire au roi, que les affaires soient réglées plutôt par un concert unanime que par la voie de l'autorité. Au fond c'était une des idées aristocratiques caressées naguère autour du duc de Bourgogne.

La composition de ces conseils ne fut pas aussi aristocratique et aussi féodale que l'eussent souhaité Saint-Simon ou même l'ancien cercle du duc de Bourgogne. La robe y tenait trop de place; mais on n'eût pu s'en passer, quand même le régent n'eût pas ménagé systématiquement la magistrature. Trois espèces d'hommes, choisis par la convenance, par la faiblesse et par la nécessité, remplissaient les listes des conseils : d'abord de grands seigneurs, vieux dans les intrigues, novices dans les affaires, et moins utiles par leur crédit qu'embarrassants par leurs morgues et par leurs politesses; ensuite les amis du régent, l'élite des roués, esprits frondeurs et pervers, ignorants et spirituels, hardis et paresseux, et bien mieux faits pour harceler que pour conduire un gouvernement; enfin, au-dessous d'eux étaient jetés pêle-mêle des conseillers d'État, des maîtres des requêtes, des membres du parlement, gens instruits et laborieux, destinés à réparer, sans gloire et sans émulation, les bévues qu'il fallait attendre de l'incapacité de leurs premiers collègues et de l'étourderie des seconds. Mais la question capitale pour le gouvernement était les finances. La dette publique s'élevait à près de trois milliards, et l'impôt balançait à peine la dépense. Le trésor restait vide, l'État obéré, le crédit anéanti !

Dans ces circonstances, l'Écossais Law vint présenter au régent un système financier, qui devait relever le crédit, libérer l'État et remplir le trésor. La base de ce système était la création d'un papier monnaie, destiné à suppléer à l'insuffisance du numéraire et à le remplacer dans la circulation. Mais le papier ne peut devenir un moyen d'échange que par l'organisation du crédit. De là l'établissement d'une banque, dont les billets auraient cours de monnaie. Amsterdam et Londres possédaient déjà une pareille institution. Mais en Angleterre comme en Hollande, les provinces n'y avaient aucune part. Dans la pensée de Law, tout le royaume et l'État lui-même devaient participer aux avantages du crédit. Il résolut donc de rendre sa banque générale, en instituant dans les villes des bureaux correspondants, et d'en faire un établissement public en lui attribuant l'administration des deniers de l'État. Elle escompterait ainsi l'impôt aussi bien que les lettres de change; elle solderait les dépenses publiques et se chargerait des emprunts. De cette façon, elle sauverait l'État des traitants, usuriers qui le soutenaient comme la corde soutient le pendu. Enfin, à toutes ces opérations, elle ajouterait l'exploitation des différents commerces. Réunissant ainsi les profits de l'escompte comme banque, ceux de l'administration comme fermière des revenus publics, ceux enfin du commerce comme compagnie privilégiée, elle pourrait diriger son énorme capital en actions, et leur répartir ses profits. De cette manière, elle aurait offert son papier à ceux qui voulaient une monnaie circulante, et ses actions à ceux qui en voulaient.

La nouveauté et la hardiesse de ce plan, qui effrayèrent le conseil des finances et le parlement, séduisirent le régent. D'abord, Law ne fut autorisé qu'à établir une banque privée à ses frais (1717). Mais dès l'année suivante, ses billets furent reçus en paiement des impôts, et en 1718, sa banque fut déclarée banque royale. Un nouvel édit lui donna le privilége du commerce de la Louisiane, et de la traite du castor dans le Canada. Alors se forma la compagnie des Indes occidentales, qui devint bientôt après compagnie des Indes par la réunion du commerce français, de l'Asie et de l'Afrique, à celui de l'Amérique (1719). Enfin, la fabrication des monnaies et les grandes fermes, ajoutées à tous les priviléges, complétèrent le système.

Cette vaste machine financière, si habilement construite, fit merveille. L'intérêt baissa, grâce aux moyens d'échange devenus plus faciles, et l'usure tendit à disparaître. On vit renaître, comme par enchantement, le crédit et le commerce. C'était l'effet de la banque et de son papier monnaie. De son côté, la compagnie releva les billets d'État de leur discrédit, en les recevant en paiement des actions qu'elle émit, et elle amortit la dette publique en la convertissant en nouvelles actions ; alors, billets d'État et argent affluèrent dans les caisses de Law. Chacun venait échanger ses titres ou son or contre des actions. L'esprit de spéculation envahit toutes les choses. Nobles et roturiers, gens de robe, gens d'épée, gens d'église, tous furent saisis de cette fièvre du gain. On s'étouffait à l'hôtel de Nevers, résidence du financier, dont la baguette magique transformait le papier en or. Même affluence dans la rue Quincampoix, ce Mississipi, comme on l'appelait. Là, de hardis joueurs s'étaient organisés pour spéculer sur les divers papiers émis, ils faisaient bureau de tout, qui de l'échoppe d'un savetier, qui du dos d'un bossu. Rangés à la file, au signal de l'un d'eux, ils produisaient la hausse ou la baisse. Aussi les fortunes se faisaient et se défaisaient avec une rapidité sans exemple. On cite un valet qui, chargé d'aller vendre des actions, se fit attendre deux jours. On le crut en fuite. Il revint, rendit fidèlement les valeurs ; mais en jouant pour son propre compte, il avait eu le temps de gagner un million. Un autre, rencontrant son maître à pied par un mauvais temps, lui offrit de monter dans son carrosse. Tous les grands seigneurs ne furent pas aussi malheureux. Témoin cet arrière-petit-fils du grand Condé, le duc de Bourbon, l'un des plus avides agioteurs, qui fit rebâtir du produit de ses spéculations sa magnifique résidence de Chantilly. Comme il montrait un jour avec orgueil son portefeuille, un de ses familiers lui dit : « Deux actions de votre aïeul valent mieux que toutes celles-là. »

L'enchantement continuait. La quantité et le prix des actions augmentaient sans cesse. Quant à la valeur réelle de ce papier, on s'en remettait là-dessus aux promesses de Law; celui-ci était de bonne foi. Son système, vrai en principe, pouvait opérer une révolution féconde dans l'ordre économique; mais, emporté par le délire général, il ne sut pas le renfermer dans de justes limites. Il exagéra sa théorie du papier substitué, au moyen du crédit, aux valeurs réelles, et il jeta dans la circulation une quantité de papier hors de proportion avec les valeurs représentées. Son système reposait ainsi sur une fiction et ne se soutenait que par la crédulité publique. Il était inévitable, dès lors, que le jour où la fiction serait mise en présence de la réalité, il en résulterait une ruine immense. Ce jour arriva. L'alarme fut donnée par quelques agioteurs plus clairvoyants que les autres; ils échangèrent leur richesse fictive contre de l'argent, des métaux précieux, des propriétés. C'est ce qu'on appela réaliser. De ce moment les actions tombèrent rapidement. Law essaya en vain d'arrêter ce mouvement. Tous les édits furent inutiles. La confiance ne se décrète pas. L'illusion était dissipée. Law devait s'y résigner, et laisser tomber les actions. En les attachant aux billets de banque, encore en crédit, il ne fit qu'entraîner la banque dans la chute de la compagnie. Alors, tout le système s'écroula (1720). La masse de papier qui restait, vastes débris de fortunes jetées au vent mobile de la spéculation, passa par un visa, dont furent chargés les frères de Pâris. Ceux-ci annulèrent le tiers des billets et convertirent le reste en rentes. On revenait ainsi à l'ancien état de choses. Quant à Law, il quitta la France, n'emportant que 800 louis, se retira à Londres, puis alla mourir pauvre à Venise.

C'en était fait du système. Le 10 décembre, le régent nomma un contrôleur général, Lepelletier de la Houssaie; quelques jours après, il rappela le parlement, moyennant des concessions mutuelles. La suppression des comptes en banque effaça la dernière trace.

Law avait poursuivi ce qu'il croyait la vérité économique; mais il y avait eu chez lui plus que l'amour d'une vérité abstraite, plus qu'une conception de mécanique sociale; il y avait eu l'amour des hommes, comme chez Vauban et Bois-Guillebert; plus brillant d'intelligence, moins pur de mœurs, moins ferme de caractère, mais non pas moins humain qu'eux, il se rattache par là étroitement à l'esprit général du XVIIIe siècle.

Voici, du reste, le jugement qu'en porte Saint-Simon lui-même. « On sait ce que fut Law pour monsieur le duc d'Orléans, et comment sa banque tourna un temps toutes les têtes. Les étrangers enviaient notre bonheur, et n'oubliaient rien pour y avoir part. Les Anglais mêmes, si habiles et si consommés en banques, en compagnies, en commerce, s'y laissèrent prendre, et s'en repentirent bien depuis. Law, quoique froid et sage, sentit broncher sa modestie. Il se lassa d'être subalterne. Il visa au grand parmi cette splendeur, et, plus que lui, l'abbé Dubois pour lui, et monsieur le duc d'Orléans, qui le fit contrôleur général. Il était Écossais, fort douteusement gentilhomme, grand et fort bien fait, d'un visage et d'une physionomie agréables, galant et fort bien avec les dames de tous pays, où il avait fort voyagé. Sa femme n'était point sa femme; elle était de bonne maison d'Angleterre et bien apparentée, qui avait suivi Law par amour, en avait eu un fils et une fille, et qui passait pour sa femme, et en portait le nom, sans l'avoir épousé. On s'en doutait sur les fins; après leur départ, cela devint certain. Cette femme avait un œil et le haut de la joue couverts d'une vilaine tache de vin, du reste bien faite, haute, altière, impertinente dans ses discours et en ses manières, recevant les hommages, rendant peu ou point, et faisant rarement quelques visites choisies, et vivait avec autorité dans sa maison. Je ne sais si son crédit était grand sur son mari; mais il paraissait plein d'égards, de soins et de respect pour elle.

« La banque avait été établie d'abord dans la rue Quincampoix, où Law demeurait; il fallut fermer la rue avec des grilles. Une cloche annonçait l'ouverture et la fermeture de la banque. C'était une foule à ne pas pouvoir y mettre une épingle, et les commis faisaient passer les billets par les fenêtres. Tout le monde y était confondu, laquais et gentilshommes; et il s'y faisait des fortunes subites, qui, pour quelques agioteurs heureux, causèrent des folies. Plus tard la banque fut transférée sur la place Vendôme. A la fin, la défiance succéda à l'engouement, et bientôt l'indignation, quand on vit qu'au lieu des beaux établissements annoncés au Mississipi, les émigrants n'y trouvaient que la misère et le désespoir. L'avidité de certains grands seigneurs concourut aussi à éclairer le public. Le parlement décréta Law de prise de corps. La débâcle vint, et avec, la détresse et la famine. On voyait des escouades de gens perdus parcourir les hôtels garnis et s'emparer des gens mal famés et des filles perdues, pour les envoyer au Mississipi. Dans le nombre, plus d'un honnête bourgeois fut pris, rançonné ou perdu. L'exaspération allait croissant. Le prince de Conti ne rougit pas de se faire rembourser de ses billets en plein jour, et plusieurs fourgons chargés d'écus, qui traversèrent la ville pour opérer ce remboursement, causèrent des rumeurs sinistres.

« Le régent réduisit de moitié la valeur des billets, et fut obligé de retirer ses édits au bout de quelques jours; mais le coup était porté. Le 17 juillet au matin, il y eut une telle foule à la banque et dans les rues voisines, pour avoir chacun de quoi aller au marché, qu'il y eut dix ou douze personnes étouffées. On porta tumultuairement trois de ces corps morts à la porte du Palais-Royal, où le peuple voulait entrer à grands cris. On fit promptement venir des compagnies de la garde du roi aux Tuileries. La Vrillière et Leblanc haranguèrent séparément le peuple. Le lieutenant de police y accourut; on fit venir des brigades du guet. On fit après emporter les corps morts, et par douceur et cajoleries on vint enfin à bout de renvoyer le peuple, et le détachement de la garde du roi s'en retourna aux Tuileries. Sur les dix heures du matin, que tout cela finissait, Law s'avisa d'aller au Palais-Royal; il reçut force imprécations par les rues. Monsieur le duc d'Orléans ne jugea pas à propos de le laisser sortir du Palais-Royal, où, deux jours après, il lui donna un logement. Il renvoya son carrosse, dont les glaces furent cassées à coups de pierres. Son logis en fut attaqué aussi avec grand fracas de vitres.

« Toute cette banque finit misérablement. Il fallut annuler et brûler les actions. Law s'enfuit; on fit, mais sans succès, des ordonnances pour rétablir le crédit, et la fortune publique en demeura longtemps ébranlée. Rien ne contribua plus que cette banque à troubler la minorité du roi et la régence de monsieur le duc d'Orléans. »

Cette conclusion de Saint-Simon est à peu près celle de l'histoire, avec quelques restrictions pourtant.

En somme, la crise du système fut fatale à la monarchie, dont elle abaissa la politique; le roi, du moins le gouvernement du roi, avait été banquier et banquier malheureux, —

avantageuse matériellement, fatale moralement à la haute noblesse, qui avilit son caractère en joignant à ses anciens défauts des vices inconnus de ses ancêtres; — fatale sous bien des rapports aux mœurs publiques, par le débordement de licence qui accompagna l'ivresse financière, et par la soif fébrile de jouissances matérielles qui avait été surexcitée dans la nation et qui survécut au système. — La crise fut avantageuse au commerce, à l'agriculture, à l'économie générale de la France, malgré le bouleversement survenu dans les existences individuelles; elle favorisa tout à la fois les campagnes et Paris, qui conserva en partie l'énorme accroissement qu'il avait reçu et les relations multipliées qu'il avait nouées avec les provinces. Le mélange des classes fut un avantage politique, bien qu'opéré sous les auspices malsains de l'agiotage; le pouvoir et les classes supérieures se dégradaient, les classes moyennes montaient. Le contraste se dessina toujours plus fortement; le gouvernement, dégoûté de sa grande épreuve, devint de plus en plus routinier; l'égoïsme vulgaire, la frayeur de tout progrès et de toute idée, l'horreur du nom de système dominèrent chez presque tous les hommes de pouvoir et d'affaires; pendant ce temps la nation ne cessa plus de grandir en lumières, en humanité, sinon en moralité. Les conséquences de ce divorce pouvaient être éloignées encore, mais elles étaient inévitables.

Il y eut pourtant à opposer aux scènes de la rue Quincampoix de grands exemples de dévouement et de charité dans la peste qui, à la même époque, éclata dans le Midi. L'opinion vulgaire attribue cette terrible calamité à un vaisseau qui aurait apporté la contagion de Seyde en Syrie ; mais rien n'est moins prouvé. Les médecins du lazaret de Marseille n'avaient reconnu aucun signe pestilentiel dans l'équipage de ce navire, et l'on ne sait aucun fait concernant les passagers, qui n'entrèrent en ville qu'après vingt jours de quarantaine, et dont on perdit ensuite les traces.

Quoi qu'il en soit, c'était le 25 mai 1720 qu'était arrivé ce vaisseau. Dans le courant de juillet, des symptômes de maladies suspectes se montrèrent dans un des quartiers malsains et encombrés de la vieille cité. Les magistrats, d'accord avec la plupart des médecins, prirent d'abord les précautions nécessaires avec activité, mais sans bruit, pour éviter le mal de la peur, la plus redoutable des contagions. Quelques médecins, reconnaissant la peste, eurent l'imprudence de proclamer ce nom effrayant. Toutes les imaginations furent aussitôt bouleversées ; à la suite d'un orage (21 juillet), le mal prit tout à coup un caractère violemment épidémique ; la plupart des riches et des fonctionnaires désertèrent la ville et laissèrent les magistrats municipaux sans ressource et sans appui. L'émigration ne se ralentit que devant l'arrêt du parlement d'Aix, qui menaça de mort quiconque sortirait du territoire (banlieue) de Marseille (31 juillet). Quelques hommes se dévouèrent avec un héroïsme admirable à la tâche immense que la lâcheté de leurs auxiliaires naturels rejetait sur eux tout entière. L'histoire ne doit point oublier les noms des échevins Estelle et Moustier, ni surtout de ce chevalier Roze qui, sans mission ni titre, vint réclamer sa part dans cette funèbre administration, du droit de sa magnanimité, et dirigea, par la supériorité de son esprit, les dignes associés qui étaient ses égaux par le cœur. L'évêque de Belzunce, jusqu'alors apprécié seulement des pauvres, dont il était le père, n'était guère connu au dehors que comme un dévot intolérant, peu éclairé, et gouverné par les jésuites; il grandit soudain devant le danger au niveau des plus saints héros du christianisme. Abandonné des dignitaires ecclésiastiques et des riches et égoïstes bénédictins de Saint-Victor, il trouva un inébranlable courage dans les autres ordres religieux et dans le clergé des paroisses. Les médecins accourus de Montpellier, de Paris, de tous les centres scientifiques, ne se montrèrent pas moins intrépides ni moins humains. La religion et la science, comme on l'a toujours vu dans ces grandes épreuves, inspirèrent les mêmes vertus. Mais les dévouements pareils n'eurent point pareille fortune; presque tous les médecins échappèrent, la plupart des religieux périrent.

Il faut remonter aux lugubres descriptions que nous ont laissées les historiens de l'antiquité, pour se faire une idée du tableau qu'offrit, durant plusieurs mois, la malheureuse ville, dévorée par la peste et par les fléaux accessoires qu'elle traîne à sa suite, la disette et l'anarchie. Quand la maladie eut atteint son plus haut période, on vit les pestiférés, chassés de leurs demeures par la misère, par le vertige du mal, ou par la peur féroce de leurs proches, se répandre dans les rues et sur les places pour y mourir, ou s'entasser à l'entrée de l'unique hôpital qui leur fût ouvert, gouffre empesté d'où nul ne sortait vivant. Les bras et les tombereaux manquèrent bientôt pour tant de funérailles. On empila le plus qu'on put de cadavres dans des fosses communes; mais « la fermentation ayant accru le volume de tant de corps entassés, les fosses revomirent à la lumière leur effroyable dépôt. L'échevin Moustier, entraînant quelques soldats la pioche à la main, rejeta dans le sein de la terre ces restes hideux. Ailleurs, sur l'esplanade de la Tourette, près de deux mille corps pourrissaient au soleil, volcan pestilentiel, masse horrible que sa fluidité ne permettait plus de transporter. » Le chevalier de Roze fait rompre les voûtes de vieux bastions voisins de l'esplanade et creuse jusqu'au niveau de la mer ; à la tête de cent galériens, il entoure la place fatale, pousse devant lui les monstrueux débris dont elle est jonchée, et les précipite dans les flots.

Les horreurs morales égalaient les horreurs physiques. En face de ces actes, qui sont la gloire de la nature humaine, débordaient tous les vices et tous les crimes. Sous le coup de ces fléaux qui brisent tous les liens de la société, toutes les règles ordinaires et les habitudes de la vie, ce qu'on peut appeler la moyenne de l'existence humaine disparaît. La foule tantôt s'étourdissait en se plongeant dans les plaisirs; nombre de misérables demandaient incessamment au vol et au meurtre l'or qui les entretenait dans une perpétuelle orgie. Les forçats et les acolytes qu'on leur avait donnés pour enlever les corps assassinaient les malades pour piller impunément. L'avarice dicta des forfaits plus exécrables encore : les échevins avaient recueilli dans un hospice 3,000 enfants abandonnés ; l'économe les laissa mourir de faim.

De septembre à octobre, le mal diminua peu à peu à Marseille, mais il se déchaîna sur le reste de la Provence. Aix avait été attaqué dès le mois d'août. Toute la ville se mit en quarantaine ; chaque famille s'enferma dans sa maison ; les malades, au moindre symptôme, étaient transportés dans des infirmeries communes. Ce plan de défense fut impuissant, 7 à 8,000 habitants périrent. Toulon fut bien plus malheureux encore que la ville d'Aix : la population fut presque anéantie ; il mourut 16,000 habitants sur 26,000, proportion monstrueuse et sans exemple ! Arles perdit à son tour près de 7,000 âmes ; puis Avignon fut atteint, et le fléau, franchissant le Rhône, se jeta sur le Vivarais, les Cévennes et le Gévaudan, où il enleva quelques milliers de personnes ; il vint enfin s'éteindre, au printemps de 1721, dans les plaines du Languedoc. Marseille n'en fut tout à fait délivrée qu'à la même époque.

La perte des quatre principales villes de Provence s'était élevée à près de 80,000 âmes, dont près de 50,000 pour la ville de Marseille et sa banlieue. Cette perte fut bien vite réparée. Les naissances furent tellement multipliées à Marseille dans la période suivante, qu'au bout de cinq ans la population eut repris son niveau. Une soif insatiable de plaisirs, une fureur de vivre s'était emparée de ce peuple échappé du tombeau. En oubliant le mal, on oublia trop aussi ceux qui s'étaient sacrifiés héroïquement pour le combattre : les lâches qui avaient fui ne rentrèrent que pour dénigrer tout ce qui s'était fait en leur absence, et le chevalier Roze, qui s'était ruiné pour sauver la ville, ne fut pas même indemnisé.

Le gouvernement de la régence ne paraît pas avoir mérité les reproches qu'on lui a parfois adressés au sujet de la peste de Marseille. Il expédia des secours médicaux, des grains, de l'argent; Law, tout près de sa ruine, envoya 100,000 fr. de sa bourse. Dubois, il est vrai, au contraire, entrava l'expédition de trois vaisseaux chargés de blé que le pape Clément XI envoyait à Marseille : mal en ce moment avec le saint-père, il ne voulait pas qu'on lui eût cette obligation. Ce contraste peint à la fois Dubois et Law. Les vaisseaux du pape furent pris en mer par un corsaire barbaresque qui, plus chrétien que l'abbé Dubois, les relâcha quand il sut leur destination. Cet abbé Dubois était pourtant le ministre tout-puissant à l'extérieur, et voici, selon Saint-Simon, d'où il était sorti et comment il y arriva : « Monsieur le duc d'Orléans, dans son enfance, avait été mis entre les mains de Saint-Laurent, au sortir de celle des femmes. Saint-Laurent était un homme de peu, sous-introducteur des ambassadeurs chez Monsieur, et de basse mine; pour tout dire en un mot, l'homme de son siècle le plus propre à élever un prince et former un grand roi. Sa bassesse l'empêcha d'avoir un titre pour cette éducation; son extrême mérite l'en fit laisser seul maître; et quand la bienséance exigea que ce prince eût un gouverneur, ce gouverneur ne le fut qu'en apparence, et Saint-Laurent fut toujours dans la même confiance et dans la même autorité.

« Il était ami du curé de Saint-Eustache et lui-même grand homme de bien. Ce curé avait un valet qui s'appelait Dubois, et qui, l'ayant été du sieur.... qui avait été docteur de l'archevêque de Reims, Letellier, lui avait trouvé de l'esprit, l'avait fait étudier; et ce valet savait infiniment de belles-lettres et même d'histoire; mais c'était un valet qui n'avait rien, et qui, après la mort de ce premier maître, était entré chez le curé de Saint-Eustache. Ce curé, content de ce valet, pour qui il ne pouvait rien faire, le donna à Saint-Laurent, dans l'espérance qu'il pourrait mieux pour lui. Saint-Laurent s'en accommoda, et peu à peu s'en servit pour l'écritoire d'études de monsieur le duc de Chartres; de là, voulant s'en servir à mieux, il lui fit prendre le petit collet pour le décrasser, et de cette sorte l'introduisit à l'étude du prince pour lui aider à préparer ses leçons, à écrire ses thèmes, à le soulager lui-même, à chercher les mots dans le dictionnaire. Je l'ai vu mille fois dans ces commencements, lorsque j'allais jouer avec monsieur de Chartres. Dans la suite, Saint-Laurent devenant infirme, Dubois faisait la leçon et la faisait fort bien, et néanmoins plaisait au jeune prince.

« Cependant Saint-Laurent mourut et très-brusquement, et Dubois, par intérim, continua à faire la leçon. Mais depuis qu'il fut devenu presque abbé, il avait trouvé moyen de faire sa cour au chevalier de Lorraine et au marquis d'Effiat, premier écuyer de Monsieur, amis intimes, ce dernier ayant aussi beaucoup de crédit sur son maître. De faire Dubois précepteur, cela ne pouvait se proposer de plein saut; mais ses protecteurs, auxquels il eut recours, éloignèrent le choix d'un précepteur, puis se servirent des progrès du jeune prince pour ne le point changer de main et laisser faire Dubois ; enfin ils le bombardèrent précepteur. Je ne vis jamais homme si aise ni avec plus de raison.

« Il voulait être conseiller d'État, et me vint prier d'en rompre la glace auprès du régent. Il s'appuyait sur ce que les évêques ne voudraient plus d'une place dans laquelle l'abbé Bignon les précéderait; et, en effet, c'est ce qui les en a exclus, au déshonneur du conseil. Ma franchise ne put se taire : je répondis à l'abbé Dubois que je lui souhaitais toute sorte de biens, mais que, pour cette place, je le priais de regarder un peu derrière lui, et de voir si elle lui convenait, le dépit qu'en auraient les conseillers d'État, et si son attachement pour monsieur le duc d'Orléans lui pouvait permettre de lui attirer par là la haine de tout le conseil et de tous les prétendants, et tous les discours du monde, tous ceux qui se tiendraient sur lui-même, et les mauvais offices qui sûrement naîtraient de ce choix. Il fut un peu étonné, mais il n'eut point de bonne réplique; nous ne laissâmes pas de nous séparer fort bien. Quatre jours après, l'abbé Dubois revint chez moi, qui d'abordée : « Je viens, me dit-il, vous rendre compte que « je suis conseiller d'État. » Transporté de joie : « Mon cher « abbé, lui répondis-je, j'en suis ravi, et d'autant plus que « je n'y ai point pris part; vous êtes content, et moi aussi. « Prenez seulement garde aux suites, et, puisque l'affaire est

« faite, tenez-vous gaillard, et veillez-y seulement sans les
« craindre. » Je l'embrassai, et il s'en alla fort satisfait de
moi. Les suites furent telles que je les avais prévues. Il n'y eut
personne, depuis le chancelier jusqu'au dernier maître des
requêtes, qui ne se crût personnellement offensé et qui ne le
montrât. Ni eux ni les prétendants ne contraignirent leurs
plaintes ni leurs discours. L'abbé Dubois, qui ne pensait qu'à
soi, avait ce qu'il avait voulu, et ne se soucia point du bruit
ni de son maître.

« A la mort de Callères, secrétaire du cabinet, il voulut aussi
cette charge, quoique peu convenable à un conseiller d'État
d'Église. Il entra en même temps dans le conseil des affaires
étrangères, à la facilité du régent : désir et obtenir étaient
pour lui la même chose.

« On croira sans peine qu'une fois placé dans le conseil
des affaires étrangères, il prit en peu de temps une influence
prépondérante. On le savait à monsieur le duc d'Orléans, et
l'abandonnement de ce prince à son ancien précepteur obligeait
les plus puissants et les plus autorisés à compter avec ce nouveau venu. L'abbé Dubois trouvait son compte à se fourrer et
à se mêler; il avait été dès auparavant chargé de plus d'une
mission pour son maître; et sentant bien qu'il n'était pas bas
tant pour embler ici les positions qu'il ambitionnait, il voulait
se faire recommander et soutenir du dehors. Il ne manqua pas
d'attirer à lui tout ce qui concernait l'Angleterre, comptant,
avec raison, qu'il trouverait ce qu'il lui fallait de ce côté en
argent et en appui. Il est étrange, mais il est vrai qu'il con-

çut dès lors la pensée d'arriver au chapeau par le secours d'une puissance protestante en poussant la France à abandonner le roi catholique exilé du même pays. Dans quelle fatale politique il entraîna la faiblesse du régent, vers quels abîmes il entraîna son pays, comment il fit litière du devoir, de l'honneur, des alliances de famille, des promesses les plus sacrées, de l'intérêt le plus légitime et le plus évident, c'est ce que raconteront les histoires du temps; et ce qu'à peine la postérité pourra croire. Pour prix de toutes ses manœuvres, il tira de fortes sommes des Anglais, en attendant le chapeau, et jusqu'à la mort il en reçut une pension réglée.

« Cependant arriva enfin le moment de l'expiation. Le roi fit à Meudon une revue de sa maison, où l'orgueil du premier ministre voulut se satisfaire; il lui en coûta cher. Il monta à cheval pour y jouir mieux de son triomphe, mais le mouvement du cheval fit crever un abcès qu'il avait dans la vessie. Il vit des médecins et des chirurgiens les plus célèbres, dans le plus grand secret, qui en augurèrent tous fort mal, et par la réitération des visites et quelques indiscrétions la chose commença à transpirer. Il ne put continuer d'aller à Paris qu'une ou deux fois au plus avec grande peine, et uniquement pour cacher son mal, qui ne lui donna presque plus de repos. Il l'avait caché, en effet, tant qu'il avait pu, mais cette cavalcade à la revue du roi l'avait aigri au point qu'il ne put plus le dissimuler à ceux de qui il pouvait espérer des secours. Il n'oublia rien cependant pour le dissimuler au monde; il allait tant qu'il pouvait au conseil, faisait avertir les ambassadeurs qu'il irait à Paris et n'y allait point, se rendait invisible chez lui et faisait des sorties épouvantables à quiconque s'avisait de lui vouloir dire quelque chose dans sa chaise à porteurs. Le duc d'Orléans le força de subir une douloureuse opération, qui était sa dernière chance de salut; mais on ne put arrêter la gangrène.

« Il mourut le 10 août, à cinq heures du soir, et finit sa vie, dit Saint-Simon, dans le plus grand désespoir et dans la rage de la quitter. Aussi la fortune s'était-elle bien jouée de lui : elle se fit acheter chèrement et longuement par toutes sortes de peines, de soins, de projets, de menées, d'inquiétudes, de travaux et de tourments d'esprit, et se déploya enfin sur lui par des torrents précipités de grandeurs, de puissance, de richesses démesurées, pour ne l'en laisser jouir que quatre ans, dont je mets l'époque à sa charge de secrétaire d'État, et deux seulement, si on la met à son cardinalat et à son premier ministère, pour lui tout arracher au plus riant et au plus complet de sa jouissance, à soixante-six ans. Il mourut donc maître absolu de son maître, et moins premier ministre qu'exerçant toute la plénitude et toute l'indépendance de toute la puissance et de toute l'autorité royale, surintendant des postes, cardinal, archevêque de Cambrai, avec sept abbayes, dont il fut insatiable jusqu'à la fin, et il avait commencé des ouvertures pour s'emparer de celles de Cîteaux, de Prémontré et des autres chefs d'ordre, et il fut avéré après qu'il recevait une pension d'Angleterre de 40,000 livres sterling (1,354,000 livres). J'ai eu la curiosité de rechercher son revenu et j'ai cru curieux de mettre ici ce que j'en ai trouvé, en diminuant même celui des bénéfices pour éviter toute enflure. J'ai mis pareillement au rabais ce qu'il tirait de ses appointements de premier ministre et des postes ; je crois aussi qu'il avait 20,000 livres du clergé comme cardinal, mais je n'ai pu le savoir avec certitude. Ce qu'il avait eu et réalisa de Law était immense. Il s'en était fort servi à Rome pour son cardinalat, mais il lui en était resté un prodigieux argent comptant. Il avait une extrême quantité de la plus belle vaisselle d'argent et de vermeil, des plus riches meubles, des plus rares bijoux de toutes sortes, des plus beaux et des plus rares attelages de tous les pays, et des plus somptueux équipages. Sa table était exquise et superbe en tout, et il en faisait fort bien les honneurs, quoique extrêmement sobre et par nature et par régime.

« La place de précepteur de monsieur le duc d'Orléans lui avait procuré l'abbaye de Nogent-sous-Coucy ; le mariage de ce prince, celle de Saint-Just ; ses premiers voyages de Hanovre et d'Angleterre, celles d'Airvault et de Bourgueil ; les trois autres, sa toute-puissance. Quel monstre de fortune et d'où parti ! et comment si rapidement précipité ! C'est bien littéralement à lui qu'on peut appliquer ce passage du psaume :

« J'ai passé, il n'était déjà plus, il n'en est rien resté ; jusqu'à ses traces étaient effacées. » *Vidi impium superexaltatum et elevatum sicut cedros Libani et transivi, et eccè non erat, et non est inventus locus ejus.* (Ps. XXXVI, v. 35 et 36.

« Le mercredi soir, le lendemain de sa mort, il fut porté de Versailles à Paris dans l'église du chapitre de Saint-Honoré, où il fut enterré quelques jours après. Les académies dont il était lui firent faire chacune un service, où elles assistèrent, l'assemblée du clergé un autre comme à son président, et, en qualité de premier ministre, il y en eut un à Notre-Dame, où le cardinal de Noailles officia et où les cours supérieures assistèrent. Il n'y eut point d'oraison funèbre à aucun, on n'osa le hasarder.

« ..... Ses folies publiques, depuis surtout que, devenu maître, il ne les contait plus, feraient un livre. Je n'en rapporterai que quelques-unes pour échantillon.

« Le cardinal de Gesvres se vint plaindre à monsieur le duc d'Orléans de ce que le cardinal Dubois venait de l'envoyer promener dans les termes les plus malhonnêtes. La réponse du régent fut qu'il dit de même à un homme de mœurs, de la gravité et de la dignité du cardinal de Gesvres, qu'il avait toujours trouvé le cardinal Dubois de bon conseil, et qu'il croyait qu'il ferait bien de suivre celui qu'il lui venait de donner. C'était apparemment pour se défendre de pareilles plaintes après un tel exemple, et, en effet, on ne lui en porta plus depuis.

« La fougue lui faisait faire quelquefois le tour entier et redoublé d'une chambre, courant sur les tables et les chaises sans toucher des pieds à terre, et monsieur le duc d'Orléans m'a dit plusieurs fois en avoir été témoin en bien des occasions.

Mme de Cheverny, devenue veuve, s'était retirée quelque temps après aux Incurables. Sa place de gouvernante des filles de monsieur le duc d'Orléans avait été donnée à M°™ de Conflans. Un peu après le sacre, madame la duchesse d'Orléans lui demanda si elle avait été chez le cardinal Dubois. Là-dessus M™° de Conflans répondit que non, et qu'elle ne voyait pas pourquoi elle irait, la place que Son Altesse Royale lui avait donnée étant si éloignée d'avoir trait à aucune affaire. Madame la duchesse d'Orléans insista sur ce que le cardinal était à l'égard de monsieur le duc d'Orléans. M™° de Conflans se défendit, et finalement dit que c'était un fou qui insultait tout le monde, et qu'elle ne voulait pas s'y exposer. Elle avait de l'esprit et du bec, et souverainement glorieuse, quoique fort polie. Madame la duchesse d'Orléans se mit à rire de sa frayeur, et lui dit que, n'ayant rien à lui demander ni à lui représenter, mais seulement à lui rendre compte de l'emploi que monsieur le duc d'Orléans lui avait donné, c'était une politesse qui ne pouvait que plaire au cardinal, et lui en attirer de sa part, bien loin d'avoir rien de désagréable à en craindre, et finit par lui dire que cela convenait et qu'elle voulait qu'elle y allât.

« La voilà donc partie, car c'était à Versailles, au sortir du dîner, et arrivée.... Le cardinal, la voyant s'avancer, lui demanda vivement ce qu'elle lui voulait : « Monseigneur, « lui dit-elle. — Oh! Monseigneur, Monseigneur, interrompit « le cardinal; cela ne se peut pas. — Mais, Monseigneur, « reprit-elle. — De par tous les diables, je vous le dis encore, « interrompit de nouveau le cardinal; quand je vous dis que cela

« ne se peut pas, c'est que cela ne se peut pas. — Monsei-
« gneur, voulut encore dire Mme de Conflans pour expliquer
qu'elle ne demandait rien ; mais à ce mot, le cardinal lui
saisit les deux pointes des épaules, la revire, la pousse du
poing par le dos, et : « Allez à tous les diables, dit-il, et me
laissez en repos. » Elle pensa tomber toute plate, et arriva en
cet état chez madame la duchesse d'Orléans, à qui, à travers
ses sanglots, elle conta son aventure.

« On était si accoutumé aux incartades du cardinal,
et celle-là fut trouvée si singulière et si plaisante, que le
récit en causa des éclats de rire qui achevèrent d'outrer
la pauvre Conflans, qui jura bien que de sa vie elle ne
remettrait les pieds chez cet extravagant.

« Il avait pris pour secrétaire particulier un nommé Venier.
Celui-ci s'était fait promptement aux façons du cardinal, et
s'était mis sur le pied de lui dire tout ce qui lui plaisait. Un
matin qu'il était avec le cardinal, Dubois demanda quelque
chose qui ne se trouva pas sous sa main ; le voilà à crier
à pleine tête contre ses commis, et que, s'il n'en avait pas
assez, il en prendrait 20, 30, 50, 100, et à faire un
vacarme épouvantable. Venier l'écoutait tranquillement ; le
cardinal l'interpella si cela n'était pas une chose horrible
d'être si mal servi à la dépense qu'il y faisait, et à s'emporter tout de nouveau et à le presser de répondre. « Mon-
« seigneur, lui dit Venier, prenez un seul commis de plus,
« et lui donnez pour emploi unique de tempêter pour vous, et
« tout ira bien ; vous aurez beaucoup de temps de reste, et

« vous vous trouverez bien servi. » Le cardinal se mit à rire et s'apaisa.

« Il mangeait tous les soirs un poulet pour tout souper, et seul. Je ne sais par quelle méprise ce poulet fut oublié un soir par ses gens. Comme il fut près de se coucher, il s'avisa de son poulet, sonna, cria, tempêta après ses gens, qui accoururent et qui l'écoutèrent froidement. Le voilà à crier de plus belle après son poulet, et après ses gens de le servir si tard. Il fut bien étonné de les entendre répondre tranquillement qu'il avait mangé son poulet, mais que, s'il lui plaisait, ils en allaient faire mettre un autre à la broche. « Comment, dit-il, j'ai mangé mon poulet? » L'assertion hardie et froide de ses gens le persuada, et ils se moquèrent de lui.

« ... Le duc d'Orléans ne survécut que fort peu de temps à son tout-puissant ministre. Le 2 décembre 1723, l'apoplexie, attendue de tous, le frappa tout à coup. Sitôt que les gens du métier l'eurent envisagé, ils le jugèrent sans espérance. On l'étendit à la hâte sur le parquet, on l'y soigna, il ne donna plus le moindre signe de vie pour tout ce qu'on put lui faire. En un instant que les premiers furent avertis, chacun de toute espèce accourut; le grand et le petit cabinet étaient plein de monde. En moins de deux heures tout fut fini, et peu à peu la solitude y fut aussi grande qu'avait été la foule.

« Le roi, touché de son inaltérable respect, de ses attentions à lui plaire, de sa manière de lui parler et de celle de son travail avec lui, le pleura et fut véritablement touché de sa perte, en sorte qu'il n'en a jamais parlé depuis, et cela est revenu souvent, qu'avec estime, affection et regret. Monsieur le duc, qui montait si haut par cette perte, eut sur elle une contenance honnête et bienséante; madame la duchesse se contint fort convenablement. — Fréjus se tint à quatre. On le voyait suer sous cette gêne, sa joie, ses espérances muettes lui échapper à tout propos, toute sa contenance étinceler malgré lui. »

Fleury cependant, l'évêque de Fréjus, se résolut à attendre, à ne pas prendre le titre de premier ministre et à le faire donner à l'aîné des princes du sang, au duc de Bourbon.

C'est encore sous la régence qu'était venu à Paris le czar Pierre le Grand.

« C'était, dit le duc de Saint-Simon, un grand fort homme, très-bien fait, assez maigre, le visage assez de forme ronde; un grand front; de beaux sourcils; le nez assez court, sans rien de trop, gros par le bout; les lèvres assez grosses; le teint rougeâtre et brun; de beaux yeux noirs, grands, vifs, perçants, bien fendus; le regard majestueux et gracieux, quand il y prenait garde, sinon sévère et farouche, avec un tic qui ne revenait pas souvent, mais qui lui démontait les yeux et toute la physionomie, et qui donnait de la frayeur. Cela durait un moment avec un regard égaré et terrible, et se remettait aussitôt. Tout son air marquait son esprit, sa réflexion et sa grandeur, et ne manquait pas d'une certaine grâce. Il ne portait qu'un col de toile, une perruque ronde, brune, comme sans poudre, qui ne touchait pas ses épaules; un habit brun juste au corps, uni, à boutons d'or, veste, culotte, bas, point de gants ni de manchettes, l'étoile de son ordre sur son habit et le cordon par-dessous, son habit souvent déboutonné tout à fait; son chapeau sur une table et jamais sur sa tête, même dehors. Dans cette simplicité, quelque mal voituré et accompagné qu'il pût être, on ne s'y pouvait méprendre à l'air de grandeur qui lui était naturel.

« La société française, au moment où Pierre Ier le visita, était moins réglée et moins compassée que du temps de Louis XIV; on peut croire, cependant, que cet homme de génie, à moitié sauvage, ne fut pas un médiocre sujet d'étonnement pour les seigneurs habitués à la pompe de Louis XIV et pour les roués du duc d'Orléans. On lui avait préparé, au Louvre, l'appartement de la reine-mère; il arrive le soir, entre partout, trouve tous les appartements trop éclairés et trop splendides, sort, remonte en voiture, et se fait conduire à l'hôtel de Lesdiguières, qu'on lui dit également prêt à le recevoir, et où il se fait dresser un lit de camp, dans un arrière-cabinet. Ce fut son début à Paris. Le maréchal de Tessé, chargé de lui faire les honneurs de la capitale, avait soin de tenir toujours un carrosse attelé dans la cour de l'hôtel. Mais le désir de voir à son aise, l'importunité d'être en spectacle, l'habitude d'une liberté au-dessus de tout, lui faisaient souvent préférer les carrosses de louage, les fiacres même; le premier carrosse qu'il trouvait sous sa main, de gens qui étaient chez lui et qu'il ne connaissait pas. Il sautait dedans et se faisait mener par la ville ou dehors. C'était alors au maréchal de Tessé et à sa suite, dont il s'échappait ainsi, à courir après, quelquefois sans le pouvoir trouver. Ce qu'il buvait et mangeait en deux repas réglés, est inconcevable, sans compter ce qu'il avalait de bière, de limonade et d'autres sortes de boissons entre les repas, toute sa suite encore davantage, une bouteille ou deux de bière, autant et quelquefois davantage de vin, des vins de liqueur après ; à la fin du repas, des eaux-de-vie préparées, chopine et quelquefois pinte. C'était à peu près l'ordinaire de chaque repas. Sa suite à sa table en avalait davantage, et mangeaient tous à l'avenant, à onze heures du matin et à huit heures du soir. Quand la mesure n'était pas plus forte, il n'y paraissait pas. Il y avait un prêtre aumônier, qui mangeait à la table du czar, plus fort de mortée que pas un, dont le czar, qui l'aimait, s'amusait beaucoup.

« Lorsqu'il fut visiter Versailles, Trianon et la ménagerie, toute sa suite l'accompagna. Il coucha ensuite à Fontainebleau, et le comte de Toulouse, qui était grand veneur, lui fit les honneurs d'une chasse à courre. Le czar y prit peu de plaisir, et faillit tomber de cheval. Il dîna ensuite avec ses gens, et revint à Petit-Bourg, seul dans un carrosse avec trois d'entre eux. Il parut dans ce carrosse qu'ils avaient largement bu et mangé.

« Avec cette grossièreté de mœurs, il ne laissait pas de se

sentir, et traita les princes du sang avec la dernière hauteur. Étant allé à l'Opéra avec le régent, en grande loge, il demanda dès les premières scènes s'il n'y aurait pas de bière. Le régent en fit apporter sur un plateau et lui en versa un grand verre, qu'il accepta en souriant, sans se soulever, et qu'il avala d'un trait. Il refusa de visiter les princesses du sang, et ne vit que Madame et madame la duchesse de Berry, filles de France, et madame d'Orléans, par politesse pour son mari. Il visita plusieurs fois le roi, et toujours avec un air de tendresse mêlée de grandeur, d'égalité de rang, et légèrement de supériorité d'âge. Il le loua fort, il en parut charmé, et l'embrassa à plusieurs reprises. Le roi, de son côté, lui fit fort bien, et lui débita très-joliment son petit et court compliment. Le czar visita dans les plus grands détails l'hôtel des Invalides, et passa presque toute sa journée dans les ateliers de Paris. Toute sa curiosité allait au solide. On lui montra les pierreries de la couronne; il les trouva plus belles qu'il ne pensait, mais il témoigna estimer peu ces richesses de convention. Les machines, les armes de guerre, les monuments utiles l'intéressaient bien autrement. Il courut seul chez les principaux ouvriers de Paris, et les interrogea sur leurs procédés en homme à qui rien n'est indifférent ni étranger de ce qui touche à l'industrie et aux arts utiles.

« Il fut à cheval à la revue des deux régiments des gardes, des gendarmes, chevau-légers et mousquetaires. Il ne regarda presque pas les troupes, qui s'en aperçurent. A la cour, on en fut également étonné et mortifié. Il fut de là dîner à

Saint-Ouen, chez le duc de Tresmes, où il dit que l'excès de la chaleur, de la poussière, et la foule de gens à pied et à cheval, lui avaient fait quitter la revue plus tôt qu'il n'aurait voulu.

« Le jour qu'il dîna chez d'Antin, qui avait fort brigué cet honneur, d'Antin, toujours le même, trouva moyen d'avoir un portrait de la czarine, qui fut placé sur la cheminée de sa salle, avec des vers à sa louange. Cette galanterie plut fort au czar, qui s'écria, comme toute sa suite, sur la ressemblance du portrait. Il aimait fort la czarine, et eut même un instant l'idée de la faire venir en France, mais il y renonça et lui donna rendez-vous à Spa, où il fut la retrouver, laissant la France charmée de son génie, de la vaste étendue de ses connaissances et de la rare singularité d'un caractère qui fera l'admiration de la postérité la plus reculée. »

Nous ne pouvons omettre la visite caractéristique qu'il fit à Mme de Maintenon, et que Saint-Simon raconte ainsi : « Le vendredi 11 juin, le czar fut de Versailles à Saint-Cyr, où il vit toute la maison et les demoiselles dans leurs classes. Il y fut reçu comme le roi. Il voulut aussi voir Mme de Maintenon, qui, dans l'apparence de cette curiosité, s'était mise au lit, ses rideaux fermés, hors un qui ne l'était qu'à demi. Le czar entra dans sa chambre, alla ouvrir les rideaux des fenêtres en arrivant, puis tout de suite ceux du lit, regarda bien Mme de Maintenon tout à son aise, ne lui dit pas un mot ni elle à lui, et, sans lui faire aucune sorte de révérence, s'en alla. Je sus qu'elle en avait été fort étonnée et encore plus mortifiée ; mais le feu roi n'était plus. »

Enfin, la plus grande de toutes ces scènes est peut-être celle qui se passa dans l'église de la Sorbonne. Le czar, s'élançant sur la statue du cardinal, la serra dans ses bras et s'écria : « Grand homme, je donnerais la moitié de mon royaume pour apprendre de toi à gouverner l'autre. » C'est alors aussi que la faculté de théologie fit auprès de lui une démarche pour lui présenter un mémoire sur la réunion des Églises grecque et latine; mais il n'était pas homme à abdiquer le pouvoir absolu qu'il s'était arrogé sur le spirituel comme sur le temporel. A son retour en Russie, craignant apparemment que ses sujets ne le soupçonnassent de s'être fait Latin, pour avoir voyagé chez les Latins, il institua une cérémonie burlesque, dans le genre de nos fêtes de fous au moyen âge, et où le pape et les cardinaux étaient les héros de grossières bouffonneries.

Cependant avait commencé le ministère du duc de Bourbon (1725-1726). Mais il était sous l'influence de la marquise de Prie, fille de traitant, mariée à un diplomate. Cette nouvelle régence, tombée en quenouille, eut ses *roués*, à la tête desquels brillait ce duc de Richelieu qui remplit le XVIIIe siècle de sa scandaleuse renommée. Elle eut aussi son Dubois et son Law tout à la fois dans Pâris-Duverney, financier, homme d'État, esprit actif, ferme, hardi, mais dur, emporté, despotique, et qui, sans plus de titre officiel que Mme de Prie elle-même, dirigea, pour elle et par elle, tous les ministères, dont aucun ne lui fut spécialement dévolu.

Duverney, qui se donnait pour l'homme pratique et positif,

par opposition aux rêves systématiques de Law, renouvela en sens inverse les mesures violentes et téméraires par lesquelles Law avait bouleversé les intérêts économiques. Il prétendit rabaisser de vive force toutes les valeurs nominales; il fit diminuer les monnaies de près de moitié; en même temps il tarifa la main-d'œuvre, les denrées, et s'efforça de soumettre toutes les marchandises à des tarifs calculés sur l'abaissement imprimé aux monnaies. Les ouvriers s'ameutèrent pour défendre leurs salaires, on les sabra dans les rues de Paris; les marchands refusèrent d'abaisser leur prix, on les mit à la Bastille ou l'on mura leurs boutiques; l'agitation gagna les provinces; les résistances, comprimées sur un point, éclataient sur dix autres.

Une déclaration concernant les mendiants et vagabonds étala de grands principes de justice sociale et de bien public, et décréta un vaste système d'extinction de la mendicité : à chaque hôpital devaient être annexés un asile volontaire pour les indigents, une prison pour les vagabonds et mendiants de profession, et des ateliers pour les uns et pour les autres. C'était là certes un grand dessein, mais prodigieusement difficile, et qui demandait bien du temps et des ressources. On y procéda, au contraire, avec précipitation; on n'attendit pas que de nouvelles constructions fussent prêtes pour recevoir les mendiants; on entassa ces malheureux, presque sans vêtements et sans vivres, dans l'étroite enceinte des hospices. « Couchez-les sur la paille et nourrissez-les au pain et à l'eau, ils tiendront moins de place, » écrivait aux intendants le contrôleur général Dodan, exécuteur impitoyable des volontés de Duverney.

On renouvelait aussi les rigueurs contre les protestants. On porta la même étourderie dans la politique extérieure que dans l'intérieure. Monsieur le duc enviait le titre de premier prince du sang au jeune duc d'Orléans, fils du régent. Sa première pensée, en arrivant au pouvoir, fut donc de renouveler les plans d'Albéroni et de la duchesse du Maine contre la branche d'Orléans, et de s'entendre avec la cour d'Espagne. Pour cela, il fit rompre le mariage de Louis XV avec l'infante d'Espagne; d'ailleurs, ce que cherchait Mme de Prie, c'était une reine qui lui dût tout, qui n'ait d'appui ni en France ni au dehors, et dont le caractère promît reconnaissance et docilité. Après avoir passé en revue toutes les princesses de l'Europe, la favorite s'arrêta précisément sur la fille du roi détrôné de Pologne Stanislas Leczinski. Sa femme et sa fille, qui vivaient à Weissembourg d'une pension que leur faisait par pitié le gouvernement français, crurent rêver quand ils reçurent la lettre de monsieur le duc qui leur annonçait ce merveilleux retour de fortune. Ils se jetèrent à genoux tous les trois pour remercier Dieu. La joie de Stanislas fut à peine tempérée par la déclaration de monsieur le duc que la France n'entendait tirer de ce mariage aucunes conséquences politiques, et la promesse de ne tenter aucun effort pour remonter sur le trône de Pologne parut peu lui coûter dans cette première ivresse. Les épousailles de Louis XV et de Marie Leczinska furent célébrées le 4 septembre 1725, dans la chapelle de Fontainebleau. La reine avait près de sept ans de plus que son époux.

Cependant, monsieur le duc ne tenait qu'à un fil. Presque dès son avénement, il avait engagé une lutte sourde contre le seul pouvoir réel qu'il y eût en France, contre Fleury; et n'avait rien épargné pour le supplanter auprès du jeune roi. Le 18 décembre 1725, une tentative avait eu lieu afin d'accoutumer le roi à travailler avec le premier ministre hors de la présence de son précepteur. La reine, toute dévouée à ceux qui lui avaient mis la couronne sur la tête, fut l'instrument de cette intrigue. Un jour que le roi était avec Fleury, elle le fit demander chez elle; il y trouva monsieur le duc et Duverney, qui l'entretinrent d'affaires, sous quelque prétexte. Fleury attendit longtemps sans que le roi revînt. Il comprit, écrivit au roi une lettre d'adieu, et alla s'établir dans la maison de campagne des Sulpiciens à Issy, en déclarant qu'il désirait depuis longtemps se retirer et mettre un intervalle entre les agitations du monde et la mort. Ce fut la reine qui remit la lettre à son mari. Louis sortit en silence et alla bouder dans sa garde-robe. L'énergie lui manquait pour prendre un parti ; et il fallait quelqu'un qui lui conseillât ce qu'il avait envie de faire. Un gentilhomme de la chambre, le duc de Mortemart, lui rendit ce service, et se fit donner par lui un ordre écrit à monsieur le duc de rappeler Fleury. Monsieur le duc eut l'humiliation d'être réduit à prier Fleury de revenir. Le vieillard, « si désireux de retraite, » disait-il, fut néanmoins de retour à Versailles dès le lendemain matin. Cette épreuve avait montré son autorité inébranlable sur le jeune roi qu'il avait élevé.

Cependant, Fleury ne tenait pas à pousser sa victoire jusqu'au bout; il n'eût pas mieux demandé que de laisser le titre du pouvoir à monsieur le duc en gardant la réalité; mais c'était impossible avec la marquise de Prie et Duverney. Plusieurs fois il le pressa de congédier ces deux objets de l'animadversion publique. Il ne put l'obtenir. Il patienta quelques mois encore. Au commencement de juin, monsieur le duc eut un moment de joie : il avait tâché en vain d'apaiser le ressentiment de l'Espagne; l'Angleterre, elle, au lieu de prier, avait menacé et agi : trois flottes anglaises avaient été expédiées dans la Baltique, sur les côtes d'Espagne et dans les mers situées entre l'Espagne et l'Amérique, pour détourner la Russie de s'unir à l'Empereur et barrer le passage aux galions espagnols. Ces mouvements jetèrent la confusion et la discorde dans le conseil d'Espagne. Monsieur le duc se figura qu'il allait conquérir la paix au dehors et raffermir son autorité au dedans. Pendant ce temps, sa propre chute était résolue. Le 11 juin, le roi, partant de Versailles pour Rambouillet, lui dit avec un sourire plus gracieux qu'à l'ordinaire : « Mon cousin, ne me faites pas attendre pour souper. » Quelques heures après, il recevait de Louis un billet laconique qui lui ordonnait de se retirer, jusqu'à nouvel ordre, dans son château de Chantilly. Il rentra dans la vie privée et ne reparut plus sur l'horizon jusqu'à sa mort, qui arriva quatorze ans après. Mme de Prie fut exilée en Normandie, et là, dépérissant d'ennui et d'ambition rentrée, elle s'empoisonna. Puis, Duverney fut envoyé à la Bastille, où Mme de Prie et lui ne s'étaient pas fait faute de loger leurs ennemis personnels. Ainsi tombait cette seconde régence (1723-1726).

On peut l'envelopper dans ce jugement de l'histoire sur la première. La période de la régence n'avait duré qu'un peu plus de huit ans, y compris les quelques mois de prorogation de pouvoir de Dubois et de Philippe; elle tient dans nos annales une place beaucoup plus considérable que ne semblerait le comporter ce petit nombre d'années. Elle ne causa pas, comme on l'a dit, la ruine de la monarchie et de la vieille société française; le principe de cette ruine était dans la constitution même de cette monarchie et de cette société; mais elle marqua, pour ainsi dire, la direction de la décadence, et la précipita. A l'extérieur, la politique de Richelieu et de Louis XIV renversée pour les intérêts égoïstes d'une branche cadette et la France enchaînée aux volontés de l'Angleterre; au dedans, une immense révolution économique avortée et terminée par la banqueroute; les mœurs bouleversées comme les fortunes, la licence débordée, s'étalant au soleil avec un cynisme et une folie qui rappelaient le vertige des derniers Valois, le scepticisme, telle avait été dans ses principaux traits cette époque qui prépare et annonce la grande crise de 1789.

Sans doute, c'est plutôt la régence que nous avons racontée que le ministère du descendant des Condés, mais la faute en est à l'histoire, où le changement des idées et des mœurs est d'une bien autre importance qu'un ministère. D'ailleurs, ce nouveau Condé n'est que trop de son temps, il s'y confond plus qu'il ne s'en détache; ce n'était pas un homme que nous avions devant nous pour modèle dans cette peinture, mais une époque entière, époque solennelle, quoique frivole en apparence, et qui prépare la plus grande révolution dont l'histoire ait gardé le souvenir. Quand nous retrouvons les Condés, nous les retrouvons au milieu d'une société nouvelle. Comment s'était opérée la transition d'un monde à l'autre? Le sujet méritait d'être traité, et c'est encore un Condé qui nous en a donné l'occasion, lui-même ayant été jeté au milieu du tourbillon qui emportait alors et les hommes et les choses.

Duverney était un parvenu. Au pied des Alpes françaises, dans le village de Moirans, situé sur la route de Lyon à Grenoble, un cabaretier, du nom de Pâris, tenait, vers la fin du XVIIe siècle, à l'enseigne de *la Montagne*, l'hôtellerie la plus considérable de l'endroit. Quatre fils qu'il avait, « tous quatre forts, grands et bien faits, » nous apprend le duc de Saint-Simon, qui les connut plus tard, faisaient l'office de garçons d'auberge, pansaient les chevaux et servaient les voyageurs. Un jour, c'était peu de temps après que le duc de Vendôme eut remplacé au commandement de l'armée d'Italie le maréchal de Villeroi, fait prisonnier à Crémone, un munitionnaire se présente à l'auberge de *la Montagne*, et s'informe avec inquiétude auprès de l'hôtelier s'il ne serait pas possible de faire parvenir sans délai au duc de Vendôme un convoi de vivres qu'il attendait. Les fils du cabaretier Pâris étaient intelligents, pleins de bonne volonté, d'énergie, et le munitionnaire promettait de bien payer les services qu'on lui rendrait. Les frères Pâris s'engagèrent à le tirer d'affaire et tinrent exactement parole. « Ils prirent, dit Saint-Simon, des chemins qu'eux seuls et leurs voisins connaissaient, à la vérité fort difficiles, mais courts, en sorte que, sans perdre une seule charge, le convoi joignit monsieur de Vendôme, arrêté tout court, faute de pain, et qui jurait et pestait étrangement contre les munitionnaires. Ce fut le premier commencement de la fortune de ces frères Pâris. Les munitionnaires en chef les récompensèrent, leur donnèrent de l'emploi, et, par la façon dont ils s'en acquittèrent, les avancèrent promptement, et leur valurent de gros profits ; enfin, ils devinrent munitionnaires eux-mêmes, s'enrichirent, vinrent à Paris chercher une plus grande fortune, et l'y trouvèrent. Elle devint telle dans la suite, qu'ils gouvernèrent en plein et à découvert sur monsieur le duc, et qu'après de courtes éclipses, ils sont devenus les maîtres des finances et des contrôleurs généraux, et ont acquis des biens immenses, fait et défait des ministres et d'autres fortunes, et ont eu à leurs pieds la cour, la ville et les provinces. »

D'autres financiers, notamment Samuel Bernard, qui laissa à sa mort plus de 60 millions, indépendamment des dots données à ses filles et des dettes payées pour ses fils, ont possédé de colossales fortunes, aussi subitement acquises. Nul, ni de leur temps ni depuis, n'a joui d'une influence comparable à celle des quatre frères Pâris, mais surtout du conseiller d'État Pâris-Duverney, le troisième et le plus habile d'entre eux.

Leur historien donne, du reste, au sujet de la circonstance

à laquelle ils durent leur fortune, quelques détails conformes au récit du duc de Saint-Simon. L'armée française et le Dauphiné allaient manquer de vivres. L'aîné de ces quatre frères, Antoine Pâris, alors âgé de dix-neuf ans, court à Lyon, propose aux magistrats de cette ville de céder les blés conservés dans les magasins d'abondance, à condition de les remplacer aussitôt après le dégel par ceux que les glaces retenaient en Bourgogne. La demande ayant été accueillie, six mille sacs de blé sont expédiés à Grenoble. Alors Antoine Pâris se rend en toute hâte dans le Vivarais, en ramène mille mulets et trois mille sacs de blé qui sont immédiatement acheminés à leur destination par une rivière couverte de glaces, dans laquelle 100 hommes tracent un canal. Grâce à tant d'activité, l'armée est ravitaillée, les troupes royales peuvent faire le siége de Montmeillan, et le Dauphiné lui-même, profitant de ces approvisionnements, échappe aux désastres de la disette de 1693.

Dans les campagnes suivantes, Antoine Pâris, auquel le surnom de la Montagne resta en souvenir de la petite auberge de Moirans, fut presque toujours chargé de la fourniture des armées. Aidé de ses frères, dont l'un, Pâris-Duverney, quitta bientôt l'état militaire, qu'il avait d'abord embrassé, expédiant quelquefois à Lille, à Gand, à Anvers, sous sa responsabilité personnelle, de quoi satisfaire aux exigences du lendemain, il pourvut, autant que le permettait le malheur des temps, aux besoins du service le plus impérieux.

CHAPITRE VII.

Les trois derniers Condés sous la Révolution, l'Empire et la Restauration.

Louis-Joseph de Bourbon (1736-1818). — Le duc d'Enghien, son petit-fils; son Arrestation, sa Captivité ; il est fusillé dans le fossé de Vincennes. — Louis-Henri-Joseph de Bourbon, son fils (1756-1830). Il est trouvé mort et pendu à l'espagnolette de sa croisée à Saint-Leu.

Elle s'accomplit, en effet, cette grande révolution annoncée par la régence. Louis-Henri de Bourbon, monsieur le duc, mort en 1740, n'en fut pas témoin ; mais son fils, Louis-Joseph de Bourbon (1736-1818) la traversa tout entière et lui survécut même. Ayant perdu son père à l'âge de sept ans, il eut pour tuteur le comte de Charolais, son oncle. Dans la guerre de Sept ans, il se signala à Hastenbeck, en 1759, par son héroïsme et son intrépidité. Un de ses aides de camp l'engageait à éviter la direction d'une batterie. « Je ne trouve pas de ces précautions dans l'histoire des Condés, répondit-il. » En 1762, il remporta à Johannisberg un nouvel avantage sur le duc de Brunswick ; les canons enlevés à l'ennemi lui furent donnés par le roi et vinrent orner comme un trophée l'avenue de Chantilly. Dans les dissensions du parlement et de la cour, il soutint d'abord l'autorité royale, mais il se prononça contre le parlement Maupeou, qui avait promis de rendre la justice gratuite, mais à la sincérité duquel personne ne voulut croire. En 1775, dans une disette de blé, il distribua du blé aux pauvres. Il se livrait à un goût héréditaire dans sa famille, celui des chasses ; mais il indemnisait tous les paysans qui pouvaient en souffrir. A l'assemblée des notables de 1787, président du deuxième bureau, il se montra du nombre de ces seigneurs qui, en se rapprochant du peuple, voulaient prévenir la lutte qu'ils pressentaient. Mais après l'assassinat de Delaunay, le gouverneur de la Bastille, il s'unit au comte d'Artois, frère de Louis XVI, et fit partie de l'émigration.

Depuis le grand Condé et Rocroy, l'héroïsme du sang des Bourbons semblait s'être perpétué dans cette race. La gloire militaire de leur aïeul était pour eux une seconde noblesse, qu'ils préféraient même à leur parenté avec le trône.

Le prince de Condé, vieux guerrier de l'école de Frédéric II, s'était formé contre ce prince dans la guerre savante de Sept ans. Nos revers même lui avaient tourné en gloire, et nos canons, sauvés par lui à Rosbach, ornaient encore ses magnifiques jardins. Louis XV passait pour avoir aimé la princesse de Hesse, sa mère. Il avait mis de bonne heure sa fidélité et son orgueil à ne rien concéder aux idées de la révolution. Dès 1789 il émigre avec son fils, le duc de Bourbon, et son petit-fils, le duc d'Enghien, et il va planter le drapeau de la monarchie sur les bords du Rhin. La noblesse française l'avait rejoint comme son chef; l'Allemagne l'avait adopté ; son armée avait pris son nom, elle était devenue le camp de l'aristocratie armée sur la terre étrangère, cherchant à reconquérir sa patrie à côté des armées de la Prusse et de l'Autriche. Les campagnes de 1792 et de 1793 furent malheureuses pour la coalition. Dans la campagne de 1792, il fut tenu en échec par Custines ; dans celle de 1793, il pénétra dans la basse Alsace, contribua à la prise de Weissembourg par les Autrichiens et enleva le village de Bentheim ; mais si son nom grandissait, la contre-révolution ne conquérait pas un pas sur nos frontières. Dans la campagne de 1796, il sauva de nouveau l'armée autrichienne à Biberach ; après la paix de Campo-Formio (1797), il reçut de Paul Ier de Russie la permission de cantonner les débris de sa petite armée en Volhynie, et, en 1799, rejoignit l'armée austro-russe ; mais la paix de Lunéville, dictée par Bonaparte, finit par amener le licenciement de ses troupes. Son existence avait toujours été grande. Il traitait avec les cours de l'Allemagne, il essayait de tramer avec Pichegru, il parlait à la république d'égal à égal, il contrebalançait, par sa renommée et par sa popularité dans l'émigration, le rang et le titre du comte de Provence et du comte d'Artois. Il passait pour soutenir largement sa noble représentation militaire avec les subsides que la Russie, l'Espagne, l'Allemagne et l'Angleterre fournissaient à la solde de son corps d'armée.

L'Allemagne une fois conquise, cette armée passa à la solde du gouvernement britannique, se dispersa en Espagne, en Vendée, en Russie; partout, ou rentra indigente et expropriée en France. Le prince de Condé et son fils se retirèrent en Angleterre dans une magnifique retraite champêtre, où ils se livrèrent à leur passion de famille pour la chasse. Là, le prince épousa enfin la belle princesse de Monaco, qu'il avait aimée et enlevée de force avant l'émigration, mêlant ainsi l'amour à la guerre et à l'exil, comme le grand Condé.

Le duc de Bourbon, son fils et son lieutenant à l'armée, l'égalait en intrépidité. Né en 1756, il s'était épris à quinze ans de sa cousine, sœur du duc d'Orléans, et le fruit de ces amours précoces était le duc d'Enghien, qui, en 1793, combattait à côté de lui à Bentheim. Il avait étonné l'armée républicaine dans la campagne de 1792 par des témérités et des exploits d'avant-garde qui avaient fait de lui le Roland ou le Murat de l'émigration. Mais bientôt il s'abandonna à une mollesse et à une insouciance mélancoliques qui ne se ranimaient qu'aux sons du cor dans les forêts de l'Angleterre. La gloire même ne lui paraissait plus digne d'effort depuis que cette gloire devait mourir avec son nom.

Ce qui manquait à ces deux Condés, c'était le duc d'Enghien leur fils et leur petit-fils, leur souvenir et leur avenir. Il y avait dans la perte de ce jeune prince de quoi pleurer pour deux générations. La révolution et le champ de bataille l'avaient épargné, et cependant il n'était plus.

Élevé par son père comme un enfant des camps sous les tentes et dans les campagnes de l'émigration, il était né soldat, il ne respirait que l'héroïsme, il ne voulait devoir qu'à son épée et à son sang répandu ses grades dans l'armée de son grand-père, dont il était aide de camp, et le respect de ses compagnons d'armes et d'exil. « Sa belle figure, dit un historien moderne, mélange de la grâce féminine des d'Orléans et de l'enthousiasme martial des Condés, ses yeux bleus, son nez d'aigle, l'ovale espagnol de son visage, la franchise des lèvres et du geste, le coloris juvénile de ses traits, son cœur d'égal et d'ami avec la jeunesse de son âge, sa grâce à cheval, sa stature à pied, son élan au jeu, son ardeur au plaisir en avaient fait le favori de l'armée. » Son grand-père et son père le recommandaient en vain dans les affaires d'avant-poste à la prudence des vétérans, ils ne pouvaient le contenir. Son sang était impatient de se répandre pour la cause dans laquelle il avait été nourri ; il avait coulé déjà trois fois sous les balles ou sous le sabre des républicains. A vingt-deux ans, le duc d'Enghien avait l'instinct déjà exercé de la guerre et le coup d'œil d'un général. Il commandait la cavalerie de l'armée.

Au licenciement de l'armée de Condé, il en conduisit un

détachement en Russie. La jeune princesse Charlotte de Rohan, qu'il aimait et qu'il enchaînait volontairement à ses hasards sur le champ de bataille, le suivit dans ce voyage et au retour. L'amour qu'il nourrissait pour elle et la passion des combats l'empêchèrent de suivre son grand-père et son père dans leur retraite de Londres. Il voulut rester isolé loin des cours, mais toujours en vue de la France et près du théâtre de la guerre, si elle venait à se rallumer. Il parcourut la Suisse avec la compagne de sa jeunesse, il revint se fixer avec elle à Ettenheim, village du pays de Bade. Il s'y reposait dans l'obscurité, dans l'amour et dans les travaux rustiques des sept années de combats et d'activité qui l'avaient mûri avant le temps. Quelques amis de sa maison laissés par son père et quelques aides de camp de ses guerres vivaient retirés dans le même village et partageaient ses simples et innocents délassements.

Rougissant de son inactivité, il eut un moment l'idée de prendre du service dans une des armées des puissances. Son père lui écrivit pour le rappeler à son sang. « Cela n'est pas fait pour vous, mon cher enfant, lui disait le duc de Bourbon; jamais aucun des Bourbons n'a pris ce parti. Toutes les révolutions du monde n'empêcheront pas que vous soyez jusqu'à la fin de vos jours ce que vous êtes, ce que Dieu vous a fait. Pénétrez-vous de cette idée. Au commencement de la guerre, que j'ose croire avoir faite comme un autre, j'ai refusé d'accepter aucun grade au service de l'étranger. C'est ainsi que vous devez faire vous-même. Toute autre conduite vous rendrait peut-être l'allié des rebelles de la France et pourrait vous exposer à combattre la cause de votre roi... Ici, vous mènerez une vie obscure dans votre intérieur en attendant l'achèvement de votre gloire. Adieu, je vous embrasse. »

Il avait obéi à son père. Étranger à toute intrigue, se croyant à l'abri de tout danger dans les États du grand-duc de Bade, il se livrait dans les forêts de ce prince à la chasse, son plaisir de prédilection. On dit qu'emporté par l'imprudence de son âge, par le sentiment de son innocence et par l'instinct de l'exilé qui fait jouir du danger même avec lequel on foule le sol de la patrie, il passait quelquefois le Rhin et venait assister inconnu aux représentations du théâtre de Strasbourg. Mais cela a été démenti par les amis qui ne le quittaient pas.

Quoi qu'il en soit, son grand-père s'alarma de cette étourderie, dont la rumeur était venue jusqu'à lui, à Londres. « On assure, écrivait-il à son petit-fils, que vous avez été faire une course à Paris, d'autres disent à Strasbourg seulement. Il faut convenir que c'était un peu inutilement risquer votre vie ou votre liberté; car pour vos principes, je suis tranquille de ce côté-là, ils sont aussi profondément gravés dans votre cœur que dans les nôtres. Il me semble qu'à présent vous pourriez nous confier le passé et nous dire si la chose est vraie, ce que vous avez observé dans votre voyage.... A propos de votre sûreté, qui nous est si chère à tous, vous êtes bien près de France, prenez garde, ne négligez aucune précaution pour être averti à temps et faire votre retraite à propos, en cas qu'il passât par la tête du consul de vous faire enlever.... N'allez pas croire qu'il y ait du courage à tout braver à cet égard... Ce ne serait qu'une imprudence impardonnable aux yeux de l'univers, et qui aurait des conséquences affreuses... Ainsi, je vous le répète, prenez garde à vous, et rassurez-nous en nous répondant que vous sentez parfaitement la nécessité des précautions que nous vous conjurons de prendre, et que nous pouvons être tranquilles sur votre compte. »

« Assurément, mon cher papa, répondit le duc d'Enghien, il faut me connaître bien peu pour avoir pu dire ou chercher à faire croire que j'ai mis le pied sur le sol républicain, autrement qu'avec le rang et à la place où le hasard m'a fait naître. Je suis trop fier pour courber bassement la tête ; le premier consul pourra peut-être parvenir à me tuer ; mais il ne me fera jamais m'humilier. On peut voyager inconnu dans les glaciers de la Suisse, comme je l'ai fait la saison dernière ; mais en France, quand j'y rentrerai, je n'aurai pas besoin de m'y cacher. Je puis donc vous donner ma parole d'honneur la plus sacrée que jamais pareille idée ne m'entra ni ne m'entrera dans la tête. Je vous embrasse, mon cher papa, et je vous prie de ne jamais douter de moi ni de ma tendresse. »

Cependant le premier consul commença dès cette époque à faire tracer par sa police, autour du séjour du prince, le cercle dans lequel on méditait de l'enserrer. Le 4 mars 1804, le préfet de Strasbourg, par l'ordre de Réal, préfet de police à Paris, conféra avec le colonel Charlot, commandant de la gendarmerie. Ils cherchèrent ensemble quels étaient les moyens de percer l'obscurité qui planait encore sur l'entourage du prince à Ettenheim. Ils jetèrent les yeux sur un sous-officier intelligent, né en Alsace, et nommé Lamothe. Il se rendit à Ettenheim, sous prétexte d'un trafic quelconque, revint le lendemain à Strasbourg, et fit son rapport au colonel Charlot. Ce rapport disait : « Je me suis rendu d'abord au village de Capel, à une certaine distance d'Ettenheim. Là, en causant avec le maître de poste, j'ai appris que le duc d'Enghien était toujours à Ettenheim avec le général Dumouriez et le colonel Grunstein, récemment arrivés de Londres. Arrivé à Ettenheim, on m'a confirmé la présence dans le village du prince et du général Dumouriez. On m'a dit que le prince logeait dans le château voisin du village, qu'il passait sa vie à la chasse, qu'il n'avait près de lui qu'un secrétaire; que Dumouriez et le colonel Grunstein logeaient séparément dans des maisons différentes, que la correspondance du prince était plus active qu'à l'ordinaire, qu'il était adoré dans le pays; qu'il n'était nullement question de son départ pour Londres, ni d'un voyage que le prince avait fait à Londres. La nuit s'approchait; ma mission était terminée. »

Il y avait, dit-on, dans ce rapport, une erreur de nom; l'accent allemand du paysan d'Ettenheim avait dénaturé la prononciation du nom du général de Thomery, émigré français, aide de camp du prince, et en avait dérivé le nom du général Dumouriez. Quoi qu'il en soit, le colonel Charlot se hâta d'expédier le rapport de son espion au général Moncey, commandant supérieur de la gendarmerie de Paris, par la correspondance de ce corps. Moncey l'apporta au premier consul avant que le préfet de police Réal eût reçu lui-même les lettres du préfet de Strasbourg contenant les mêmes renseignements. Bonaparte, en voyant le nom de Dumouriez, crut tenir le nœud de la trame dont il se sentait enveloppé. Il fit appeler Réal, le chef de la police. « Eh quoi! lui dit-il d'un ton de reproche, en le voyant entrer, vous me laissez ignorer que Dumouriez est à Ettenheim avec le duc d'Enghien, et que tous deux y organisent des complots militaires à quatre lieues de la frontière? — Il faut, dit M. de Talleyrand, laisser les émigrés conspirateurs se concentrer dans ce foyer du Rhin et les y prendre. »

Bonaparte convoqua le 10 mars un conseil intime, où furent appelés Cambacérès, Lebrun, ses deux collègues au consulat, M. de Talleyrand, Fouché et Regnier, ministre de la justice. Regnier exposa l'affaire, en parlant de la complicité supposée du duc d'Enghien dans les complots de George, de Pichegru, de Moreau, de Saint-Réjant, du comte Jules de Polignac.

« On prête, disait l'exposé des faits, au premier consul, la pensée d'une complicité personnelle dans ces trames ourdies contre lui, on lui attribue la préméditation du rôle de Monk, il faut qu'il s'en lave par un démenti éclatant donné à ces conjurés. On joue au meurtre contre lui et contre la république, il faut que le gouvernement déjoue ces conspirations, il faut les atteindre où elles sont. Le grand-duc de Bade ne pourra se plaindre de la violation de son territoire, s'il le prête sciemment à des attentats contre la France; et s'il en est autrement, il ne pourra qu'applaudir à une justice qui prévient un crime tramé chez lui. »

Cambacérès répugnait à la violation du territoire étranger. « S'il est vrai que le prince vienne souvent à Strasbourg, pourquoi, dit-il, ne pas le faire observer et l'arrêter en flagrante violation de son bannissement, et sans attenter au droit des nations? » Regnier, ministre de la justice, quoiqu'il eût fait lecture du rapport, appuya contre le rapport l'avis de Cambacérès. M. de Talleyrand répondit que ce parti aurait deux inconvénients graves : le premier, de donner le temps à la résolution du gouvernement de s'ébruiter et de prémunir ainsi les conspirateurs contre le danger de revenir à Strasbourg; le second, de ne pas faire saisir à Ettenheim leurs papiers, plus importants à saisir que leurs personnes, puisque ces papiers devaient donner la clef des complots les plus dangereux et les plus secrets contre la France. Cet avis rallia tous les avis, et l'expédition d'Ettenheim fut résolue. On y concerta une autre expédition simultanée et de même nature à Offenbourg, autre foyer présumé des mêmes complots aux bords du Rhin.

Bonaparte, rentré dans ses appartements, jeta les yeux sur les deux hommes de tête et de main de son entourage auxquels il pût confier avec certitude de dévouement cette double expédition. Il choisit pour l'expédition d'Offenbourg le général Caulincourt, son aide de camp, et pour l'expédition d'Ettenheim, le général Ordener, commandant des grenadiers à cheval de la garde des consuls. Pendant qu'on les attendait, il fit appeler également son secrétaire intime Menneval.

« On vint me chercher à dix heures du soir, dit Menneval, de la part du premier consul. Je le trouvai en entrant dans une pièce attenante à son cabinet, ayant à ses pieds plusieurs cartes qu'il avait jetées sur le parquet, et cherchant une autre carte du cours du Rhin. Après l'avoir trouvée, il l'étendit ouverte sur une table, et il commença à me dicter des instructions pour le ministre de la guerre Berthier. Pendant que j'écrivais, on annonça Berthier lui-même, et bientôt après le général Caulincourt. Le premier consul fit prendre la plume à Berthier, et, tout en suivant sur la carte la route qu'il fallait prendre pour arriver à Offenbourg et à Ettenheim, il acheva de lui dicter ses instructions. »

Elles portaient :

« Paris, 10 mars 1804.

« Au ministre de la guerre.

« Vous voudrez bien, citoyen général, donner ordre au général Ordener, que je mets à votre disposition, de se rendre dans la nuit, en poste, à Strasbourg. Il voyagera sous un autre nom que le sien...

« Le but de sa mission est de se porter sur Ettenheim, de

cerner la ville, d'y enlever le duc d'Enghien, Dumouriez, un colonel anglais. Le général de division de Strasbourg, le maréchal des logis qui a été reconnaître Ettenheim, ainsi que le commissaire de police, lui donneront tous les renseignements nécessaires... Il fera partir de Schélestadt 300 dragons du 26ᵉ régiment. Ils se rendront à Rheinau, en poste. Indépendamment du bac, ils s'assureront qu'il y aura là cinq grands bateaux, capables d'embarquer en une seule fois les 300 chevaux... Les troupes prendront du pain pour quatre jours et se muniront de cartouches. Il s'adjoindra 30 gendarmes...

« Dès que le général Ordener aura passé le Rhin, il se dirigera droit sur Ettenheim, il marchera droit à la maison du duc et à celle de Dumouriez... Après son expédition, il reviendra à Strasbourg... »

Bonaparte dicte ici les instructions les plus minutieuses relativement aux moyens que prendra le général Ordener pour ne pas manquer sa proie, et pour l'amener sûrement et secrètement à Paris, puis il revient à Caulincourt.

« Vous donnerez ordre, écrit-il au ministre de la guerre, pour que le même jour, à la même heure, deux cents hommes du 26ᵐᵉ régiment de dragons, sous les ordres du général Caulincourt, se rendent à Offenbourg pour y cerner la ville, et y enlever la baronne de Reisch et autres agents du gouvernement anglais.

« D'Offenbourg, le général Caulincourt dirigera des patrouilles sur Ettenheim, jusqu'à ce qu'il ait appris que le général a réussi.... Ils se prêteront des secours mutuels.

« Dans le même temps, le général qui commande Strasbourg fera passer le Rhin à trois cents hommes de cavalerie et à quatre pièces d'artillerie légère, qui occuperont l'espace intermédiaire entre les deux routes d'Offenbourg et d'Ettenheim....

« Le général Caulincourt aura avec lui trente gendarmes. Du reste, le général de la division, le général Ordener et le général Caulincourt tiendront un conseil.... »

Ainsi, les deux expéditions, quoique distinctes, étaient simultanées et combinées de manière à ce que chacun des deux généraux chargés de les exécuter avait connaissance de l'expédition de son collègue, et lui prêtait appui et concours au besoin.

Ordener partit dans la nuit même du 10 au 11 mars. Il arriva le 12 à Strasbourg. Il tint conseil en arrivant avec le colonel Charlot et le commissaire de police. Ils résolurent de faire précéder et éclairer l'expédition nocturne par une reconnaissance circonstanciée des lieux. Un agent de police, nommé Stahl, et un sous-officier de gendarmerie, nommé Pfersdoff, nés l'un et l'autre sur la rive allemande du Rhin, et exercés aux routes et aux mœurs, partirent à l'instant, marchèrent toute la nuit et arrivèrent à huit heures du matin à Ettenheim.

Ils rôdèrent avec une indifférence affectée, mais qui cachait mal leur curiosité, autour de la maison du prince pour bien en étudier les abords. Leurs visages inconnus des domestiques du duc, leurs pas sans but, leurs regards scrutateurs éveillèrent, comme par pressentiment, les soupçons. Le valet de chambre du prince, à demi caché derrière une fenêtre, remarqua ces deux étrangers qui faisaient le tour des murs, et qui paraissaient noter les lieux dans leur mission. Il appela un autre des serviteurs de la maison, nommé Cannone, pour lui communiquer ses inquiétudes. Cannone était un ancien soldat, compagnon du prince depuis sa première enfance, qui avait combattu avec lui dans toutes ses campagnes, et qui lui avait sauvé la vie, en le couvrant de son sabre et de son corps, en Pologne. Il crut se souvenir d'avoir vu quelque part le visage de Pfersdoff, et reconnaître en lui un gendarme déguisé. Cannone courut avertir le prince de la présence suspecte de ces deux observateurs et des conjectures qu'il formait sur la physionomie de Pfersdoff. Le prince, avec l'insouciance de son age, dédaigna de faire attention à ces symptômes d'espionnage. Cependant un officier de son armée, nommé Schmidt, qui était en ce moment auprès de lui, aborda Stahl et Pfersdoff, les interrogea sans affectation en feignant de suivre le même chemin qu'eux, les accompagna pendant plus d'une lieue; mais les voyant prendre enfin une route qui s'enfonçait dans l'intérieur de l'Allemagne, au lieu de revenir vers le Rhin, Schmidt se rassura et revint rassurer les serviteurs d'Ettenheim.

Mais l'amour ne se rassure pas si facilement que l'amitié. La princesse Charlotte de Rohan, instruite dans la matinée de l'apparition suspecte de ces deux rôdeurs autour de la maison du prince, conçut des pressentiments, le supplia de prendre note de ces indices et de s'éloigner pendant quelques jours d'une demeure où il était épié. Par tendresse pour elle, plus que par inquiétude pour lui, le duc consentit à s'absenter deux ou trois jours. Il fut convenu qu'il partirait le surlendemain pour une longue chasse dans les forêts du grand-duc de Bade, pendant laquelle les soupçons de sa fiancée se démentiraient ou se vérifieraient. Mais ce surlendemain ne devait pas se lever en Allemagne pour lui.

Caulincourt, parti de Paris quelques heures après Ordener, était arrivé à Strasbourg le 14 mars, continue l'historien auquel nous empruntons ces détails; on ne sait ce qui se passa entre Ordener et lui dans cette ville. Quoi qu'il en soit, toutes les dispositions relatives à la mission séparée des deux généraux envoyés de Paris, s'accomplirent avec la simultanéité et l'exactitude de mesures administratives ou militaires qui devaient en assurer l'exécution.

Le soir du 14, le général Ordener se dirigea dans l'ombre vers le bac de Rheinau sur le Rhin. Il y trouva, à heure fixe, les trois cents dragons du 26me, les quinze pontonniers, les cinq grandes barques, enfin trente gendarmes à cheval. Le Rhin fut facilement franchi en silence, au milieu de la nuit. La colonne, inaperçue pendant le sommeil des paysans allemands de la rive droite, et guidée par des routes diverses, arriva au jour naissant à Ettenheim. Les espions qu'Ordener et Charlot avaient amenés avec eux montrèrent du doigt aux gendarmes les maisons qu'il fallait investir. Le colonel Charlot fit entourer d'abord celle que l'on supposait habitée par Dumouriez, et qu'habitait, en effet, le général émigré de Thomery; puis il courut, avec un autre détachement de troupes, cerner et assaillir la maison qui renfermait la principale proie désignée à Paris. Ordener, avec ses dragons, avait fait une ceinture de cavalerie autour de la ville et des sentiers qui l'environnaient.

Le duc d'Enghien, qui avait passé la soirée de la veille chez le prince de Rohan-Rochefort auprès de la princesse Charlotte, et qui lui avait promis de s'absenter quelques jours, pour laisser le temps aux complots qu'elle redoutait contre sa sûreté, de s'évaporer ou de s'éclaircir, se préparait à lui tenir sa promesse. Il allait partir, aussitôt que le soleil se lèverait, avec le colonel Grunstein, un de ses amis, pour cette chasse de quelque jours. Déjà il avait quitté son lit, il s'habillait et préparait ses armes. Grunstein avait, contre son habitude, couché sous le toit du prince, afin d'être plus tôt prêt à l'escorter. Ce compagnon de ses guerres et de ses chasses était à demi vêtu aussi quand le bruit des chevaux, la vue des dragons et des gendarmes éveillèrent en sursaut le reste de la maison.

Fréron, le serviteur le plus familier du prince, s'élance dans la chambre de son jeune maître. Il lui annonce que les cours et le jardin sont cernés à toutes les issues par des soldats français, et que le commandant somme à haute voix les domestiques de lui ouvrir les portes, déclarant qu'en cas de refus, il va les faire enfoncer à coups de hache. « Eh bien ! il faut nous défendre, » s'écrie, en se levant à demi vêtu, l'intrépide jeune homme. En disant ces mots, il se précipite sur son fusil à deux coups, déjà chargé à balles pour la chasse, pendant que Cannone, son autre domestique, animé de la même résolution que son maître, lui tend un second fusil armé. Grunstein, armé de même, entre au même instant dans la chambre. Tous trois s'élancent vers les fenêtres pour faire feu. Le prince couchait en joue le colonel Charlot, qui menaçait la porte, et allait l'étendre mort sur le seuil, quand Grunstein, apercevant de tous les côtés une nuée de casques et de sabres, et voyant un autre détachement de gendarmes déjà maître d'une des ailes du château, mit la main sur le canon du fusil du prince, releva l'arme, et, montrant du geste au duc d'Enghien l'inutilité de la résistance contre une pareille masse, l'empêcha de tirer. « Monseigneur, lui dit-il, vous êtes-vous compromis ? — Non, répond le duc. — Eh bien ! alors, ne tentez pas une lutte impossible. Nous sommes enveloppés par un rideau de troupes ; voyez luire partout ces baïonnettes. »

A ces mots, le prince, en se retournant pour répondre, voit Pfersdoff, qu'il reconnaît pour l'espion de l'avant-veille, accompagné de gendarmes, la carabine à la main, se précipiter dans sa chambre. Le colonel Charlot s'élance sur leurs pas. Charlot et ses soldats arrêtent et désarment le prince, Grunstein, Fréron et Cannone. Le duc, prêt à partir, comme on l'a vu, était vêtu d'un costume de chasseur tyrolien, coiffé d'un bonnet à double galon d'or et chaussé de longues guêtres de chamois, bouclées sur les genoux. Sa mâle beauté et l'expression intrépide de ses traits, redoublées par l'émotion de la surprise et par la résolution de la lutte, étonnaient les soldats.

Au milieu du tumulte d'une pareille scène et du bruit des pas et des armes dans la maison, un bruit du dehors vint rendre un instant d'espoir au prince et à ses serviteurs. Des cris au feu! partent du village; ces cris se répercutent de maison en maison comme un tocsin de voix humaines; les fenêtres s'ouvrent, les seuils se couvrent d'habitants éveillés par l'envahissement des Français: on voit courir des artisans demi-nus, volant au clocher pour sonner la cloche et appeler les paysans à la vengeance. Le colonel Charlot les fait saisir; il arrête également le grand veneur du duc de Bade, qui accourait au bruit vers la maison du prince. Charlot lui dit que tout cela est convenu entre le premier consul et son souverain. A ce mensonge tout s'apaise.

Ces cris étaient partis des habitants de la maison où la gendarmerie avait cherché Dumouriez et n'avait trouvé que le général de Thomery, aide de camp du prince. Charlot rentra au château avec M. de Thomery. Il arrêta également le chevalier Jacques, secrétaire du prince, quoique l'ordre ne fît pas mention de lui. Il saisit, emballa et cacheta tous les papiers qui se trouvaient dans les différentes pièces, et envoya avertir le général Ordener que tout était accompli, et qu'il ne restait plus qu'à relever les dragons de leurs postes d'observation autour d'Ettenheim et à reformer la colonne pour regagner le bac du Rhin.

On arracha le prince à sa demeure sans lui permettre un suprême adieu à celle qu'il laissait dans l'évanouissement et dans les larmes. Pendant qu'Ordener repliait et rassemblait ses dragons, on déposa le duc d'Enghien et ses compagnons de captivité à quelques pas du village, dans un moulin appelé la Tuilerie, derrière lequel coulait un ruisseau profond, large et rapide. Le secrétaire du duc, le chevalier Jacques, s'était quelquefois abrité de la pluie dans ce moulin; il se souvint qu'une porte inaperçue de la chambre où étaient les prisonniers pêle-mêle avec les gendarmes, ouvrait sur l'écluse du moulin, qui séparait la maison d'une prairie et d'une forêt voisines. D'un clin d'œil il appela son maître auprès de lui, et, se penchant sans affectation à son oreille : « Ouvrez cette porte, lui dit-il à voix basse, traversez le torrent, retirez la planche; je barrerai la porte de mon corps pendant que vous fuirez, vous êtes sauvé. »

Le prince se rapproche, en effet, insensiblement de la porte indiquée, il porte vivement la main sur le loquet et pousse le battant du côté où il entend le bruit de la roue et de l'eau. Mais l'enfant du meunier, effrayé à la vue des soldats qui entraient chez son père, s'était enfui un moment avant par cette porte, et, de peur que les gendarmes ne courussent sur ses pas, il l'avait fermée au verrou. Averti par le mouvement du prince, le commandant y fit placer à l'instant deux sentinelles.

Le duc, s'asseyant tristement alors dans la chaumière, demanda à renvoyer un de ses gens au château pour chercher son chien, des habits et du linge. On lui accorda cette demande. On autorisa même ceux de ses domestiques qui voudraient le quitter, à retourner libres à Ettenheim. Tous supplièrent les gendarmes de les laisser partager le sort de leur maître. Charlot et Ordener, pressés de repasser le Rhin, ne donnèrent pas le temps aux gens d'Ettenheim de procurer une voiture au prince. Ils jetèrent le duc d'Enghien et ses deux officiers dans une charrette de paysan entourée d'un peloton de gendarmes, et leur firent prendre les devants sur les dragons, qui les rejoindraient au galop sur la route. Pendant le trajet, les amis du prisonnier aperçurent des signes d'intelligence sur la physionomie d'un des officiers de leur escorte. Ils crurent comprendre qu'on leur indiquait la traversée du Rhin en bateau comme une occasion de fuite, en se jetant à la nage dans le courant du fleuve. Mais l'occasion et l'audace manquèrent à cet ami inconnu.

Arrivé au fleuve, le duc d'Enghien est placé dans le bateau qu'occupait le général Ordener. Ce général, en sortant de la barque, le laissa sous la garde du colonel Charlot, et partit seul pour Strasbourg, où il vint annoncer lui-même le succès de l'expédition de la nuit. Le prince le suivit à pied au milieu des gendarmes; on le fit arrêter au village de Pforzheim, où il déjeuna. Pendant le repas, on attela une voiture amenée et préparée d'avance à cette halte. Le colonel Charlot et le sous-officier Pfersdoff y montèrent avec lui et l'entraînèrent rapidement vers Strasbourg.

Le prince, en route, chercha à pressentir les motifs de son enlèvement. Le colonel Charlot lui répondit que, dans son opinion, le premier consul voyait en lui un complice des trames de George, de Pichegru et de Moreau. « Quelle odieuse supposition, s'écria le prince, et combien de tels complots sont contraires à ma façon de sentir et de penser! Personne n'a plus d'horreur des moyens de cette nature; j'admire personnellement le génie et la gloire du général Bonaparte, quoique, en qualité de prince de la maison de Bourbon, mon devoir et mon honneur soient de combattre à armes loyales contre lui. Que pensez-vous qu'on veuille faire de moi? ajouta-t-il en s'adressant au colonel de gendarmerie. Si c'est à la prison qu'on me destine, je préfère mille fois une mort prompte; » et rappelant au colonel qu'il avait été sur le point de faire feu sur lui au moment où les soldats allaient le saisir : « Si j'étais condamné à une longue captivité, dit-il, je regretterais de ne m'être pas défendu et de n'avoir pas décidé de mon sort les armes à la main. » La conversation étant tombée sur Dumouriez, et l'officier ayant demandé à son prisonnier s'il était vrai qu'il eût ou qu'il dût avoir des relations avec ce général : « Jamais Dumouriez n'a mis le pied à Ettenheim, dit le prince. Comme l'Angleterre devait d'un moment à l'autre me faire parvenir des communications, il serait possible que le gouvernement britannique eût choisi Dumouriez à mon insu pour me les apporter. Mais, dans tous les cas, je ne l'aurais pas reçu; car il est au-dessous de mon sang et de mon caractère d'avoir affaire avec de telles gens. »

Il entra à sept heures du soir dans la citadelle de Strasbourg. Le major Méchin, commandant de la citadelle, le reçut, dit-il, avec les égards dûs au malheur et au rang. N'ayant pas eu le temps de lui préparer un logement convenable, il lui offrit son propre salon, et fit étendre des matelas sur le parquet pour son prisonnier et pour sa suite. Le prince, accablé de lassitude et des émotions de la journée, écrivit quelques lignes sur son journal, et se jeta ensuite tout vêtu sur un de ces lits. Son ami Grunstein se plaça sur le matelas le plus rapproché, et, toujours préoccupé de la crainte que l'accusation ne trouvât quelque fondement dans ses papiers saisis à Ettenheim, il demanda à voix basse au prince s'il n'y avait rien dans ses papiers dont on pût s'armer contre lui. « Non, lui répondit à haute voix le prisonnier, ces papiers ne renferment que ce que tout le monde sait de mon nom et de ma situation. Ils montrent que je me suis bien battu depuis huit ans, et que je suis prêt à me battre encore. Je ne pense pas qu'ils veuillent ma mort. Ils me jetteront dans quelque forteresse comme un otage. J'aurai de la peine, après la vie de liberté que j'ai menée, à m'accoutumer à cette vie-là. »

Le sommeil vint assoupir cet entretien et ces pensées. Le lendemain, après avoir de nouveau protesté de son innocence au commandant de la citadelle, il écrivit une longue lettre à la princesse Charlotte de Rohan, à Ettenheim.

« A la citadelle de Strasbourg, ce vendredi 16 mars 1804.

« On me promet que cette lettre vous sera fidèlement remise. Ce n'est qu'en ce moment que j'ai pu obtenir la faculté de vous rassurer sur mon sort ; je ne perds pas un instant pour le faire, vous priant de rassurer aussi tous ceux qui me sont attachés dans vos environs. Toute ma crainte est que cette lettre ne vous trouve plus à Ettenheim, et que vous ne soyez en marche pour venir ici ; le bonheur que j'aurais de vous voir n'égalerait, à beaucoup près, la crainte que j'aurais de vous faire partager mon sort. Conservez-moi votre amitié, votre intérêt ; il peut m'être fort utile ; car vous pouvez intéresser à mon malheur des personnes de poids. J'ai déjà pensé que peut-être vous étiez partie. Vous avez su par le bon baron d'Ischterlzheim la manière dont j'ai été enlevé, et vous avez pu juger, à la quantité de monde que l'on avait employé, que toute résistance eût été inutile : on ne peut rien contre la force. J'ai été conduit par Rheinau et la route du Rhin. On me témoigne égards et politesse ; je puis dire qu'à la liberté près, car je ne puis sortir de ma chambre, je suis aussi bien que possible ; tous ces messieurs ont couché avec moi, parce que je l'ai désiré. Nous occupons une partie de l'appartement du commandant, et l'on m'en fait préparer un autre dans lequel j'entrerai ce matin, et où je serai encore mieux. On doit examiner les papiers que l'on m'a pris, et qui ont été cachetés sur-le-champ avec mon cachet, ce matin, en ma présence. D'après ce que j'ai vu, on trouvera des lettres de mes parents, du roi, et quelques copies des miennes. Tout cela, comme vous le savez, ne peut me compromettre en rien de plus que mon nom et ma façon de penser ne l'ont pu faire pendant le cours de la révolution. Je crois que l'on enverra tout cela à Paris; et l'on m'a assuré que, d'après ce que je disais, on pensait que je serais libre sous peu de temps. Dieu le veuille! On cherchait Dumouriez, qui devait être dans nos environs. On croyait apparemment que nous avions eu des conférences ensemble, et apparemment il est impliqué dans la conjuration contre la vie du premier consul. Mon ignorance de tout cela me fait espérer que je pourrai obtenir ma liberté; mais cependant ne nous flattons pas encore. Si quelques-uns de ces messieurs sont libres avant moi, j'aurai un bien grand bonheur à vous les renvoyer en attendant le plus grand. L'attachement de mes gens me tire à chaque instant des larmes des yeux; ils pouvaient s'échapper, on ne les forçait point à me suivre, ils l'ont voulu. J'ai Fréron, Joseph et Poulain; le bon Mylof ne m'a pas quitté d'un pas.

« Je n'ai encore vu ce matin que le commandant, homme qui me paraît honnête et charitable en même temps que strict à remplir ses devoirs. J'attends le colonel de la gendarmerie qui m'a arrêté et qui doit ouvrir mes papiers devant moi. Je vous prie de faire veiller le baron à la conservation de mes effets; si je dois demeurer plus longtemps, j'en ferai venir plus que je n'en ai; j'espère que les hôtes de ces messieurs auront soin aussi de leurs effets. Le pauvre abbé Wimbern et Michel sont de notre conscription et ont fait route avec nous.

« Mes tendres hommages à votre père, je vous prie. Si j'obtiens un de ces jours d'envoyer un de mes gens, ce que je désire beaucoup, et ce que je solliciterai, il vous fera tenir tous les détails de notre triste position. Il faut espérer et attendre. Si vous êtes assez bonne pour me venir voir, ne venez qu'après avoir été, comme vous le disiez, à Carlsruhe. Hélas! outre toutes vos affaires et les longueurs insupportables qu'elles entraînent, vous aurez à présent à parler aussi des miennes ; l'électeur y aura sans doute pris intérêt; mais, pour cela, je vous prie en grâce, ne négligez pas les vôtres.

« Adieu, princesse, vous connaissez depuis longtemps mon tendre et sincère attachement pour vous ; libre ou prisonnier, il sera toujours le même.

« Avez-vous mandé notre désastre à Mme d'Ecquevilly?

« L.-A.-H. DE BOURBON. »

Il remit cette lettre au commandant ; peu de temps après il fut conduit avec ses compagnons dans la partie de la citadelle qu'on venait d'approprier pour lui.

Il resta seul et écrivit sur son journal : « Il me faudra donc languir ici des semaines et peut-être des mois ! Mon chagrin augmente à mesure que je réfléchis sur cette cruelle situation. Si cela dure, je crois que le désespoir s'emparera de moi !... Il est onze heures.... Je me couche ; mais je suis agité et ne pourrai dormir. Le major Méchin vient me voir après que je suis couché, et cherche à me consoler par des mots obligeants. »

« Vendredi 16 mars.

« . . . .
. . . . . Descendu chez le commandant, logé dans son salon,

pour la nuit, sur des matelas, à terre. Les gendarmes dans la pièce avant. Deux sentinelles dans la chambre... une à la porte... Mal dormi...

« On va me changer de logement. Je serai à mes frais pour la nourriture et probablement pour le feu et la lumière. Le général Leval et le général Fririon viennent me voir. Leur abord est très-froid. Je suis transféré dans une autre pavillon, à droite sur la place, en venant de la ville. Je puis communiquer avec Thomery, Jacques et Schmidt ; mais je ne puis sortir, ni moi ni mes gens. On m'assure pourtant que j'aurai la permission de me promener dans un petit jardin qui se trouve dans une cour derrière mon pavillon. Une garde de douze hommes et un officier est à ma porte. Après le dîner, on me sépare de Grunstein, à qui on donne un logement seul, de l'autre côté de la cour ; cette séparation ajoute encore à mon malheur... J'ai écrit ce matin à la princesse... J'ai envoyé ma lettre par le commandant au général Leval. Je n'ai point de réponse. Je lui demandais d'envoyer un de mes gens à Ettenheim. Sans doute, tout me sera refusé. Les précautions sont extrêmes de tous côtés pour que je ne puisse communiquer avec qui que ce soit. Si cela dure, je crois que le désespoir s'emparera de moi. A quatre heures et demie, on vient visiter mes papiers ; on les lit superficiellemet ; on en fait des liasses séparées. On me fait entendre qu'ils seront envoyés à Paris... Il faudra donc languir des semaines, peut-être des mois !... Plus je réfléchis à ma situation, plus le chagrin augmente... »

Le samedi 17 mars, il écrit à son réveil, toujours s'endormant et s'éveillant dans la même pensée de celle qui le suit du cœur à Ettenheim.

« Je ne sais rien de ma lettre... Je tremble pour la santé de la princesse., un mot de ma main lui rendrait le calme. Ah ! que je suis malheureux ! On vient de me faire signer le procès-verbal d'ouverture de mes papiers... Je demande et j'obtiens d'y ajouter une note qui prouve que je n'ai jamais eu d'autre intention que de servir et de faire loyalement la guerre. »

Cependant un courrier extraordinaire, parti des Tuileries, ordonnait aux généraux Leval et Caulincourt de le faire partir en poste immédiatement pour Paris. L'exécuteur de cet ordre, le colonel Charlot, se présenta avec une voiture de poste, au milieu de la nuit, à la citadelle. Le prince, éveillé en sursaut, à une heure du matin, et entraîné seul dans la voiture, s'étonne et s'alarme de ce départ subit, dont on ne lui désigne pas même le but. Il consigna dans la journée cette impression sur ses notes.

« Dimanche 18 mars.

« On vient m'enlever à une heure du matin ; on ne me laisse que le temps de m'habiller. J'embrasse mes malheureux compagnons, mes gens. Je pars seul avec deux officiers de gendarmerie et deux gendarmes. Le colonel Charlot me dit que nous allons chez le général de division Leval, qui a reçu des ordres de Paris. Au delà, je trouve une voiture à six chevaux de poste sur la place de l'Église. On me jette dedans ;

le lieutenant Peterman monte à côté de moi, le maréchal des logis Blitendöff sur le siége, deux gendarmes, un dedans, l'autre dehors. »

Escortée, de relais en relais, par des gendarmes au galop, la voiture, courant jour et nuit, arriva le 20 mars, à trois heures après midi, aux portes de Paris, près la barrière de la Villette. On la dirigea par les boulevards déserts qui contournent extérieurement Paris du côté de Vincennes; elle franchit le pont-levis de la forteresse et s'arrêta dans la cour, à la porte du chef de bataillon Harel, commandant du château. Il en descendit transi du froid et de la pluie du jour. Harel, touché de ses frissons, l'engagea à monter dans son appartement, où il se réchaufferait un moment à son foyer. « Volontiers, dit le prince en le remerciant, je verrai du feu avec plaisir, et je prendrai avec plaisir aussi quelque nourriture, car je n'ai rien pris de toute la journée. » Une pauvre religieuse, qui élevait les enfants de Mme Harel et qui logeait hors du château, descendait l'escalier du commandant au moment où le prisonnier montait sur les pas de son gardien. Elle entendit le dialogue et se rangea pour laisser passer le jeune homme. « Il était pâle, dit-elle, et paraissait très-fatigué; sa taille était élevée, sa tournure noble et distinguée. Il était vêtu d'une longue redingote d'uniforme en drap bleu, coiffé d'un bonnet de drap orné d'un double galon d'or. »

Harel le laissa se réchauffer devant sa cheminée et le conduisit ensuite à son logement définitif. C'était une chambre du pavillon appelé *pavillon du Roi*. On y avait allumé du feu et porté à la hâte quelques meubles : un lit, une table, des chaises. Les murs nus et quelques carreaux de vitre brisés par les hirondelles des tours, attestaient seuls la précipitation d'un ameublement qu'on n'avait pas eu le temps d'achever.

Le prince, traité avec politesse et bonté, ne parut nullement saisi de tristesse ou de pressentiment en s'établissant dans son logement. Il montra plutôt une sérénité vive et presque joyeuse. Il causa avec le commandant dans toute sa liberté d'esprit. Il lui dit que dans son enfance, peu de temps avant la révolution, il était venu avec le prince de Condé, son grand-père, visiter le château de Vincennes ; qu'il ne se doutait pas alors qu'il y serait un jour au nombre de ces pauvres prisonniers qu'il plaignait tant ; qu'il croyait même se rappeler cette chambre et la reconnaître pour une des pièces qu'il avait parcourues ; puis, regardant par la fenêtre les cimes des chênes et les routes à perte de vue de la forêt qui entoure la forteresse, il s'extasia sur ce beau site. Il parla de sa passion pour la chasse, et dit que si on voulait lui permettre de chasser librement pendant sa captivité dans ces bois, il donnerait sa parole de ne point s'évader. Du reste, il ne parut nullement préoccupé du résultat de son enlèvement et répéta : « Ce ne peut être que l'affaire de quelques jours de détention ; le temps seulement de reconnaître une erreur et mon innocence. »

Pendant ce temps un jeune enfant, nommé Turquin, qui

servait dans l'hôtellerie de Vincennes, apporta le souper. Le duc s'assit ; son chien, qu'il avait tenu à ses pieds ou à côté de lui pendant toute la route, posa sa tête sur ses genoux. Il donna au pauvre animal une partie du souper qui était sur la table, et, regardant Harel : « Je présume, lui dit-il, qu'il n'y a pas d'indiscrétion à ce que je donne ma part de mon repas à mon chien. »

Le repas terminé, il écrivit une lettre à la princesse Charlotte et la cacha dans son habit à tout événement.

Puis il se coucha et s'endormit d'un profond sommeil. Pendant ce temps, ses juges, qui composaient une commission militaire, étaient arrivés. Il était onze heures du soir quand le lieutenant Noirot et les deux gendarmes Thersis et Lerva entrèrent dans la chambre du jeune homme endormi. Ils l'éveillèrent, il s'habilla des mêmes vêtements que la veille, il chaussa ses guêtres et posa sa casquette de voyage sur ses cheveux, incertain si on l'appelait pour une comparution ou pour un départ. Il permit à son chien, qui avait dormi à ses pieds, de le suivre. Il traversa, sur les pas du lieutenant et des deux gendarmes, les escaliers, les corridors, les cours, et fut introduit dans la chambre attenante au salon d'Harel, où il se trouva en face du rapporteur d'Autencourt. Il était alors minuit, ainsi que le porte la date de l'interrogatoire. Le chef d'escadron de gendarmes, Jaquin, l'accompagnait.

Aux questions posées par le rapporteur, il répondit qu'il se nommait Louis-Antoine-Henri de Bourbon, duc d'Enghien, né à Chantilly, ce Versailles des Condés ;

Qu'il avait quitté la France à une époque dont il se souvenait à peine, emmené par le prince de Condé, son grand-père, et par son père, le duc de Bourbon ;

Qu'il avait erré avec sa famille en Europe, puis fait la guerre dans l'armée de son grand-père ; que cette armée ayant été licenciée, il avait habité pour son plaisir les montagnes du Tyrol, visité la Suisse en simple voyageur, et qu'enfin, ayant demandé au prince de Rohan la permission d'habiter ses terres du duché de Bade, il s'était fixé à Ettenheim ;

Qu'il n'avait jamais été en Angleterre, qu'il subsistait néanmoins du subside que cette puissance faisait aux princes réfugiés, et qu'il n'avait que cette pension pour vivre ;

Que des raisons intimes et son goût pour la chasse étaient les motifs principaux de sa préférence pour le séjour d'Ettenheim ;

Qu'il correspondait naturellement avec son grand-père et son père, les seuls liens qu'il eût sur la terre étrangère ;

Qu'il avait le grade de commandant de l'avant-garde de l'armée de Condé, en 1796 ;

Qu'il n'avait jamais eu la moindre relation avec le général Pichegru ; que ce général avait témoigné le désir de le voir ; qu'il se félicitait, se faisait gloire de ne l'avoir pas vu, d'après les vils moyens qu'on accusait ce général d'avoir employés, si toutefois cette accusation était vraie ;

Qu'il ne connaissait pas davantage Dumouriez ;

Qu'il avait écrit quelquefois en France à d'anciens camarades, amis et compagnons d'armes qui lui étaient encore attachés; que ces correspondances n'étaient pas de la nature de celles qu'on pouvait incriminer.

Il devait, après ces réponses, signer l'interrogatoire avec les officiers et les gendarmes présents; mais, s'adressant au rapporteur d'Autencourt, il lui exprima le désir d'avoir une entrevue avec le premier consul. D'Autencourt lui conseilla d'écrire de sa main ce vœu au bas de l'interrogatoire, puisque cette pièce allait passer sous les yeux du conseil de guerre. Le prince prit la plume et écrivit :

« Avant de signer le présent procès-verbal, je fais avec instance la demande d'avoir une audience particulière du premier consul. Mon nom, mon rang, ma façon de penser et l'horreur de ma situation me font espérer qu'il ne se refusera pas à ma demande. »

Le rapporteur, laissant le duc seul avec ses gardes, apporta cette pièce au conseil; mais le conseil rejeta le vœu du prince, et déclara qu'il serait immédiatement jugé.

On ouvrit la porte, et il se trouva tout à coup en présence de ses juges.

« Mais cependant, Monsieur, lui dit le président Hulin, comment nous persuaderez-vous que vous ignoriez aussi complétement que vous le dites ce qui se passait en France; quand le monde entier en était instruit, et qu'avec votre rang et votre naissance, que vous prenez tant de soin de nous rappeler, vous ayez pu rester indifférent à des événements d'une si grave importance, et dont toutes les conséquences devaient être pour vous ? A la manière dont vous nous répondez, vous semblez vous méprendre sur votre position ; prenez-y garde, ceci pourrait devenir sérieux, et les commissions militaires jugent sans appel. »

Le prince se recueillit un moment, puis : « Je ne puis, Monsieur, répondit-il, que vous répéter ce que je vous ai déjà dit. Apprenant que la guerre était déjà déclarée, j'ai fait demander à l'Angleterre du service dans ses armées. Le gouvernement anglais m'a fait répondre qu'il ne pouvait m'en donner, mais que je restasse sur les bords du Rhin, où incessamment j'aurais un rôle à jouer, et j'attendais ; voilà, Monsieur, tout ce que je puis vous dire. »

Hulin raconte que les juges s'efforcèrent indirectement et plusieurs fois de le faire dévier de cette franchise ou de l'induire à des aveux ou à des excuses auxquelles il ne voulut pas recourir. « Je vois, dit-il, je vois avec reconnaissance les intentions honorables des membres de la commission, mais je ne puis me servir des moyens qu'ils semblent offrir. Je ne me dissimule pas mon danger, je ne veux l'écarter par aucun indigne subterfuge. Je désire seulement une entrevue avec le premier consul. » Tout était dit et on le fit retirer.

D'une voix unanime ils prononcèrent la criminalité et la peine de mort.

Aussitôt que l'arrêt fut prononcé, et avant même qu'il fût rédigé, Hulin fit donner connaissance de la condamnation à mort à Savary et au capitaine rapporteur, afin qu'ils prissent les mesures qui leur appartenaient pour l'exécution.

Savary en avait désigné déjà la place, ce fut le fossé du château.

Harel reçut l'ordre de donner les clefs des escaliers et des grilles descendant des tours et ouvrant sur les fondations du château, d'indiquer les issues et les sites, et de se procurer un fossoyeur qui creusât la terre. On éveilla un pauvre ouvrier jardinier du château, nommé Bontemps, on lui désigna son œuvre, on lui donna une lanterne pour se guider dans le dédale des fossés et pour y creuser la fosse. Bontemps, descendu avec sa pelle et sa pioche au fond du fossé, et trouvant partout la terre sèche et rude, se souvint qu'on avait commencé à creuser, la veille, au pied du pavillon de la Reine, dans l'angle que formaient la tour et un petit mur à hauteur d'appui, une tranchée dans les gravois tombés des toits, pour y déposer, disait-on, des décombres. Il se dirigea vers le pied de cette tour, il prit avec ses pas la mesure du corps étendu d'un homme, et il acheva d'ouvrir dans la terre remuée d'avance le lit du cadavre qu'on lui préparait. Le duc d'Enghien pouvait entendre de sa fenêtre, par-dessus le bourdonnement de la troupe, les coups réguliers et sourds de la pioche qui creusait sa dernière couche.

Savary, en même temps, faisait descendre et ranger lentement dans les fossés les détachements de troupes qui devaient assister à la mort militaire, et charger les armes au piquet de soldats désignés pour l'exécution.

Le prince était loin de s'attendre à son triste sort. On l'avait ramené après son interrogatoire et sa comparution dans la chambre où il avait dormi. Il y était rentré sans témoigner aucune des transes que les accusés éprouvent dans l'attente et dans l'incertitude de leur arrêt. Serein de visage et libre d'esprit, il s'entretenait avec ses gendarmes et jouait avec son chien. Le lieutenant Noirot, qui veillait sur lui, avait servi autrefois dans un régiment de cavalerie commandé par un colonel ami du prince de Condé. Il avait vu le duc d'Enghien, enfant, accompagner quelquefois son père aux revues et aux exercices du régiment. Il rappelait au prince ce temps et ces circonstances de sa jeunesse. Le duc souriait à ces souvenirs et les réveillait lui-même par d'autres souvenirs de son enfance qui se confondaient avec ceux de Noirot. Un bruit de pas qui s'avançaient rapidement vers la chambre l'interrompit. C'étaient le commandant de Vincennes, Harel, et le brigadier de la gendarmerie du village, Aufort. Ils saluèrent respectueusement le prince, puis Harel l'invita, de la part du tribunal, à le suivre. Il le précéda, une lanterne à la main, dans les corridors, dans les passages et dans les cours qu'il fallait traverser pour se rendre à la tour, appelée la tour du Diable, qui renfermait le seul escalier et la seule porte descendant et ouvrant sur la profondeur des fossés.

Harel et Aufort précédaient le duc en silence sur les marches de l'étroit escalier qui descend comme une poterne entre les murs épais de cette tour. Le prince, à l'horreur du lieu et à la profondeur des degrés s'enfonçant au-dessous du sol, commença à comprendre qu'on le conduisait devant ses meurtriers ou dans les ténèbres d'un cachot. Il frémit de tous ses membres, il retira convulsivement son pied en arrière, et, s'adressant aux guides qui marchaient devant lui : « Où me conduisez-vous? s'écria-t-il d'une voix étouffée. Si c'est pour m'ensevelir vivant dans un de ces cachots, j'aime encore mieux mourir sur l'heure. — Monsieur, lui répondit Harel en se retournant, suivez-moi, et rappelez tout votre courage. »

On sortit de l'escalier par une porte basse qui ouvrait sur les fossés. Le cortége longea quelque temps dans l'obscurité le pied des hautes murailles de la forteresse, jusqu'aux soubassements du pavillon de la Reine. Quand on eut tourné l'angle de ce pavillon, qui dérobait une autre partie des fossés cachés par les murs, le prince se trouva tout à coup face à face avec les détachements de troupes postés pour le voir mourir. Le piquet de fusiliers commandés pour l'exécution était séparé des autres soldats, et leurs fusils brillaient à quelques pas de lui. Quelques lanternes, portées à mains d'hommes, éclairaient le fossé, les murs et la tombe. Le prince s'arrêta au signe de ses guides, il vit d'un regard son sort et ne pâlit pas. Une pluie fine et glaciale tombait d'un ciel sombre. Un morne silence régnait dans le fossé; on entendait seulement à quelque distance les chuchotements et les pas d'un groupe d'officiers et de soldats qui se pressaient sur les parapets et le pont-levis de la forêt de Vincennes.

L'adjudant Pélé, qui commandait le détachement, s'avança,

les yeux baissés, vers le prince. Il tenait à la main le jugement de la commission militaire; il le lut d'une voix sourde, mais intelligible. Le prince l'écouta sans faiblesse et sans observation. Deux seuls sentiments parurent l'occuper pendant le moment de silence recueilli qui suivit la lecture de sa condamnation à mort : l'un, d'appeler la religion à son dernier soupir, l'autre, de faire parvenir sa dernière pensée à celle qu'il allait laisser sur la terre.

Enfin, il se recueillit un moment, les mains jointes, pour faire sa dernière prière, et recommanda à voix basse son âme à Dieu; puis il fit de lui-même cinq ou six pas pour venir se placer en face du peloton dont il voyait luire les armes chargées. La lueur d'une grosse lanterne à plusieurs chandelles, placée sur le petit mur d'appui qui dominait la fosse ouverte, rejaillissait sur lui. Le peloton se retira de quelques toises, pour mesurer la distance; l'adjudant commanda le feu; le jeune prince, frappé comme de la foudre, tomba, sans un cri et sans un mouvement, contre terre. Trois heures du matin sonnaient aux horloges du château.

« J'ai fait arrêter et juger le duc d'Enghien, dit Napoléon dans son testament, parce que cela était nécessaire à la sûreté, à l'intérêt et à l'honneur du peuple français, lorsque le comte d'Artois entretenait, de son aveu, soixante assassins à Paris. Dans une semblable circonstance, j'agirais encore de même. » Dans ses *Mémoires*, dictés à Sainte-Hélène, il ajoute : « Si je n'avais pas eu pour moi contre le duc d'Enghien les lois du pays, il me serait resté les droits de la loi naturelle, ceux de la légitime défense ; lui et les siens n'avaient d'autre but journalier que de m'ôter la vie ; j'étais assailli de toute part et à chaque instant ; c'étaient des fusils à vent, des machines infernales, des complots, des embûches de toute espèce. Je m'en lassai ; je saisis l'occasion de leur renvoyer la terreur jusque dans Londres, et cela me réussit. »

C'est en Angleterre que Louis-Joseph de Bourbon apprit la mort de son petit-fils ; depuis lors, il sembla brisé par une telle perte, ne rentra en France qu'à la restauration, et mourut en 1818.

Son fils Louis-Henri-Joseph (1756-1830) avait, comme nous l'avons vu, combattu à ses côtés à Bentheim ; il avait reçu une blessure à la main droite ; lors de l'expédition de Quiberon, il s'était fait débarquer à l'Ile-Dieu, dans le dessein de se mettre à la tête des royalistes de la Vendée. Empêché par le comte d'Artois, il avait rejoint son père aux bords du Rhin, et l'avait secondé jusqu'à la paix de Lunéville. Il s'était alors retiré en Angleterre et n'était rentré qu'avec Louis XVIII. Lors du retour de Napoléon de l'île d'Elbe, il avait essayé d'organiser une insurrection dans l'Ouest, et, ayant échoué, s'était embarqué à Nantes. C'est dans ce second voyage en Angleterre qu'il rencontra une femme, Sophie Daws, qui épousa un de ses officiers, M. de Feuchères, et eut sur lui-même la plus grande influence.

La révolution de juillet 1830 venait d'éclater. Charles X avait dû écrire au duc d'Orléans cette lettre : « Je suis trop profondément peiné des maux qui affligent ou qui pourraient menacer mes peuples pour n'avoir pas cherché un moyen de les prévenir. J'ai donc pris la résolution d'abdiquer la couronne en faveur de mon petit-fils; le Dauphin, qui partage mes sentiments, renonce aussi à ses droits en faveur de son neveu. Vous aurez donc, en votre qualité de lieutenant général du royaume, à faire proclamer l'avénement de Henri V à la couronne. Vous prendrez, d'ailleurs, toutes les mesures qui vous concernent pour régler la forme du gouvernement pendant la minorité du nouveau roi ; si je me borne à faire connaître ces dispositions, c'est un moyen d'éviter bien des maux.

« Vous communiquerez mes intentions au corps diplomatique, et vous me ferez connaître le plus tôt possible la proclamation par laquelle mon petit-fils sera reconnu roi, sous le nom de Henri V.

« Je charge le lieutenant général vicomte de Latour-Foissac de vous remettre cette lettre. Il a ordre de s'entendre avec vous sur les arrangements à prendre en faveur des personnes qui m'ont accompagné, ainsi que sur les arrangements pour ce qui me concerne et le reste de ma famille.

« Nous règlerons ensuite les autres mesures qui seront la conséquence de ce changement de règne.

« Je vous renouvelle, mon cousin, l'assurance des sentiments avec lesquels je suis votre affectionné cousin,

« CHARLES. »

Mais il prenait pour un changement de dynastie ce qui devait être une révolution.

Bientôt il lui fallut prendre le chemin de l'exil. Le peuple, sur toute la route, était muet, décent, respectueux. Le roi lisait tous les jours le *Moniteur,* pour suivre des yeux le spectacle de sa propre ruine. Il séjourna deux jours à Valognes, afin de donner le temps d'arriver à Cherbourg aux vaisseaux préparés pour le recevoir. Il y rassembla autour de lui les officiers qui l'entouraient plus en père qu'en roi. Le duc d'Angoulême, la duchesse sa femme, la duchesse de Berry, le duc de Bordeaux, sa sœur, étaient groupés autour de lui. Là, il fit ses adieux aux troupes.

Il toucha bientôt aux portes de Cherbourg ; du sommet de la côte qui domine la ville, la mer de l'exil se déroulait à ses yeux. On avait répandu le bruit d'une agitation tumultueuse du peuple de Cherbourg qui menaçait la sécurité ou la dignité du roi et de sa famille. La duchesse d'Angoulême fit arrêter sa voiture et voulut se placer dans celle du roi, pour partager ses périls. Ce bruit était une calomnie des sentiments populaires dans ces contrées pleines de la mémoire des bienfaits de Louis XVI, dont Cherbourg est la création. La population entière de la ville et des campagnes, rangée en haie sur le passage de Charles X, s'attendrit à l'aspect de ces trois générations de rois qui allaient abandonner un royaume, sans savoir même où ils trouveraient une patrie. Les femmes et les enfants surtout, jamais coupables, toujours victimes, touchaient le cœur des pères, des époux, des mères de cette foule, par leurs regards étonnés du malheur et par leur naïveté qui sourit sur leurs naufrages. On avait enlevé les drapeaux tricolores des fenêtres des maisons particulières sur le passage du cortége pour épargner une humiliation gratuite au roi vaincu.

Le roi et son escorte ne s'arrêtèrent pas dans la ville, ils entrèrent dans une enceinte entourée de grilles qui séparent la place de l'embarcadère de Cherbourg; on referma la grille sur eux. Le peuple s'y pressa et s'y suspendit en foule. La famille royale descendit pour la dernière fois de voiture sur l'extrémité de la plage lavée par les flots. Le roi Charles X resta le dernier sur la plage comme pour couvrir la retraite de toute sa maison. Tous les officiers de sa garde défilèrent une dernière fois devant lui en baisant sa main baignée de leurs larmes ; il passa ensuite sans se retourner sur le vaisseau où l'attendait sa famille, et s'enferma seul pour prier et pour pleurer. Le vaisseau l'emportait vers l'Écosse, où l'Angleterre lui préparait une solitaire hospitalité à Holy-Rood, palais abandonné de Marie Stuart.

Pendant ce temps, le duc de Bourbon, prince de Condé, vivait tranquille dans ses domaines, également étranger aux soucis de la politique et à ses périls. Mais, à la nouvelle des malheurs qui le frappaient dans sa famille, un grand trouble s'empara de son esprit. Il tremblait pour Charles X, il trembla pour lui-même ; et à ses craintes, à ses douleurs s'ajoutèrent bientôt toutes les angoisses de l'incertitude. Accablé d'ans et d'infirmités, avait-il le droit d'attendre, sans le précipiter par un dévouement inutile, l'accomplissement de sa destinée? ou bien devait-il, se ranimant au souvenir des combats et des haines de sa jeunesse, aller rejoindre son infortuné maître et lui offrir, sinon les secours, du moins les consolations d'une fidélité sans peur?

Puis Mme Feuchères, qui avait obtenu pour elle le don testamentaire des domaines de Saint-Leu et de Bussy en 1824, et en 1825, diverses sommes s'élevant au chiffre d'un million, le tourmentait maintenant pour lui faire faire un testament en faveur du duc d'Aumale, un des enfants du nouveau roi Louis-Philippe Ier, dont elle voulait peut-être se ménager le patronage.

« Je suis bien sensible, Madame, lui écrivait celui-ci dès l'année 1827, à ce que vous me dites de votre sollicitude d'amener ce résultat que vous envisagez comme devant remplir les vœux de monsieur le duc de Bourbon, et croyez que si j'ai le bonheur que mon fils devienne son fils adoptif, vous trouverez en nous, dans tous les temps et dans toutes les circonstances, pour vous et pour tous les vôtres, cet appui que vous voulez bien me demander, et dont la reconnaissance d'une mère vous est un sûr garant. »

Madame la duchesse d'Orléans associait, en effet, au succès de cette affaire ses espérances maternelles; mais elle ajoutait : « Nous avons cru devoir nous abstenir de toute démarche qui pourrait avoir l'apparence de provoquer un choix ou de vouloir le prévenir. »

Ce jeune duc d'Aumale, le duc de Bourbon l'avait accepté pour filleul; mais le voulait-il pour héritier ? Mme Feuchères l'y poussait du moins. « Le roi et la famille royale, lui écrivait-elle, désirent que vous fassiez choix d'un prince de votre famille pour hériter un jour de votre nom et de votre fortune. On croit que c'est moi seule qui mets obstacle à ce vœu... Je vous supplie de faire cesser cette cruelle position en adoptant un héritier. »

Le duc d'Orléans jugea déjà ses espérances si fondées, qu'il chargea un de ses hommes d'affaires, M. Dupin, de préparer, en faveur du duc d'Aumale, un projet de testament.

« Monseigneur, lui répondit M. Dupin, voici le projet que Votre Altesse Royale m'avait chargé, avant son départ pour Londres, de préparer et de diriger.

« Pour observer fidèlement le secret que Votre Altesse Royale m'avait imposé, je vous envoie ma seconde minute écrite de ma main, n'ayant pas voulu la confier à une main étrangère.

« Le même motif de discrétion absolue m'a empêché d'en conférer avec d'autres jurisconsultes, que j'aurais aimé à consulter, mais que Votre Altesse Royale sera toujours à même d'interroger, quand il lui plaira, si elle le juge convenable.

« Réduit à mes seules forces, j'ai fait de mon mieux ; j'ai cherché à assurer pleinement les nobles volontés de Son Altesse Royale monsieur le duc de Bourbon, et, pour qu'elles ne fussent en aucun cas illusoires ni susceptibles d'être attaquées par des tiers, toujours disposés à faire procès en pareil cas, j'ai joint à la disposition relative à l'adoption celle d'une institution formelle d'héritier que j'ai jugée indispensable à la solidité de l'acte entier.

« J'ai l'honneur, etc.

« Dupin aîné. »

Enfin, le 30 août 1829, le duc de Bourbon rédigeait et signait, hors de la présence de Mme de Feuchères, un testament par lequel il créait le duc d'Aumale son légataire universel, et assurait à la baronne, soit en terres, soit en argent, un legs d'environ 10 millions.

Cependant, après la révolution, il redevint plus inquiet que jamais. Il se demandait avec terreur quel allait être le sort de cette famille précipitée du trône dans l'exil. Au seul nom de Charles X, il fondait en larmes ; il avait renoncé à tout divertissement, et ce cri de douleur s'échappa souvent de ses lèvres : « Ah ! c'est trop de voir deux révolutions. » Il redoutait, d'ailleurs, des orages semblables à ceux qu'il avait vus fondre, dans sa jeunesse, sur les rois et les nobles. Des brigands n'allaient-ils pas se répandre dans les campagnes et piller les châteaux ? Il ordonna donc qu'on prît des mesures pour la protection de ses domaines ; et, pendant les premiers jours qui suivirent la révolution, ses chevaux restèrent tout sellés et prêts pour la fuite.

Ces appréhensions durèrent peu. Le calme, partout rétabli, ne tarda pas à le rassurer, et la nouvelle de l'embarquement des exilés vint dissiper ses dernières alarmes. Mais sa mélancolie survivait aux causes qui l'avaient d'abord expliquée. Ses serviteurs le remarquèrent; quelques-uns crurent s'apercevoir que ses rapports avec Mme de Feuchères n'étaient plus les mêmes : il ne s'astreignait plus à rompre en sa présence le cachet des lettres qu'il recevait. Enfin, il s'ouvrit à M. de Choulot, son capitaine des chasses, et à Manoury, son valet de chambre de confiance, de son projet d'entreprendre un lointain voyage, projet qui concordait avec la demande faite à monsieur le baron de Surval, son intendant, d'un million en billets de banque. Quant aux motifs de cette résolution, il n'en fit à personne la confidence. Manoury devait se procurer un passe-port, prendre une voiture et aller attendre son maître à Moisselles. Cette combinaison échoua par l'impossibilité de la faire réussir sans l'ébruiter. Mais il n'en persista pas moins à vouloir quitter Saint-Leu.

Quelques jours après, il reçut la visite de la reine, qui lui apportait la plaque de la Légion d'honneur. La reine venait rassurer et consoler son noble parent, il en parut satisfait et reconnaissant. Mais, dans la nuit même qui suivit cette entrevue, un cavalier se dirigeait vers le château par la route du parc, moins sonore que celle des cours. Ce cavalier était M. de Choulot. Il était attendu et fut introduit avec précipitation dans la chambre à coucher du prince. « Mon parti est pris, dit le duc de Bourbon en l'apercevant. La reine m'a aujourd'hui même apporté la plaque de la Légion d'honneur. On veut que je figure à la chambre des pairs. C'est impossible. » Le départ, alors, fut définitivement arrêté.

Mais comment couvrir l'éclat d'une semblable fuite? M. de Choulot avait appris que dans un petit village situé à deux lieues de Saint-Leu, entre la forêt de Montmorency et celle de l'Ile-Adam, une voiture stationnait depuis quelques jours par l'ordre de la baronne de Feuchères, et que cette voiture devait, à un signal convenu, prendre la route de l'Angleterre. Ce renseignement suggéra à M. de Choulot le plan que voici : il y avait au château un vieux valet de chambre, nommé Leclerc, qui n'était pas sans ressembler au duc de Bourbon. On devait faire revêtir au domestique l'habit du maître, et le conduire, dans la voiture même du prince, jusqu'au village en question. Là, il serait monté dans la voiture préparée par Mme de Feuchères; et pendant qu'on l'aurait poursuivi sur la route du Havre, le vrai duc de Bourbon se serait impunément dirigé vers la Suisse.

La fête de Saint-Louis arriva au milieu de ces préparatifs. Les habitants de Saint-Leu, qui aimaient le duc de Bourbon, lui donnèrent, dans la journée du 25, des témoignages d'affection dont il fut extrêmement touché, et qui auraient suffi à dissiper ses inquiétudes politiques, s'il avait pu en conserver encore. Il accueillit les autorités avec un visage gracieux et des paroles bienveillantes. Toutefois, en entendant jouer sous ses fenêtres un air qui lui rappelait de combien de démonstrations affectueuses on l'avait aussi entourée, cette famille royale entraînée maintenant vers de lointains pays, s'attendrit tout à coup et s'écria d'une voix émue : « Ah! quelle fête! »

Le lendemain, il reçut la visite de M. de Cossé-Brissac, le retint à dîner et l'engagea même à passer la nuit au château. Il causa, non sans tristesse, des événements du jour, voulut signer sur-le-champ des pétitions que le général Lambot lui présentait, en lui faisant observer qu'elles pouvaient n'être signées que le lendemain, et recommanda qu'on ne s'entretînt pas à table devant les gens de ce qui se passait à Paris. Le dîner fut gai; seulement, M. de Cossé-Brissac ayant parlé de quelques caricatures publiées depuis la déchéance de Charles X, le duc de Bourbon en parut affecté, et, se penchant vers Mme de Feuchères : « Dites-lui donc de se taire. » A neuf heures, le jeu commença; car, depuis trois jours, le prince avait repris ses habitudes de plaisir. Il fit sa partie de whist avec Mme de Feuchères, MM. de Lavillegontier et de Préjean, critiqua un coup, montra plus de gaîté qu'à l'ordinaire, perdit de l'argent et s'abstint de payer, en disant : « A demain. »

Il devait partir le 31 août, et telle était son impatience de quitter Saint-Leu, qu'il avait recommandé à Dubois, son architecte, de préparer son appartement à Chantilly en toute hâte, et dût-on y passer la nuit. S'étant levé après le jeu, et traversant le vestibule pour se rendre à sa chambre à coucher, il fit à ses gens un signe amical qui les surprit, parce qu'il ressemblait à un signe d'adieu. Était-ce l'indication mélancolique du projet de voyage et d'exil ?

Arrivé dans sa chambre à coucher, où l'avaient suivi le chevalier Bonnie, son chirurgien, et Lecomte, son valet de chambre de service, le duc de Bourbon garda le silence pendant qu'on le pansait et qu'on le déshabillait. Mais cette circonstance ne fut remarquée ni par Lecomte ni par M. Bonnie; car elle n'avait rien de contraire aux habitudes du prince. « A quelle heure Monseigneur veut-il que j'entre demain matin? demanda le valet de chambre au moment de se retirer. — A huit heures, répondit le prince avec sa tranquillité ordinaire. »

Dans cette nuit du 26 au 27, les gardes-chasse firent dans le parc les rondes accoutumées. Lecomte avait fermé la porte du cabinet de toilette et emporté la clef, précaution indispensable, parce qu'il arrivait fort souvent au prince de laisser ouvert le verrou de sa chambre à coucher. Mme de Flassans, nièce de Mme de Feuchères, veilla jusqu'à deux heures du matin, occupée à écrire ; aucun bruit ne la vint troubler. Les époux Dupré, attachés au service de Mme de Feuchères, n'entendirent rien non plus, et le calme le plus profond régna toute la nuit dans le château.

Le lendemain à huit heures, selon l'ordre reçu la veille, Lecomte vient frapper à la porte de son maître. Il la trouve fermée, et le prince ne répond pas. Le valet de chambre se retire, revient quelques instants après avec M. Bonnie, frappe encore. Pas de réponse. Inquiets, ils descendent alors, l'un et l'autre, chez Mme de Feuchères. « J'y vais monter bien vite, s'écrie-t-elle ; quand il entendra ma voix, il me répondra. » Et elle s'élance hors de son appartement à moitié vêtue. Arrivée à la porte avec M. Bonnie et Lecomte : « Ouvrez, Monseigneur, ouvrez ! c'est moi. » Toujours le même silence. Mais déjà l'alarme s'était partout répandue. Les valets de chambre, Manoury et Louis Leclerc, l'abbé Briant, M. Méry-Lafontaine étaient accourus. Au moyen d'une masse de fer, apportée par un des gens de service, Manoury heurte la porte violemment, brise le vantail du bas et pénètre dans la chambre avec Lecomte et Bonnie. Les volets étaient fermés, l'obscurité était grande. A cette faible lueur, la tête du prince fut entrevue, collée contre le volet de sa croisée du nord. On eût dit d'un homme qui écoute. La croisée du levant, ouverte par Manoury, ne tarda pas à éclairer un affreux spectacle. Le duc de Bourbon était pendu, ou plutôt accroché à l'espagnolette de la fenêtre. La porte fut ouverte, chacun se précipita. On n'arrêta sur le seuil que Mme de Feuchères, qui se laissa tomber en gémissant sur un fauteuil du cabinet de toilette. En même temps, un grand bruit se faisait dans les cours du château. « C'est Monseigneur qui est mort ! » criaient les domestiques effarés. Entendant courir sous ses fenêtres, l'aumônier du prince se hâte vers le lieu de cette scène étrange, et il aperçoit dans le salon d'attente M. de Préjean debout contre la porte vitrée, le visage altéré, les yeux pleins de larmes, et, tout près, Mme de Feuchères assise, paraissant prêter l'oreille aux consolations de M. Bonnie, et étendant les mains vers ceux qui entraient. Manoury s'avance alors vers l'aumônier, l'entraîne dans la chambre mortuaire, et lui dit en lui montrant le corps : « Voilà Monseigneur ! » Sa succession amena un long procès entre la maison de Rohan et la maison d'Orléans, au nom du duc d'Aumale. Ce dernier fut reconnu comme héritier, et c'est à lui que resta Chantilly.

Cependant, une grande famille s'était éteinte. Née au milieu des guerres civiles et des guerres de religion, elle avait, dans cette atmosphère orageuse, grandi avec la monarchie elle-même ; destinée à en suivre, pour ainsi dire, et à en soutenir la marche, elle était arrivée avec elle au plus haut point de gloire et d'éclat, et avait eu son plus grand homme, le grand Condé, en présence du plus grand roi, Louis XIV ; enfin, elle avait aussi faibli avec elle, ne s'était conservée à travers la révolution et l'empire que pour renaître avec elle à la restauration et disparaître enfin avec elle l'année même d'une nouvelle révolution (1830).

Les grandes familles meurent et s'éteignent ; mais elles ne meurent pas tout entières ; leur gloire leur survit, elle fait partie de la gloire même du pays. Aussi, le nom de Condé est-il aussi immortel que le souvenir de leurs grands exploits et de leurs longs services. La France honorera toujours en eux une de ses plus belles familles et un de ses plus beaux noms.

FIN.

TABLE.

	PAGES.
INTRODUCTION..	7

CHAPITRE Ier. — Lôuis Ier de Bourbon (1530-1560)...............   9

Rivalité de la Maison de Guise et de la Maison de Condé. — Henri II et François II.

CHAP. II. — Henri Ier de Bourbon (1552-1588)..................   39

Son Rôle dans les Guerres de Religion. — Charles IX.

CHAP. III. — Henri II de Bourbon (1588-1646)...................   74

Fin des Guerres de Religion. — Henri IV. — Louis III et Richelieu. — La Maison de Condé redevient l'appui du trône.

CHAP. IV. — Louis II de Bourbon, dit le grand Condé (1621-1686), et sa sœur Mme de Longueville   163

Régence d'Anne d'Autriche. — Mazarin, la Fronde, Louis XIV. — Condé à Chantilly et Mme de Longueville aux Carmélites. — Reflet du grand Condé dans Corneille. — Sa Mort dans Bossuet. — L'Oraison funèbre d'accord avec l'Histoire.

CHAP. V. — Henri III, Jules de Bourbon (1643-1709) — Louis III de Bourbon (1668-1710). — La duchesse du Maine, fille de Henri III de Bourbon   239

Rivalité du duc du Maine et du Régent. — Saint-Simon partisan du Régent. — Mlle de Launay partisan de la duchesse du Maine. — Ses *Mémoires*, sa Captivité à la Bastille, son Retour à Sceaux, son Mariage.

CHAP. VI. — Louis Henri de Bourbon (1692-1740) 309

Le Régent et la Régence. — Law et son Système. — Le cardinal Dubois. — Changement dans les Idées et dans les Mœurs. — Monsieur le Duc chef du conseil de Régence, puis premier ministre de Louis XV.

CHAP. VII. — Les trois derniers Condés sous la Révolution, l'Empire et la Restauration 362

Louis-Joseph de Bourbon (1736-1818). — Le duc d'Enghien, son petit-fils; son Arrestation, sa Captivité; il est fusillé dans le fossé de Vincennes. — Louis-Henri-Joseph de Bourbon, son fils (1756-1830). Il est trouvé mort et pendu à l'espagnolette de sa croisée à Saint-Leu.

FIN DE LA TABLE.

ROUEN. — Imp. MÉGARD et Cie, Grand'Rue, 156.

www.ingramcontent.com/pod-product-compliance
Lightning Source LLC
Chambersburg PA
CBHW050916230426
43666CB00010B/2199